DR. WOLFGANG FRIEDRICH LOTTER

BEWEISLAST IM SEEFRACHTRECHT

ÜBERSEE-STUDIEN

ZUM HANDELS-, SCHIFFAHRTS- UND VERSICHERUNGSRECHT

Herausgegeben von

Prof. Dr. HANS MÖLLER

und

Prof. Dr. HANS WÜRDINGER

in Hamburg

HEFT 36

Beweislast im Seefrachtrecht

Von

DR. WOLFGANG FRIEDRICH LOTTER

Rechtsanwalt in Hamburg-Harburg

Berlin 1969

WALTER DE GRUYTER & CO.

vorm. G. J. Göschen'sche Verlagsbuchhandlung / J. Guttentag, Verlagsbuchhandlung / Georg Reimer / Karl J. Trübner / Veit & Comp.

Archiv-Nr. 27 33 69 2

Satz und Druck: Max Schönherr, 1 Berlin 65

INHALT

ABKÜRZUNGSVERZEICHNIS

Wegen der allgemein üblichen und in dieser Arbeit verwandten Abkürzungen wird verwiesen auf die NJW-Leitsatzkartei, Schlüssel und Abkürzungsverzeichnis, 6. Auflage, München-Berlin-Frankfurt 1959.

ADS	Allgemeine Deutsche Seeversicherungsbedingungen von 1919
AMC	American Maritime Cases
DEK 1912	Deutsches Einheitskonnossement 1912
DEK 1940	Deutsches Einheitskonnossement 1940
DMF	Droit Maritime Français
Engl.	England
GruchBeitr.	Beiträge zur Erläuterung des deutschen Rechts, begründet von Gruchot
Hansa	Hansa, Deutsche Schiffahrtszeitung
HansGZ	Hanseatische Gerichtszeitung, Hauptblatt, Entscheidungen des Hanseatischen Oberlandesgerichts (sofern nicht mit „LG" oder „RG" bezeichnet), Hamburg 1880—1927
HansRZ	Hanseatische Rechtszeitschrift, 1917—1927
HansRGZ	Hanseatische Rechts- und Gerichtszeitschrift, Abt. A und B, seit 1928
HR	Haager Regeln
ITZ	Internationale Transportzeitschrift, Basel
K.B.D.	Kings Bench Division
Ll.L.R.	Lloyd's List Law Reports (England)
R.d.S.	Recht der Schiffahrt
RiW	Recht der internationalen Wirtschaft
Überseestudien	Überseestudien zum Handels-, Schiffahrts- und Versicherungsrecht
VersR	Versicherungsrecht, Juristische Rundschau für die Individualversicherung
ZHR	Zeitschrift für das gesamte Handelsrecht und Konkursrecht, begründet von Goldschmidt
ZZP	Zeitschrift für Zivilprozeß

SCHRIFTTUMSVERZEICHNIS

Albers:	Gewichtsklauseln im Überseekauf, Überseestudien, Heft 19, Stuttgart-Köln 1950.
Albrecht:	Freizeichnungsklauseln im Seefrachtrecht nach Aufnahme der Haager Regeln in das Handelsgesetzbuch, Hansa 1950, S. 1630 ff.
Atzler:	Die praktische Arbeit in der Assessorprüfung.
Baumbach-Duden:	Handelsgesetzbuch mit Nebengesetzen ohne Seerecht, 16. erneuerte Auflage, München-Berlin 1964.
Baumbach-Lauterbach:	Zivilprozeßordnung mit Gerichtsverfassungsgesetz und anderen Nebengesetzen, 28. Auflage, München-Berlin 1965.
Baumbarten:	Grundzüge der juristischen Methodenlehre, Bern 1939.
Beckh:	Die Beweislast nach dem Bürgerlichen Gesetzbuch, Münchener Dissertation, 1899.
Behm:	Zur Ladungshaftung des Reeders, Hansa 1951, S. 364.
Berg:	Gutachten und Urteil, eine Anleitung für die zivilrechtlichen Ausbildungs- und Prüfungsarbeiten, Stuttgart-Düsseldorf, 1960.
Blomeyer:	Allgemeines Schuldrecht, 3. durchgesehene und ergänzte Auflage, Berlin-Frankfurt a. M. 1964.
Boyens-Lewis:	Das Deutsche Seerecht, Band I und II, Leipzig 1901.
Brandis:	Vorschläge zur Abänderung der Venediger Beschlüsse betr. internationales Seerecht, HansGZ 1909, Beilage Nr. 1, S. 3 ff.
Brauer-Schneider:	Der Zivilrechtsfall in Prüfung und Praxis, 4. Auflage, Berlin-Frankfurt a. M. 1963.
Breuer:	Die XI. Diplomatische Seerechtskonferenz in Brüssel, Hansa 1961, S. 1228.
Capelle:	Zur Verfrachterhaftung nach dem Deutschen Einheitskonnossement 1940, HansRGZ 1943 A Sp. 25 ff.
Capelle:	Die Frachtcharter in rechtsvergleichender Darstellung, Überseestudien, Heft 17, Rostock 1940, zitiert Capelle, Frachtcharter.
Carver:	Carriage of Goods by Sea, 10. Auflage, London 1957.
Colinvaux:	The Carriage of Goods by Sea Act, London 1954.
Dänzer:	Die tatsächliche Vermutung. Ein Beitrag zur Lehre vom Beweis im Zivilprozeß, Freiburger Abhandlungen auf dem

Gebiete des öffentlichen Rechts, Mannheim-Berlin-Leipzig, 1914.

Deloukas: Die Haftung des Verfrachters aus schuldhafter Unrichtigkeit des Konnossements nach deutschem, englischem und amerikanischem Recht, Überseestudien, Heft 16, Rostock 1940.

Die US-amerikanische Schiffahrtsgesetzgebung als Mittel der Handelspolitik, ohne Verfasserangabe, Hansa 1964, S. 843.

Domine: Grenzen der Freizeichnung im Seerecht, Hamburgische Dissertation, 1934.

Düringer-Hachenburg: Das Handelsgesetzbuch vom 10. Mai 1897 Band V, 2. Hälfte, §§ 383—473, 3. Auflage, erläutert von **Fritz Bing** und **Julius Lehmann,** Mannheim-Leipzig 1932.

Ehlers: Die Übernahme der Haager Regeln in das Deutsche Seefrachtrecht, Hansa 1937, S. 1588.

Ehlers: Die Bezeichnung der Ladung im Konnossement, HansRGZ 1938, Sp. 249 ff.

Ein Jahr Praxis unter der Herrschaft der neuen US-amerikanischen Schiffahrtsgesetzgebung, ohne Verfasserangabe, Hansa 1962, S. 1924.

Endemann: Lehrbuch des Bürgerlichen Rechts, Band I, 9. Auflage, Berlin 1903.

Enneccerus-Lehmann: Recht der Schuldverhältnisse, 14. Bearbeitung, Tübingen 1954.

Enneccerus-Nipperdey: Allgemeiner Teil des Bürgerlichen Rechts, Band I, 1. Halbband, 15. Auflage, Tübingen 1959, 2. Halbband, 14. Auflage, Tübingen 1955.

Esser: Schuldrecht, Allgemeiner und besonderer Teil, 2. Auflage, Karlsruhe 1960.

Finger: Eisenbahnverkehrsordnung, Handausgabe, 2. Auflage, München-Berlin 1960.

Fitting: Die Grundlagen der Beweislast, Zeitschrift für Zivilprozeß, Band 13, S. 1 ff., 1889.

Flume: Allgemeiner Teil des Bürgerlichen Rechts, 2. Band, Das Rechtsgeschäft, Berlin-Heidelberg-New York, 1965.

Fischer: Die allgemeinen Geschäfts- und Lieferungsbedingungen, Betriebsberater 1957, S. 481.

Förster-Eccius: Theorie und Praxis des heutigen gemeinen Preußischen Privatrechts auf der Grundlage des gemeinen Deutschen Rechts, Band I, 5. Auflage, Berlin 1887.

Förster-Kann: Die Zivilprozeßordnung für das Deutsche Reich, 3. Auflage, Berlin 1913.

Friedenthal: Einwendung und Einrede in der Civilprozeßordnung und nach dem Bürgerlichen Gesetzbuch für das Deutsche Reich, veröffentlicht in den Abhandlungen zum Privatrecht und Civilprozeß des Deutschen Reiches, Band I, Heft 5, Jena 1898.

v. Gierke: Julius von Gierke, Handelsrecht und Schiffahrtsrecht, 8. Auflage, Berlin 1958.

v. Gierke: Julius von Gierke, Das Recht der Wertpapiere unter besonderer Berücksichtgung von Wechsel und Scheck, Köln-Berlin 1954.

Götz: Das Seefrachtrecht der Haager Regeln nach anglo-amerikanischer Praxis, Bielefeld 1960.

Goldschneider: Die Haftung der Wirte für Unfälle in ihren Räumen, GruchBeitr. Band 60, S. 369 ff.

Gramm: Das neue Deutsche Seefrachtrecht nach den Haager Regeln, Berlin 1938.

Gütschow: Arten des Seefrachtvertrages und Versuche des Comité Maritime zur Vereinheitlichung des Seefrachtrechts, HansRZ 1925, Sp. 755 ff.

Gütschow: Die Haager Regeln 1922, HansRZ 1924, Sp. 887 ff.

Haage: Ohne Überschrift in den Mitteilungen der Handelskammer Hamburg 1955, S. 49.

Haage: Das Abladegeschäft, 4. Auflage, Hamburg 1958.

Hainmüller: Der Anscheinsbeweis und die Fahrlässigkeitstat im heutigen deutschen Schadensersatzprozeß, Tübingen 1966.

Hasche: Die Haftung des Reeders für an Deck verladene Güter, Hansa 1951, S. 1184 ff.

Hedemann: Die Vermutung nach dem Recht des Deutschen Reiches, in den Abhandlungen zum Privatrecht und Civilprozeß des Deutschen Reiches, Band 11, Jena 1904.

Heini: Das Durchkonnossement (Through Bill of Lading), Freiburg 1957.

Hellmann: Lehrbuch der Deutschen Zivilprozeßordnung für das Deutsche Reich, Erlangen 1881.

Hermann: Das Abladegeschäft im deutschen und französischen Recht und die Anforderungen an die Aufmachung des Konnossements. Kölner Dissertation 1962.

Heynen: Die einjährige Frist zur Geltendmachung von Ladungsschäden gem. § 612 HGB, Hansa 1956, S. 979 ff.

Höfer: Der prima-facie-Beweis in der Reichsgerichtlichen Rechtsprechung, Eberings rechtswissenschaftliche Studien, Heft 28, 1926.

Hoche: Zivilprozeßrecht, Ein Lehrbuch für Studium und Praxis, 2. Auflage, Nürnberg-Düsseldorf-Berlin 1954.

Jaeschke: Die Rechtsstellung der Kaianstalten im Seefrachtverkehr, Überseestudien, Heft 12, Rostock 1931.

Katzenstein: Konnossementsfragen, Hansa 1951, S. 1514 ff.

Kisch: Zum Klauselproblem im Versicherungsrecht, in Wirtschaft und Recht der Versicherung, Berlin 1926, S. 5 ff.

Knauth: The American Law of Ocean Bills of Lading, 4th edition, Baltimore 1953.

Kohler: Über prozeßrechtliche Verträge, GruchBeitr. 1887, Band 31, S. 276 ff.

Kokkinopoulos: Die Decksladung im deutschen Seefrachtrecht, HansRGZ A 1931, Sp. 257 ff.

Krause: Allgemeine Geschäftsbedingungen und das Prinzip des sozialen Rechtsstaates, Betriebsberater 1955, S. 265 ff.

Krieger: Anmerkung zu § 611 Seefrachtrechtsgesetz bei Pfunder-Neuber, Das neue deutsche Reichsrecht, Systematisch dargestellte Sammlung in 28 Bänden, 1933—1944.

Kuhl: Das kommerzielle und das nautisch-technische Verschulden bei den Haager Regeln, Hansa 1926, S. 631 ff.

Kuhl: Die Ladungsgesellschaften im Spiegel der Rechtsprechung, Hansa 1952, S. 1676.

Kuhl: Zur Auslegung der HR, HansRZ 1926, Sp. 571 ff.

Kuhl: Haager Regeln und Reederhaftung, Hansa 1927, S. 723.

Kuhl: Die Abänderung des deutschen Seefrachtrechts durch die Eniführung der Haager Regeln, Hansa 1937, S. 1860.

Kuhn: Die Beweislast insbesondere im Schweizerischen Zivilgesetzbuch, Berner Dissertation 1912.

Larenz: Lehrbuch des Schuldrechts, I. Band, Allgemeiner Teil, 7. Auflage, München-Berlin 1964.

Larenz: Methodenlehre der Rechtswissenschaft Berlin-Göttingen, Heidelberg, 1960.

v. Laun: Die Beweislastverteilung bei Konnossementszusätzen nach § 646 HGB, Hansa 1952, S. 1078.

v. Laun-Lindenmaier: Seeprivatrecht, II. Abschnitt, München-Berlin 1956.

Lebuhn: Das Linienkonnossement, Heidelberg 1958.

Lebuhn: Haftung für Feuerschäden an Bord nach geltendem Recht, Hansa 1949, S. 1146 ff.

Lebuhn: Neuzeitliche Konnossementsfragen, Hansa 1949, S. 406 ff.

Lebuhn: Die Haager Regeln, Hansa 1951, S. 1457.

Lebuhn: Neuzeitliche Konnossementsfragen, erörtert an Hand einer Überprüfung des DEK 1940 auf dessen Übereinstimmung mit dem Gesetz, Hamburg 1949.

Lebuhn: Beweislastfragen im Seefrachtverkehr des englischen Rechtskreises, Internationale Transportzeitschrift, Basel, 1957, S. 173.

Leipold: Beweislastregeln und gesetzliche Vermutungen, insbesondere bei Verweisung zwischen verschiedenen Rechtsgebieten, Berlin 1966.

Leo: Zur Geltung von Verbandsbedingungen, HansRGZ 1932 A Sp. 205 ff.

Leonhardt: Allgemeines Schuldrecht des Bürgerlichen Gesetzbuches, Band I, München-Leipzig, 1929.

Leonhardt: Beweislast, Berlin 1904.

Lent: Zur Lehre vom Streitgegenstand, Zeitschrift für Zivilprozeß 1952, Band 65, S. 315 ff.

Liesecke: Die Freizeichnung des Verfrachters von der Haftung für schuldhaft unrichtige Konnossementsausstellung, Hansa 1961, S. 345 ff.

Liesecke: Die Rechtsprechung des BGH in Seesachen, Versicherungsrecht, Juristische Rundschau für die Individualversicherung, 1960, S. 865 ff.

Liesecke: Besprechung der Entscheidung des Bundesgerichtshofes, abgedruckt in NJW 1961, S. 823 = MDR 1961, S. 390, im Nachschlagewerk des Bundesgerichtshofs, § 656 HGB, Nr. 6 (zitiert: **Liesecke**, LM zu § 656 HGB Nr. 6).

Liesecke: Bseprechung der Entscheidung des Bundesgerichtshofes, BGHZ Band 33, S. 364, im Nachschlagewerk des Bundesgerichtshofes, § 645 HGB, Nr. 3 (zitiert: **Liesecke**, LM zu § 645 HGB Nr. 3).

Lindenmaier: Adäquate Ursache und nächste Ursache (zur Kausalität im allgemeinen bürgerlichen Recht und in den Allgemeinen Deutschen Seeversicherungsbedingungen), in Zeitschrift für das gesamte Handelsrecht und Konkursrecht 1950, Band 113, S. 207 ff.

Lüpke: Allgemeine Geschäftsbedingungen für den Verkauf von Gebrauchtwagen rechtswirksam? Betriebsberater 1956, S. 609, 1957, S. 169 ff., S. 595 ff.

Miller: Protection- and Indemnity-Versicherung, Hansa 1952, S. 397 f.

Mittelstein: Konnossement und Ladeschein, eine vergleichende Untersuchung, HansRZ 1918, Beiheft, Seite 134 ff.

Mittelstein: Hague Rules 1921, HansRZ 1922, Sp. 32 ff.

Mittelstein: Hague Rules 1922, zugleich eine Besprechung des Vortrages von **Wüstendörfer**, HansRZ 1923, Sp. 757 ff.

Möller: Umbruch des Seefrachtrechts, HansRGZ 1937 A, Sp. 405 ff.

Möller: Versicherung und Haager Regeln, Hansa 1937, S. 2092 ff.

Moltmann: Einführung der Haager Regeln in Deutschland, Verkehrsrechtliche Rundschau 1936, Gruppe 3 a, Bl. 7.

Motive: Motive zu dem Entwurfe eines Bürgerlichen Gesetzbuches für das Deutsche Reich, Band I, Allgemeiner Teil, 2. Auflage, Berlin 1896.

Müller: Seeuntüchtigkeit und technische Bedienung („management") des Schiffes nach der Seefrachtrechtsnovelle vom 10. 8. 1937 (Haager Regeln 1922), HansRGZ 1937 A, Sp. 371 ff.

Müller: Seeuntüchtigkeit und Management of the Ship nach den Haager Regeln 1922, dargestellt auf Grund der englischen und deutschen Rechtsprechung unter Berücksichtigung des Seeversicherungsrechts, Hamburgische Dissertation 1937.

Neuner: Privatrecht und Prozeßrecht, Mannheim-Berlin-Leipzig, 1925.

Palandt: Mehrere Verfasser, Bürgerliches Gesetzbuch mit Gleichberechtigungsgesetz, Einführungsgesetz, Verschollenheitsgesetz, Abzahlungsgesetz, Wohnungseigentumsgesetz, Schiffsrechtegesetz, Ehegesetz, MRG 52 und 53, Stationierungsschädenregelung, 26. neubearbeitete Auflage, München-Berlin 1967 (zitiert: Palandt und Bearbeiter).

Pappenheim: Handbuch des Seerechts, Band III 1918, S. 493 ff.

Pawlowski: Der prima-facie-Beweis bei Schadensersatzansprüchen aus Delikt und Vertrag, Göttingen 1966.

Peters: Die Beweislast, Monatsschrift für Deutsches Recht 1949, S. 66 ff.

Pfundner-Neuber: Das neue Deutsche Reichsrecht.

Piechotta: Der prima-facie-Beweis im See- und Binnenschiffahrtsrecht, in Abhandlungen der Rechts- und Staatswissenschaftlichen Fakultät der Universität Göttingen, Heft 17, Göttingen 1933.

Planck: Planck's Kommentar zum Bürgerlichen Gesetzbuch nebst Einführungsgesetz, mehrere Verfasser, Band II, 1. Hälfte, 4. Auflage, Berlin 1914.

Prölss: Beweislasterleichterungen im Schadensersatzprozeß, Karlsruhe 1966.

Raape: Die Beweislast bei positiver Vertragsverletzung, Archiv für Zivilistische Praxis, 1941, Band 147, S. 217 ff.

Raiser: Anmerkung zur Entscheidung des LG Aachen vom 13. 7. 1951, Neue Juristische Wochenschrift 1952, S. 625.

Raiser: Das Recht der allgemeinen Geschäftsbedingungen, Bad Homburg 1935.

Redeker: Beweislast und Beweiswürdigung im Verwaltungsprozeß, NJW 1966, S. 1777 ff.

Reinbeck: Die englische Rechtsprechung 1926/27 in Seesachen, HansRGZ 1928 A, Sp. 605 ff.

Reinbeck: Zur Haftung des Reeders aus §§ 481, 485, 486 HGB, insbesondere für den Stauer, HansRGZ 1930 A, Sp. 327 ff.

Reinhardt-König: Richter und Rechtsfindung, Zwei Vorträge, München-Berlin 1957.

Reinicke: Die Bedeutung des Wortlautes bei der Auslegung von Gesetzen nach der Rechtsprechung des Bundesgerichtshofs, Neue Juristische Wochenschrift 1952, S. 1033.

RGR-Komm. Das Bürgerliche Gesetzbuch unter besonderer Berücksichtigung der Rechtsprechung des Reichsgerichts- und des Bundesgerichtshofs, Kommentar herausgegeben von Reichsgerichtsräten und Bundesrichtern, mehrere Verfasser, Band I, 1. Teil, 11. Auflage 1959.

Ripert: Droit Maritime, Band II, 4. Auflage, Paris 1952.

Ripert: Précis de Droit maritime, 6. Auflage, Paris 1952.

Röhreke: Zur Wirksamkeit von Unbekanntklauseln, Hansa 1951, S. 1464.

Röhreke: Die Haftung des Reeders und Verfrachters für schuldhafte Handlungen, insbesondere Ladungsdiebstähle von Schauerleuten, Hansa 1952, S. 223—226, 251—253.

Rosenberg: Lehrbuch des Zivilprozeßrechts, 8. Auflage, München-Berlin, 1960.

Rosenberg: Die Beweislast auf der Grundlage des Bürgerlichen Gesetzbuches und der Zivilprozeßordnung, 4. Auflage, München-Berlin, 1956.

Rotermund-Koch: Die Ladung, Ein Handbuch für alle, die mit Schiffsladungen zu tun haben, 5. Auflage, Band I, 1956.

Sachse: Beweisverträge, Zeitschrift für Zivilprozeß 1929, Band 54, S. 409 ff.

Schaps-Abraham: Das Deutsche Seerecht, Kommentar und Materialsammlung, II. Band, 3. umschriebene und erweiterte Auflage, Berlin 1962.

Scharlach: Zur Entscheidung HansRGZ B 1932. Sp. 51 ff., in HansRGZ 1932 A, Sp. 237.

Schlegelberger-Liesecke: Seehandelsrecht, zugleich Ergänzungsband zu Schlegelberger, Kommentar zum Handelsgesetzbuch, 1. Auflage Berlin-Frankfurt a. M. 1959, 2. Auflage Berlin-Frankfurta. M. 1964.

Schlegelberger: Handelsgesetzbuch, mehrere Verfasser, 3. Band, 4. Auflage, Berlin-Frankfurt a. M. 1965.

Schmid-Lossberg: Zustimmung des Abladers zur Decksverladung. Der Transportdienst 1955, S .2699.

Schneider: Die Bedeutung der Beweislast für die Relationstechnik, Juristenzeitung 1957, S. 617 ff.

Schneider: Schlüssigkeit und Wahrheit, Juristenzeitung 1957, S. 246.

Scrutton: Charterparties and Bills of Lading, 16. Auflage, London 1955.

Schnitter: Rechtsverbindlichkeit des DEK 1940 in bezug auf die Beteiligten und seinen Inhalt, ungedruckte hamburgische Dissertation 1956.

Schönke-Schröder-Niese: Lehrbuch des Zivilprozeßrechts, 8. Auflage, Karlsruhe 1956.

Seuffert-Walsmann: Kommentar zur Zivilprozeßordnung, 12. Auflage, München 1932.

Sieg: Anmerkung zum BGH-Urteil vom 27. 10. 1960, Monatsschrift für Deutsches Recht 1961, S. 299 f.

Sieg: Aktuelle Fragen des Seefrachtrechts, eine rechtsvergleichende Auswertung neuerer französischer Judikatur, Monatsschrift für Deutsches Recht, 1956, S. 708 ff.

Soergel-Siebert: Mehrere Bearbeiter, Bürgerliches Gesetzbuch mit Einführungsgesetz und Nebengesetzen I. Band, Stuttgart 1959, zitiert: **Soergel-Siebert.**

Stahl: Zur Freizeichnung des Verfrachters von verschuldeter Seeuntüchtigkeit, Der Betrieb 1956, S. 861 f.

Staub: Staub'scher Kommentar zum Handelsgesetzbuch, mehrere Verfasser, 13. Auflage Band II, Berlin-Leipzig 1927, 14. Auflage Band IV, Berlin-Leipzig 1933, zitiert: **Staub** und Bearbeiter.

Staudinger-Coing: Staudingers Kommentar zum Bürgerlichen Gesetzbuch mit Einführungsgesetz und Nebengesetzen, bearbeitet von **Coing,** I. Band, Allgemeiner Teil, 11. Auflage, Berlin 1957, zitiert: **Staudinger** und Bearbeiter.

Stein-Jonas-Schönke-Pohle: Kommentar zur Zivilprozeßordnung, 18. Auflage, Tübingen 1953 ff.

Stödter: Das Deutsche Einheitskonnossement 1940, Hansa 1941, S. 1020 ff.

Stödter: Über die Reklamationsfrist im Seefrachtrecht, Hansa 1943, S. 447—453, S. 479—483.

Stödter: Vorwort zur Textausgabe des Deutschen Einheitskonnossement 1940, 2. Auflage, Hamburg 1942.

Stödter: Zur Einführung der Haager Regeln, Hansa, Sonderdruck, S. 26 ff., Hamburg 1940.

Stödter: Geschichte der Konnossementsklauseln, Überseestudien, Heft 21, Hamburg 1933.

Sturm: Die Sorge für die Tüchtigkeit des Handelsschiffes, HansRGZ 1931 A, Sp. 385 ff.

Theuerkauf: Beweislast, Beweisführungslast und Treu und Glauben, Neue Juristische Wochenschrift 1962, S. 449 ff.

Träger: Der Kausalitätsbegriff im Straf- und Zivilrecht, Marburg 1904.

Trappe: Einige Entscheidungen ägyptischer Gerichte zum Seerecht, Hansa 1963, S. 1083.

Vortisch-Zschucke: Binnenschiffahrts- und Flößereirecht, 2. Auflage, Berlin 1953.

Wach: Die Beweislast nach dem Bürgerlichen Gesetzbuche, Zeitschrift für Zivilprozeß 1901, Band 29, S. 360 ff.

Wassermeyer: Der prima-facie-Beweis und die benachbarten Erscheinungen, eine Studie über die rechtliche Bedeutung der Erfahrungssätze, in Aschendorfs juristische Handbücherei, Band 41, Monographien, Münster 1954.

Wildiers: La Connaissement Maritime, Antwerpen 1950.

Willner: Die mutmaßliche Nichthaftung des Verfrachters bei Ladungsschäden, Hansa 1952, S. 1670 ff.

Wolff-Raiser: Sachenrecht, 10. Bearbeitung, Tübingen 1957.

Wollny: Die Verantwortlichkeit des Verfrachters aus dem Seefrachtvertrage für das Verschulden seiner Helfer mit einem Überblick über die Lösungen im anglo-amerikanischen Recht, in Überseestudien Heft 34, Hamburg 1965.

Wüstendörfer: Studien zur modernen Entwicklung des Seefrachtvertrages, Band I, Dresden 1905—1909, zitiert: **Wüstendörfer**, Frachtvertrag.

Wüstendörfer: The Hague Rules 1922, Kritische Betrachtungen zum Brüsseler Gesetzentwurf über Vereinheitlichung gewisser Regeln in bezug auf Konnossemente, Überseestudien, Heft 2, Rostock 1923.

Wüstendörfer: Ein Rechtsfall zur schriftlichen Verpflichtung des Reeders aus dem Konnossement, in: Die Reichsgerichtspraxis im deutschen Rechtsleben, Festgabe der juristischen Fakultät zum 50jährigen Bestehen des Reichsgerichts 1929, Band IV, Seite 190 ff.

Wüstendörfer: Neuzeitliches Seehandelsrecht mit besonderer Berücksichtigung des anglo-amerikanischen und internationalen Rechts, 2. Auflage, Tübingen 1950, zitiert: **Wüstendörfer**, Seehandelsrecht.

Wüstendörfer: Gutachten über die Verschlechterung der Rechtslage der Reeder durch die Haager Regeln, Hansa 1928, S. 895 ff., S. 930 ff.

Wüstendörfer: Zur Haftung für Feuerschäden an Bord von Seehandelsschiffen nach den Haager Regeln, Monatsschrift für Deutsches Recht 1949, S. 450—454, S. 515—516.

Wüstendörfer: Der Schutzzweck der Haager Regeln und das DEK 1940, HansRGZ, A 1943, Sp. 49 ff.

von Wurmb: Die Haftung des Verfrachters für das Verschulden selbständiger Hilfspersonen, Hamburgische Dissertation 1966.

Zeiler: Was ist richterliche Überzeugung, Leipziger Zeitschrift für das Deutsche Recht, 1933, S. 273.

Zitelmann: Nichterfüllung und Schlechterfüllung, Selbstmahnung des Schuldners, Bonner Festgabe für Paul Krüger, 1911, S. 265 ff.

VORBEMERKUNG

Diese Arbeit erörtert Fragen der Beweislastverteilung im Recht des Stückgut-Seefrachtvertrages und berücksichtigt Regeln des Deutschen Einheitskonnossementes von 1940 und anderer Linienkonnossemente in Deutschland beheimateter Reedereien. Sie soll ein Beitrag zur Klärung der auf diesem Gebiete vorhandenen Zweifel sein. Die Fassung nicht weniger deutscher Reedereikonnossemente ist veraltet und bedarf einer gründlichen Überarbeitung[1]. Vor allem kleinere Reedereien, die sich naturgemäß nicht so leicht in dieser Hinsicht juristisch beraten lassen, führen in ihren Konnossementsbedingungen vielfach althergebrachte Formulierungen mit, die teilweise gegen die heute geltenden Gesetze verstoßen oder aber bedeutungslos geworden sind. Das Deutsche Einheitskonnossement von 1940 sollte, so war es von den an seiner Formulierung beteiligten Verbänden beabsichtigt, den Konnossementen der Praxis eine Überarbeitungsgrundlage sein. Jedoch lassen eine ganze Reihe Regeln dieses Konnossementes, insbesondere solche, die sich mit Beweislastfragen befassen, Zweifel in ihrer rechtlichen Bedeutung und Gültigkeit zu.

Der Einbau der Haager Regeln in das Deutsche Seehandelsrecht im Jahre 1937 durch das Gesetz zur Änderung von Vorschriften des Handelsgesetzbuches über das Seefrachtrecht vom 10. August 1937[2] und dessen Durchführungsverordnung vom 5. Dezember 1939[3] bedeutete eine grundlegende und weitgehende Verschlechterung der Rechtsstellung des Verfrachters, sei es des Reeders, des Ausrüsters oder Zeitcharterers im Hinblick auf seine Beziehung zu den Ladungsbeteiligten und die Rechtslage vor dem Inkrafttreten des Seefrachtrechtsänderungsgesetzes[4]. Die Reeder suchten ihre Position zu verteidigen und sich jede Abwehrchance nutzbar zu machen. Dies führte zu Ergebnissen, die geeignet waren, den alten Rechtszustand praktisch wiederherzustellen, Ergebnissen, die auch in die Regeln des Deutschen Einheitskonnossements von 1940 Eingang gefunden haben.

---

[1] Dieses Bedürfnis hat ein Großteil der deutschen Reedereien erkannt. So sind zur Zeit mehrere in Hamburg ansässige Reedereien bemüht, ihre Konnossementsbedingungen zu ändern.

[2] RGBl 1937 I, S. 891, zitiert: Änderungsgesetz 1937.

[3] Verordnung zur Durchführung des Gesetzes zur Änderung von Vorschriften des Handelsgesetzbuches über das Seefrachtrecht, RGBl 1939, I, S. 1049.

[4] *Behm*, Zur Ladungshaftung des Reeders, Hansa 1951, S. 364.

Den Bemühungen der Verfrachter war mehr oder weniger gemeinsam, im Wege der vertraglichen Beweislastregelung einen Ausbau ihrer Rechte zu erreichen. Oft bleiben die Einzelheiten der Schadensentstehung unerkannt. Häufig kann die Verschuldensfrage nicht ausreichend und für den erkennenden Richter überzeugend geklärt werden. Für den Ausgang des Rechtsstreits wird entscheidend, wem das Risiko der Unaufklärbarkeit des Schadensereignisses aufzubürden ist. Wer den Nachweis führen muß, was geschehen oder was nicht geschehen ist, wird unter den besonderen Verhältnissen der Seeschiffahrt meist im Rechtsstreit unterliegen. Die Eigenart des Handelsverkehrs auf See, sein Zusammenspiel mit vorgehender und nachfolgender Behandlung der Ladung an Land, die unübersichtlich vielen Eingriffsmöglichkeiten Fremder, aber auch am Transport beteiligter Personen, Witterungseinflüsse, Versagen der technischen Anlagen des Frachtschiffes[5] erschweren stark eine einwandfreie Rekonstruktion des tatsächlichen Geschehensablaufes oder machen sie vielleicht ganz unmöglich.

Die Beweislastprobleme sind in Literatur und Rechtsprechung eingehend erörtert worden[6]. Gleichwohl sind noch manche Fragen ungeklärt geblieben. Das liegt zunächst in der Natur des Schadensersatzprozesses begründet, der von einem komplizierten System mannigfacher, teilweise gegeneinander wirkender Anscheinsbeweise und Vermutungen beherrscht wird. Praktisch bewirkt der Anscheinsbeweis eine Umkehr der Beweislast. Der Gegner muß dartun, daß das haftungsbegründende tatsächliche Geschehen anders verlaufen ist, als dies prima facie dargestellt ist. Dabei liegt es auf der Hand, daß dieser Beweis ebenfalls prima facie erbracht werden kann. Zweifel ergeben sich auch, weil trotz an sich klarer Beweislastgrundsätze die Einordnung vieler Einzelsachverhalte unter die Tatbestände des Gesetzes Schwierigkeiten macht (so verschwimmen z. B. objektiv gemeinte Nichthaftungstatbestände mit subjektiven Verschuldensmerkmalen). Aus allem ergibt sich ein kompliziertes Bild, das noch unklarer wird, wenn die Verfrachter und Ladungsbeteiligten vertraglich auf die Verteilung der Beweislast Einfluß nehmen und es ist ungewiß, ob die von ihnen eingeführten Regeln gültig sind.

---

[5] *Behm*, Hansa 1951, S. 364.

[6] Vgl. hier zunächst für alle: *Leo Rosenberg*, Beweislast.

EINLEITUNG

§ 1. Das Seefrachtgeschäft

I. Die Geschäftspartner

Der Stückgutfrachtvertrag, der sich anders als der Raumfrachtvertrag[7] auf einzelne Ladungsgüter oder einzelne Partien Ladungsgüter bezieht und bei dem die Beförderungsleistung in erster Linie durch den Gegenstand der Ladung, nicht durch das Beförderungmittel, bestimmt ist[8], ist ein Werkvertrag[9] im Sinne der §§ 631 ff. BGB. Er geht auf Herbeiführung eines Beförderungserfolges mit anschließender Ablieferung des Gutes, Arbeitsleistung des Verfrachters und seiner Leute gegen Zahlung eines entsprechenden Entgeltes. Der Vertragsschluß zwischen dem *Verfrachter,* der Reeder oder auch ein Charterer sein kann, der jedoch als Reeder rechtlich auftritt, und dem *Befrachter*, dem Kontrahenten des Verfrachters, der das Beförderungsentgelt zu zahlen hat, vollzieht sich grundsätzlich formlos. Erst nach Abladung der Güter durch den *Ablader*[10], der die Güter auf Grund des geschlossenen Frachtvertrages im eigenen Namen an das Schiff heranführt, und nach Übernahme der Güter durch den Verfrachter schreibt das Gesetz die Ausstellung eines Konnossements vor.

II. Die Verbriefung des Seefrachtvertrages durch das Konnossement

Nach dem Gesetz wird das Konnossement vom Verfrachter und den von ihm bevollmächtigten Vertreter, etwa seinem Agenten, ausgestellt, §§ 642 Abs. I und Abs. III HGB. Erweiternd bestimmt § 642 Abs. IV HGB, daß der *Schiffer* und jeder andere vom *Reeder* ermächtigte Vertreter auch ohne Ermächtigung des *Verfrachters* zur Ausstellung des Konnossements berechtigt ist. Das Konnossement spielt dabei eine Doppelrolle. Einmal regelt es gemäß § 656 Abs. I HGB das Rechtsverhältnis zwischen Verfrachter und *Empfänger* der Güter, wäh-

---

[7] Raumfrachtvertrag = Chartervertrag stellt vorzüglich auf einen der Beförderung dienenden ganzen oder anteiligen Schiffsraum ab *Wüstendörfer,* Seehandelsrecht, S. 228.

[8] *Wöstendörfer,* Seehandelsrecht, S. 229.

[9] Genauso der Raumfrachtvertrag.

[10] Befrachter und Ablader sind nicht identisch.

rend für das Rechtsverhältnis zwischen dem Verfrachter und dem Befrachter die Bestimmung des Frachtvertrages maßgebend bleiben, § 656 Abs. III HGB. Zum anderen ist es im Linienstückgutfrachtverkehr in gewisser Hinsicht Beweisurkunde für den Stückgutfrachtvertrag und enthält die Bedingungen, unter denen die Güter zur Beförderung übernommen worden sind[11]. Hierbei sind zwei Fälle zu unterscheiden, nämlich wenn das Konnossement selbst den Frachtvertrag darstellt, also wenn seiner Ausstellung keine Abreden vorausgehen und anders, wenn das Konnossement erst nach Abschluß eines formlosen Kontraktes ausgeschrieben wird[12].

Wenn der Konnossementsinhaber zugleich der Befrachter ist[13], dann sind nur die Bestimmungen des Frachtvertrages maßgebend, nicht aber der Konnossementsinhalt als solcher, § 656 Abs. II HGB, der aber beim Stückgutfrachtvertrag meist mit dem Frachtvertrag übereinstimmt. Ist der Konnossementsinhaber zugleich Ablader, so ist zwar Rechtsgrundlage seiner Beziehungen zum Verfrachter nicht der Frachtvertrag, sondern die durch Abladung erworbene selbständige Rechtsstellung und Vertragbeziehung als Ablader[14]. Außerdem aber unterwirft sich der Inhaber des Konnossements mit der Entgegennahme dieser Urkunde den dort aufgestellten Bedingungen[15].

Es gelten also im Linienverkehr beim Stückgutfrachtvertrag, wenn es nicht zum Abschluß eines besonderen Frachtvertrages zwischen Befrachter und Verfrachter gekommen ist, die Konnossementsbedingungen zwischen den am Frachtgeschäft Beteiligten als Frachtvertrag. So macht es daher keinen Unterschied für die Ausgestaltung der vertraglichen Beziehungen, wenn dem Verfrachter der Befrachter, der Ablader oder der Empfänger als Inhaber des Konnossements gegenübertritt. Sie alle sind insoweit in gleicher Weise *„Ladungsbeteiligte“*[16].

[11] So die wohl herrschende Meinung. Vgl. *Wüstendörfer*, Seehandelsrecht, S. 234 und Seefrachtvertrag, S. 189 f. und 287 ff.; *Gramm*, S. 173; *Heini*, Durchkonnossement, S. 1 f.; *Rotermund*, Die Ladung, S. 254, RG 28. V. 1936 HansRGZ 1936 B, Sp. 476.

[12] Vgl. hierzu mit Einzelheiten: *Heini*, Durchkonnossement, S. 4 f.

[13] Zweigniederlassung im Abladehafen und Hauptniederlassung im Ankunftshafen.

[14] Vgl. *Wüstendörfer*, Seehandelsrecht, S. 313 und 225 f.

[15] BGH 20. V. 1952, BGHZ Bd. 6 S. 127 (130), RG 13. II. 1904, RGZB 57 S. 62 3. 1. 1917, RGZ Bd. 89, S. 285; *Liesecke*, VersR 60, S. 865 (867); *Hasche*, Hansa 51, S. 1184 (1185).

[16] Vgl. Konnossement der Vereinigte Sloman Mittelmeerlinien.

§ 2. Rechtsnatur und Verbindlichkeit der Bedingungen der Linienkonnossemente

I. Rechtsnatur

Im Seefrachtgeschäft über Stückgüter wird der Frachtvertrag in der Regel in der Weise abgeschlossen, daß die betreffenden Güter über den Agenten der Reederei gebucht werden, sei es zu den bekannten Konferenzraten oder zu den von der einzelnen Reederei angezeigten Raten[17]. Bei solchem Abschluß wird stets darauf hingewiesen, daß der Frachtvertrag zu den Bedingungen des Konnossements zustande komme. Diese Bedingungen kennen die Vertragspartner entweder schon aufgrund laufender Geschäftsbeziehungen, oder aber sie können sie jederzeit zur Einsichtnahme anfordern. Sie sind oftmals in den maßgebenden am Seefrachtgeschäft beteiligten Kreisen bekannt, wenn es sich um Bedingungen alteingesessener Reedereien handelt. Fast immer sind sie auf der Rückseite des Konnossements abgedruckt. So erscheinen die Konnossementsbedingungen als allgemeine Geschäftsbedingungen, wie sie heute in weiten Bereichen der Wirtschaft üblich sind.

II. Verbindlichkeit

Die Konnossementsbedingungen können im Verhältnis zwischen dem Verfrachter und den Ladungsbeteiligten aus dreierlei Gründen gelten.

Einmal wird in nahezu jedem Konnossement auf der Kopfseite der Urkunde ausdrücklich erklärt, der Erwerber des Konnossements unterwerfe sich den umseitig abgedruckten Bedingungen.

Wenn zwischen den Beteiligten am Seefrachtgeschäft eine längere Geschäftsverbindung besteht, die bisherigen Vertragsabschlüsse regelmäßig unter Bezugnahme auf den Inhalt der Konnossementsbedingungen des Verfrachters erfolgt sind, dann bedarf es im Einzelfall keiner besonderen Unterwerfungserklärung, um die Parteien aus den Bedingungen des Konnossements einander zu verpflichten[18]. Es liegt dann eine stillschweigende Unterwerfung seitens der Ladungsbeteiligten vor, die das Konnossement entgegennehmen[19]. Eine solche Unterwerfung ist auch in an-

---

[17] Diese letzte Möglichkeit kommt allerdings nur in Betracht, wenn die Reederei als Outsider fährt.

[18] So die herrschende Meinung, vgl. RG 10. XII. 1924, RGZ Bd. 109, S. 299; RG 12. III. 1927, JW 1927, S. 1467; RG 4. XI. 1925, HRR 1926, Nr. 46; *Raiser*, Allgemeine Geschäftsbedingungen, S. 180; *Baumbach-Duden*, Komm. zum HGB Einfl. III, Anm. 3 C, D.

[19] BGH 19. I. 1951, BGHZ Bd. 1, S. 84; BGH 8. III. 1955, BGHZ Bd. 17, S. 1; BGH 29. IX. 1955, BGH Bd. 18, S. 216; *Palandt-Danckelmann*, § 157 BGB A. 5 a.

deren Rechtsgebieten nichts Besonderes, wenn man etwa an die allgemeinen Geschäftsbedingungen der verschiedenen Branchen denkt.

Im Stückgutfrachtverkehr ist es letztlich allgemein üblich, daß die Verfrachter in ihren Konnossementen allgemeine Geschäftsbedingungen aufstellen und ihre sämtlichen Stückgutfrachtverträge nur unter diesen Bedingungen abschließen. In diesem Geschäftsbereich muß jeder Teilnehmer[20] am Seefrachtgeschäft damit rechnen, daß die Verfrachter ihren Geschäften die von ihnen aufgestellten Bedingungen zugrunde legen. Sofern die Konnossementsbedingungen im Einzelfall nicht ausdrücklich ausgeschlossen worden sind, werden sie aufgrund dieses Umstandes zum Vertragsinhalt[21]. Die Ladungsbeteiligten können also nicht damit durchdringen, sie hätten vom Inhalt der oftmals klein gedruckten Konnossementsformulare nicht ausreichend Kenntnis genommen. Die Bedingungen seien in englischer Sprache[22] abgefaßt und sie seien nicht in der Lage gewesen, sie zu übersetzen; dies könne ihnen auch nicht zugemutet werden. Wer auf Linienkonnossementen verschifft, muß sich mit den Bedingungen des Konnossements vertraut machen. Er kann sich auch nicht darauf berufen, er habe den einzelnen Klauseln nicht hinreichende Bedeutung beigemessen[23]. Die Verbindlichkeit allgemeiner Geschäftsbedingungen für die Parteien ist vielfach von der Rechtsprechung auch dann bejaht worden, wenn die einzelnen Bestimmungen einer Partei nicht bekannt geworden sind[24].

---

[20] Jeder Vertragsgegner eines Verfrachters.

[21] BGH 19. I. 1951, BGHZ Bd. 1, S. 86; BGH 5. X. 1951, BGHZ Bd. 3, S. 203; BGH 28. IV. 1953, BGHZ d. 9, S. 301; BGH 22. I. 1954, BGHZ Bd. 12, S. 136; BGH 8. III. 1955, BGHZ Bd. 17, S. 1; BGH 29. VI. 1959, NJW 1959 S. 1679; *Enneccerus-Nipperdey*, Band II § 163 IV 3; *Schmidt*, Anm. zu BGH LM Nr. 1 zu § 56 ADSp.;*Raiser*, NJW 1952, S. 625; *Wüstendörfer*, Seehandelsrecht, S. 233.

[22] Wie meistens im Seefrachtverkehr.

[23] OLG Hamburg 3. VII. 1952, BB 1951, S. 625; *Lebuhn*, Linienkonnossement, S. 66.

[24] *Hasche*, Hansa 1951, S. 1951, S. 1185 (Die Frage, ob die Nichtigkeit einer Freizeichnungsklausel die Nichtigkeit der gesamten Geschäftsbedingungen bewirkt, § 139 BGB, ist nunmehr nach der Entscheidung des BGH 22 S. 90 ausgetragen. Auch im Schrifttum werden zu § 139 BGB nur noch vereinzelt Angriffe gegen die Gültigkeit allgemeiner Geschäftsbedingungen vorgetragen. Vgl. für die herrschende Meinung: *Domine*, Grenzen der Freizeichnung im Seerecht, S. 49 ff.; *Palandt-Danckelmann*, § 139 BGB Anm. 3; *Staudinger-Coing*, § 139 BGB Rdz. 13, RGRKomm. § 139 BGB Anm. 9.

§ 3. Zur Geschichte der Konnossementsklauseln und des Deutschen Einheitskonnossements von 1940[25]

Ursprünglich wurde die Rechtsstellung des Verfrachters gegenüber den Ladungsbeteiligten durch die sogenannte „Receptumshaftung" geprägt. Der Verfrachter haftete für Verlust oder Beschädigung der von ihm zum Transport übernommenen Güter bis zur Grenze der Höheren Gewalt[26].

Das HGB von 1897 schränkte diese strenge Haftung auf eine Verschuldenshaftung des Verfrachters mit Entlastungspflicht ein, § 606 HGB a. Fassung. Damit wurde die Receptumshaftung praktisch abgeschafft. Gleichwohl behielt die Rechtslehre die Bezeichnung „Receptumshaftung" als terminus technicus bei, um diese Haftung für das Schicksal der dem Verfrachter anvertrauten Ladung von der sogenannten „Skripturhaftung" zu unterscheiden, der Haftung für die Richtigkeit des Empfangsbekenntnisses im Konnossement. Die Receptumshaftung wie die Skripturhaftung enthielten jedoch kein zwingendes Recht. Die Verfrachter hatten die Möglichkeit, anderweitige vertragliche Regelungen durchzusetzen. Von diesem Recht machten sie weitgehend Gebrauch, zumal die wirtschaftliche Stellung der Verfrachter zu Beginn des 20. Jahrhunderts ungleich stärker war als die der Ladungsbeteiligten[27].

Die Freizeichnungen erreichten einen derartigen Umfang, daß schließlich dem § 606 HGB a. F. keine wesentliche praktische Bedeutung mehr zukam[28]. Diese Entwicklung löste seitens der Ladungsbeteiligten eine Gegenbewegung aus, mit dem Ziel, den Verfrachtern einen billigen Interessenausgleich abzuringen. Die Einigungsversuche liefen dahin, die Verfrachter einerseits von der Haftung für nautisches Verschulden, also Verschulden bei der Schiffsführung zu befreien, während andererseits ihre Haftung für kommerzielles Verschulden, mithin schuldhafte Verletzung der Pflichten der Ladungsfürsorge, gefordert wurde. Besonderen Anteil an den Einigungsbestrebungen und der Annäherung der Standpunkte hatte die International Law Association, die sich 1855 und 1882 noch vergeblich um die Lösung der Freizeichnungsprobleme bemüht hatte, späterhin aber erfolgreich war. Der oben geschilderte Kompromißgedanke wurde zuerst durch den Harter Act der USA vom 13. Februar 1893 gesetzlich festgelegt. Dieses Gesetz enthielt die erste zwingende Regelung gegen eine schrankenlose Freizeichnung der Verfrachter zum

---

[25] Wegen der Einzelheiten darf auf *Stödter*, Geschichte der Konnossementsklauseln; *Lebuhn*, Linienkonnossement; *Schnitter*, DEK, verwiesen werden.

[26] Vgl. *Wüstendörfer*, Seehandelsrecht, S. 266.

[27] *Wüstendörfer*, Seehandelsrecht, S. 280, 266; *Lebuhn*, Linienkonnossement, S. 13; *Lebuhn*, Neuzeitliche Konnossementsfragen, S. 9.

[28] *Domine*, S. 5.

Schutze der Interessen der Ladungsbeteiligten[29]. Der Harter Act blieb nicht ohne Einfluß auf die Disposition der interessierten deutschen Reederkreise[30]. Man erstrebte eine ähnliche Regelung. Im Jahre 1912 entstanden „Allgemeine Regeln für Dampferkonnossemente[31]. Im selben Jahre wurde das erste Deutsche Einheitskonnossement formuliert[32]. Die auf diesem Wege gewährte Anerkennung des Kompromißgedankens hatte allerdings wenig praktische Vorteile für die Ladungsbeteiligten, weil die Verfrachter eine besondere Beweislastregelung durchsetzten, die den Ladungsbeteiligten den Nachweis für Schaden, Verursachung und Verschulden auferlegte[33].

Wirklichen Einhalt konnte das DEK 1912 den Reedern in der Ausnutzung ihrer wirtschaftlichen Machtstellung nicht gebieten. Es fehlte eine zwingende gesetzliche Regelung.

Um eine bindende Grundlage innerhalb Europas für die Vertragsverhältnisse im Seefrachtgeschäft zu schaffen, nahm die International Law Association nach dem Kriege 1914/1918 ihre Arbeit wieder auf. Nach Vorarbeiten ihres Maritime Law Committee entstanden im Jahre 1921 in Anlehnung an den kanadischen „Water Carriage of Goods Act" von 1910 die sogenannten Haager Regeln, die durch freiwillige Aufnahme in die Konnossemente ihren Eingang in die Praxis des Linienstückgutverkehrs finden sollten. Ihre endgültige Fassung erhielten die Regeln dann im Oktober 1923, nachdem sie von einem Ausschuß der Brüsseler Konferenz nochmals geprüft worden waren[34 35].

Die überwiegende Zahl der deutschen Reeder lehnte die Haager Regeln ab, sollte doch gerade durch sie ihre übermächtige Stellung gegenüber den Ladungsbeteiligten wesentlich abgeschwächt werden.

Die Haager Regeln wurden schließlich am 25. August 1924 durch die belgische Regierung zur Zeichnung aufgelegt. Während der einjährigen Zeichnungsfrist wurden sie von den USA, Japan und fast allen euro-

---

[29] *Wüstendörfer,* Frachtvertrag, S. 382, und The Hague Rules, S. 27, Seehandelsrecht, S. 28.

[30] *Hermann,* Abladegeschäft, S. 18 ff.

[31] *Lebuhn,* Linienkonnossement, S. 17.

[32] Übernommen von einer bemerkenswert großen Zahl Deutscher Reedereien. Vgl. *Lebuhn,* a.a.O., S. 17, Note 17.

[33] *Lebuhn,* a.a.O., S. 17.

[34] *Wüstendörfer,* Hague Rules, S. 4.

[35] Zum Inhalt der Haager Regeln vgl. *Möller,* Umbruch des Seefrachtrechts, HansRGZ 1937/A, Sp. 405; *Lebuhn,* Linienkonnossement und die dort auf den Seiten 18—21 Zitierten.

päischen Ländern, mit Ausnahme der nordischen Staaten, gezeichnet[36]. England führte die Regeln mit Wirkung vom 1. Januar 1925 ein[37]. Der deutsche Gesetzgeber hat die Haager Regeln nicht wie zum Beispiel England im Ganzen übernommen. Er hat sie in dem deutschen Handelsrecht angepaßter Form, den Regeln des Handelsgesetzbuches durch das Seefrachtrechtsänderungsgesetz von 1937 und seinen Durchführungsverordnungen eingegliedert[38]. Durch dieses Gesetz wurde der Kampf der Linienreedereien mit Verladern und Ladungsversicherern um die Freizeichnungsklauseln im Sinne eines wohlausgewogenen Kompromisses zwischen Reederbelangen und Verladerinteressen[39] beendet.

Das Gesetz brachte für das bis dahin geltende Seefrachtrecht folgende Neuerungen:

a) Es regelte die Haftung des Verfrachters im Sinne des langumkämpften Kompromißgedankens,

b) es schaffte die Skripturhaftung ab und

c) führte das Verfrachterkonnossement ein.

Aufgrund der neuen gesetzlichen Bestimmungen wurde in Zusammenarbeit zwischen der damaligen Fachgruppe Reeder[40] und der damaligen Reichsgruppe Industrie das Deutsche Einheitskonnossement 1940 geschaffen[41]. Dieses Konnossementsformular, von dem seine Schöpfer sagten, es trage der neuen Rechtslage nach dem Inkrafttreten des Seefrachtrechtsänderungsgesetzes voll Rechnung[42 43], hat sich nicht durchsetzen können. Während des Krieges 1939—1945 wurde es von einigen

---

[36] *Lebuhn*, Hansa 51, S. 1346 und 1457.

[37] Für die Commonwealthstaaten vgl. *Lebuhn*, ITZ 1957, S. 173.

[38] Gesetz zur Änderung von Vorschriften des Handelsgesetzbuches über das Seefrachtrecht vom 10. August 1937, RGBl 1937 I, S. 891, Verordnung zur Durchführung des Gesetzes zur Änderung von Vorschriften des Handelsgesetzbuches über das Seefrachtrecht (RGBl 1939 I, S. 2501.

[39] So *Wüstendörfer*, Seehandelsrecht, S. 267; *Müller*, Seeuntüchtigkeit und Management of the Ship nach den Haager Regeln, S. 89 f.

[40] Jetzt wie ehedem Verband Deutscher Reeder.

[41] *Lebuhn*, Neuzeitl. Konnossementsfragen, S. 5 ff; *Behm*, Hansa 1951, S. 364; *Schlegelberger-Liesecke*, § 643 HGB Rdz. 16; *Wüstendörfer*, HansRGZ 1943 A; *Albrecht*, Hansa 1950, S. 1630; *Stödter*, S. 72 f., 81, 82; *Rotermund-Koch*, Die Ladung, S. 254.

[42] *Stödter*, Vorwort zur Textausgabe des Deutschen Einheitskonnossements 1940, derselbe, Zur Einführung der Haager Regeln, S. 8.

[43] Anderer Ansicht *Wüstendörfer*, Seehandelsrecht, S. 283, HansRGZ 1943, S. 49 ff.; *Capelle*, HansRGZ 1943, S. 25 ff.

Nord- und Ostseereedereien verwandt[44] [45]. Diese Reedereien haben das Standardformular auch späterhin beibehalten. Auch nach dem Kriege hat sich der größte Teil der deutschen Reeder mit dem Deutschen Einheitskonnossement nicht befreunden können. Die Schiffahrt ging ihre eigenen Wege. Soweit Reedereien das Formular beibehalten hatten, macht sich nun eine Tendenz bemerkbar, diese Regeln abzulösen.

Dennoch scheint es wichtig, die Fragen, die sich aus den Beweislastregelungen im Deutschen Einheitskonnossement 1940 ergeben, insgesamt aufzugreifen, weil nicht wenige Reedereien in ihren Konnossementen Teile dieses Konnossements aufgenommen haben, insbesondere aber, weil noch heute im Seefrachtrecht bei der vertraglichen Beweislastregelung Unklarheiten bestehen geblieben sind.

§ 4. Das Problem der Beweislast

I. Die Bedeutung der Beweislast, Allgemeines

Im Zivilprozeß zwischen den Ladungsbeteiligten und dem Verfrachter führt die Unbeweisbarkeit bestrittener Sachbehauptungen zur Frage nach der Verteilung der Beweislast.

Beweislast bedeutet vom subjektiven Standpunkt einer Prozeßpartei aus den prozessualen Zwang, entscheidungserhebliche bestrittene Tatsachen zu beweisen, bei dem zur Entscheidung berufenen Richter die volle Überzeugung von der Wahrheit des eigenen Vortrages zu bewirken, also einen derart hohen Grad von Wahrscheinlichkeit für die Richtigkeit zu begründen, daß kein vernünftiger, die Lebensverhältnisse klar überschauender Mensch noch zweifelt[46].

Objektiv gesehen betrifft die Beweislast die Regelung der Frage, wie eine Entscheidung auszufallen hat, wenn Zweifel an der Wahrheit einer erheblichen Tatsachenbehauptung vorhanden sind. Von diesen beiden möglichen Blickpunkten her wird im Schrifttum von einer sogenannten

---

[44] 1. Hamburg-Süd-Norwegen Konnossement der Dampfschiffahrtsgesellschaft Neptun, Bremen, Fa. Ernst Russ, Hamburg, A. Kirsten, Hamburg, 2. Schwedenkonnossement der Mathies Reederei, Hamburg mit 14 Zusatzklauseln, 3. Das Konnossement der Vereinigten Flensburg-Ekernsunder und Sonderburger Dampfschiffsgesellschaften in Flensburg mit 6 Zusatzklauseln.

[45] Ein Einblick in die Klauseln ergibt, daß sie in drei Unterarten einzuteilen sind:

1. Klauseln, die eine inhaltliche Ergänzung des DEK 40 sein wollen,
2. Klauseln, die Modalitäten der Frachtzahlung und Begleichung sonstiger Kosten zum Gegenstand haben,
3. Klauseln, die auf besondere Örtlichkeiten abgestimmt sind.

[46] *Rosenberg*, Zivilprozeßrecht, S. 538; *Zeiler*, LZ 1933, Sp. 273.

subjektiven Beweislast, Beweisführungslast oder von der objektiven Beweislast oder materiellen Beweislast, Feststellungslast gesprochen[47].

Prozeßrechtlich allein bedeutsam ist jedoch der Befehl an den Richter, bei einem non liquet der Tatfrage in einem bestimmten Sinne zu entscheiden[48].

Reicht ein Ladungsbeteiligter eine Klage gegen den Verfrachter ein, so hat er sich zu überlegen, was er behaupten muß, um seinen Anspruch schlüssig zu begründen[49]. Wer zuviel behauptet, kann sich leicht selbst schaden, indem er Tatsachen in den Prozeß einführt, die nicht ihm, sondern seinem Gegner günstig sind. Um aber zu erfassen, was man behaupten muß, muß man wissen, was man letztlich zu beweisen hat. Dementsprechend läßt sich auch der Begriff der Behauptung im Zivilprozeß nur nach den Beweislastnormen gewinnen[50], denn Behauptungen sind diejenigen Ausführungen, die das Vorliegen der Tatbestandsmerkmale der anzuwendenden Rechtssätze ergeben. „Dafür, ob der Behauptungslast genügt ist, ist das Kriterium die Schlüssigkeit; dafür, ob der Beweislast genügt ist, ist das Kriterium die Wahrheit. Dafür aber, ob der Anspruch begründet ist, sind Schlüssigkeit und Wahrheit die Prüfsteine[51].“

II. Die Bedeutung der Beweislast und Terminologie

1. Die Erklärungspflicht der Prozeßparteien

Gemäß § 139 ZPO hat der Richter unter anderem dahin zu wirken, daß die Parteien sich über alle erheblichen Tatsachen vollständig erklären, insbesondere ungenügende Angaben der geltend gemachten Tatsachen ergänzen und die einzelnen Beweismittel bezeichnen. Der Richter muß sich über die Beweislastverteilung im klaren sein und an die beweisbelastete Partei wenden[52].

Nach § 288 ZPO bedürfen die von einer Partei behaupteten Tatsachen insoweit keines Beweises mehr, als sie im Laufe des Rechtsstreites vom Gegner zugestanden worden sind. Auch hier kommt es

---

47 *Schneider*, JZ 1957, S. 617; *Rosenberg*, Die Beweislast, S. 11 f., 16; *Rosenberg*, Zivilprozeßrecht, S. 554 f.; *Peters*, MDR 1949, S. 66 f. 69; RG 28. III. 1930 RGZ Bd. 128, S. 121.

48 *Stein-Jonas-Schönke*, § 282 ZPO Anm. IV 1 a. E.; *Theuerkauf*, *NJW* 1962, S. 449.

49 *Stein-Jonas-Schönke*, § 282 ZPO Anm. IV 1; *Brauer*, Zivilrechtsfall, S. 93 ff.; *Rosenberg*, Beweislast, S. 153 ff., 162 ff.

50 *Rosenberg*, Beweislast, S. 75, S. 235.

51 So *Schneider*, JZ 1957, S. 246.

52 *Rosenberg*, Beweislast, S. 72; *Stein-Jonas-Schönke;* § 282 ZPO Anm. IV 1.

auf die Verteilung der Beweislast an[53] ebenso wie gemäß § 138 Abs. II ZPO, wonach sich jede Partei über die vom Gegner behaupteten Tatsachen zu erklären hat, auch bei § 138 Abs. III ZPO, der nicht bestrittene Tatsachen als zugestandene behandelt. Die Erklärungspflicht trifft nur die nichtbeweisbelastete Partei, und ein Bestreiten ist nur möglich, wenn der Gegner die von ihm zu beweisende Tatsache behauptet hat[54].

2. *Beweislast und Beweismittel*

Der Antrag auf Vernehmung der Gegenpartei muß grundsätzlich vom Träger der Beweislast ausgehen, § 445 Abs. I ZPO. Er richtet sich auf die Vernehmung des nicht beweisbelasteten Gegners, arg. § 447 ZPO. Nach § 553 Abs. II ZPO darf das Berufungsgericht die eidliche Vernehmung des Gegners anordnen und die Aussage der beweisbelasteten Partei nur als unbeeidigte werten, wenn diese ohne die Voraussetzungen der §§ 447, 448 ZPO vernommen und beeidigt worden ist.

3. *Terminologie*

Nicht minder groß ist der Wert der Beweislast für die wichtige Abgrenzung zwischen Anspruchs- oder Klagegrund, Einrede, Replik, wenn der Kläger ein Versäumnisurteil gegen den Beklagten erlangen will, §§ 331, 335 Abs. I Ziffer 3 ZPO, und für die Unterscheidung des Hauptbeweises vom Gegenbeweis sowie die sich daraus ergebenden Folgerungen:

a) Hauptbeweis, Gegenbeweis

Hauptbeweis ist der Beweis, der das Vorliegen der Tatbestandsmerkmale der anzuwendenden Rechtsnorm ergeben soll, also der Beweis der beweisbelasteten Partei für die Wahrheit ihrer Behauptungen. Dieser Beweis ist erst geführt, wenn dem Richter die volle Überzeugung von der Wahrheit der betreffenden Behauptungen verschafft ist. Den Gegenbeweis führt die andere Partei „zur Widerlegung tatsächlicher Behauptungen" § 282 ZPO. Er soll das Nichtvorliegen jener Tatbestandsmerkmale ergeben und ist schon erbracht, wenn dem Richter die Behauptungen der beweisbelasteten Partei wieder zweifelhaft geworden sind[55]. Ihm steht, im Gegensatz zum Hauptbeweis, der mit sämtlichen Beweismitteln geführt werden kann, die Parteivernehmung nicht zu Gebote, § 445 Abs. II ZPO[56].

---

[53] *Rosenberg*, Beweislast, S. 76.

[54] *Rosenberg*, Beweislast, S. 76, 178 f.

[55] RG 7. XI. 1931, RGZ Bd. 134, S. 237 (242).

[56] Vgl. mit weiteren Einzelheiten *Schneider*, JZ 1957, S. 186 ff., 190 ff.

b) Bestreiten, Einwendungen, Einreden

Der Prozeß zwischen Verfrachter und Ladungsbeteiligten verläuft regelmäßig wie jeder andere Zivilprozeß. Im allgemeinen verteidigt sich der Beklagte, hier der Verfrachter, sachlich gegen die Klage, er widerspricht also, wie es im Gesetz heißt, dem geltend gemachten Anspruch, §§ 272 b Abs. III, Satz 1, 599 Abs. I ZPO. Dies geschieht *mit ganzem oder teilweisem Bestreiten* der Klagebehauptungen oder, unter Nichtbestreiten oder Zugestehen der Klagetatsachen, *durch Einreden gegen das geltend gemachte Recht.*

Einreden bedeuten in der Zivilprozeßordnung grundsätzlich Einreden gegen das geltend gemachte Recht, §§ 146, 278 Abs. I, 597 Abs. I ZPO z. B. Sie umfassen das *gesamte* tatsächliche Vorbringen des Beklagten, das sich nicht als *Bestreiten* darstellt. Sie kommen aber auch als prozeßhindernde Einreden und Beweiseinreden *mit rein prozessualer Bedeutung* vor, § 283 ZPO.

Für Beweislastfragen im Seefrachtgeschäft ist indes dieser weite Begriff der Einreden im Sinne der Zivilprozeßordnung nicht genau genug, um Arbeitsgrundlage für die Problematik der Beweislast beim Konnossement zu sein. Die Zivilprozeßordnung differenziert nicht genügend. Wir benötigen den materiellrechtlichen Begriff der Einrede, der viel enger zu fassen ist.

Die Einrede nach materiellem Recht[57] hebt das Recht, gegen welches sie sich richtet, nicht auf, sondern hemmt es nur durch Gegenwirkungen und macht es dadurch, zeitweilig oder dauernd, unwirksam.

Im weiten Komplex der Einreden im prozessualen Sinne verbleiben sonach zunächst die sogenannten *Einwendungen.*

Sie bilden die Voraussetzungen einer sogenannten Gegennorm, die der rechtsbegründenden Norm, der Grundnorm, entgegenwirkt und eine andere Rechtsfolge als diese eintreten läßt. Die Gegennorm ist dadurch gekennzeichnet[57a], daß sie den gleichen Tatbestand der Grundnorm hat, darüber aber noch besondere Merkmale aufweist, die die Gegenwirkung auslösen. Daher liegt ein Klageleugnen, also ein Bestreiten des Klagegrundes vor, wenn der Beklagte ein anderes, mit dem Klagegrund unvereinbares Gegenrecht behauptet. Man spricht dann von einem über das reine Bestreiten hinausgehenden, sogenannten qualifizierten Bestreiten.

Je nach der Art der Gegenwirkung unterscheidet man rechtshindernde, rechtshemmende und rechtsvernichtende Einwendungen.

Eine Norm ist rechtshindernd, wenn sie von Anfang an die rechtsbegründende Norm in ihrer Entfaltung und damit Wirksamkeit hindert.

---

[57] *Enneccerus-Nipperdey*, Bd. II, § 226.

[57a] *Rosenberg*, Zivilprozeßrecht, § 103 I 2.

Wir sprechen von einer rechtsvernichtenden Norm, wenn sie Anspruchsnorm nach Eintritt der für den Kläger günstigen Rechtsfolge entgegenwirkt.

Eine Norm ist rechtshemmend oder rechtsausschließend, wenn sie dem Inanspruchgenommenen ein Gestaltungsrecht gibt, mittels dessen Ausübung er die Geltendmachung des gegen ihn begründeten Rechts ausschließen kann.

Den Einreden und Einwendungen kann der Kläger in derselben Weise begegnen wie der Beklagte dem Klaggrunde. Seine Einreden und Einwendungen werden dann als Gegeneinreden oder Repliken bezeichnet.

4. Allgemeine Beweislastregeln

Bei der Unzulänglichkeit unserer Erkenntnismittel und den Grenzen des uns gegebenen Erkenntnisvermögens kann es sich in jedem Rechtsstreit ereignen, daß die Darstellungen der Parteien den entscheidenden Richter nicht von der Wahrheit überzeugen können. Der Richter kann sich in einem solchen Falle der Entscheidung nicht entziehen. Die Frage, nach welchen Grundsätzen die Entscheidung zu finden ist, welche Partei den Nachteil des Zweifels an der Wahrheit einer tatsächlichen Behauptung tragen muß, ist die Frage nach der Verteilung der Beweislast. Die Entscheidung ergeht gegen diejenige Partei, die für die ungewiß gebliebene Behauptung die Beweislast trägt. Stets hat der Richter zuungunsten dieser Partei zu entscheiden, wenn der fragliche Umstand im Streitfalle nicht hat festgestellt werden können. Dabei gilt für die Verteilung der Beweislast das allgemeine Prinzip: *Begehrt jemand eine ihm günstige konkrete Rechtsfolge und hängt die Entscheidung davon ab, daß ihm ein Recht bestimmten Inhaltes zusteht, so muß er Tatsachen beweisen, aus denen folgt, er habe das Recht erlangt*[58]. Diese Regelung[59] wird für das geltende Recht in der Literatur vorherrschend angewandt[60] und vor allem in der Praxis stets beherzigt. Sie gilt nicht nur für den Bereich des Bürgerlichen Gesetzbuchs[61], sondern auch für

[58] *Rosenberg*, Beweislast, S. 98 f., derselbe, Zivilprozeßrecht, S. 555.

[59] Es kann nicht Aufgabe dieser Arbeit sein, darzustellen, woraus und wie diese Regelung abzuleiten ist. In diesem Zusammenhang wird auf die Ausführung *Rosenbergs*, Beweislast, S. 11 ff., S. 98 ff. und die dort angegebene Literatur verwiesen.

[60] Vgl. die Literaturhinweise bei *Rosenberg*, a.a.O., S. 131.

[61] RG 29. X. 1904, RGZ Bd. 99, S. 116, 120; RG 27. II. 1913, RGZ Bd. 81, S. 413 (414); RG 16. II. 1922, RGZ Bd. 104, S. 81 (84) und viele andere Entscheidungen.

[62] Vgl. RG 6. VII. 1916, RGZ Bd. 88, S. 373 (376); RG 27. XI. 1914, Recht 1915 Nr. 620.

[63] RG 19. II. 1918, RGZ Bd. 92, S. 227 (229).

andere Gesetze, wie insbesondere für das Handelsgesetzbuch[62], die Zivilprozeßordnung, die Konkursordnung[63] und Parteiabreden, namentlich für allgemeine Geschäftsbedingungen.

5. Beweislastverträge

Wir kommen hier zur Frage, inwieweit die Parteien eigene Beweislastregeln schaffen können. Ihre Beantwortung hängt primär von der Stellung der Beweislastnormen im Rechtssystem ab. Denn nur soweit die Verteilung der Beweislast einer Parteidisposition zugänglich ist, kann eine vertragliche Vereinbarung darüber wirksam sein[64].

Der Streit hierüber ist bisher noch nicht ausgetragen.

Die einen zählen die Beweislast zum materiellen Recht[65], die anderen, sie vertreten die wohl überwiegende Ansicht, meinen, sie gehöre dem Prozeßrecht an, wobei allerdings nicht übersehen wird, daß die Beweislast auch materiell Gehalt hat, nämlich soweit sich das Thema des Beweises aus dem abstrakten Tatbestand der materiellrechtlichen Norm ergibt[66]. Die materielle Auffassung arbeitet mit der Erwägung, daß die Tatsachen, die zu beweisen sind — vom Kläger die sogenannten rechtsbegründenden, oder vom Beklagten, die rechtshindernden oder rechtsvernichtenden —, allein aus dem materiellen, insbesondere aus dem bürgerlichen und dem Handelsrecht bestimmt werden können. Demgegenüber sieht die prozessuale Auffassung die Verteilung der Beweislast als ein rein prozessuales Prinzip[67]. Wieder andere rechnen die Beweislast teils dem materiellen, teil dem Prozeßrecht zu[68].

Diese Ansicht dürfte richtig sein. Denn das materielle Recht regelt fast nichts als Rechtsschutzvoraussetzung und gibt zugleich ausdrücklich (z. B. §§ 186 bis 193 BGB) oder stillschweigend die Grundsätze seiner Anwendung an. Wie wäre es andererseits zu erklären, daß, während im gewöhnlichen Prozeß der Beklagte die Erfüllung der rechtsaufheben-

---

64 *Rosenberg*, Beweislast, S. 84.

65 So unter anderem *Förster-Eccius*, Preussisches Privatrecht, Bd. I, S. 274; *Hellmann*, Lehrbuch, S. 32, S. 489; Motive zum BGB I, S. 382; *Neuner*, Privatrecht und Prozeß, S. 181.

66 *Baumbach-Lauterbach*, ZPO Anhang zu § 282 ZPO Anm. 1 B; *Friedenthal*, S. 20; *Förster-Kann*, ZPO § 282 4 b; *Hedemann*, Vermutung, S. 184; *Kohler*, Über prozeßrechtliche Verträge, GruchBeitr. 31, 276, S. 301, 306; *Stein-Jonas-Schönke*, ZPO, § 282, IV, 3.

67 Dieser Ansicht hat auch *Rosenberg* in der ersten Auflage seiner Monographie, Beweislast, angehangen.

68 So unter anderen auch *Kleinfeller*, Lehrbuch, S. 318; *Endemann*, Lehrbuch des Bürgerlichen Rechts, Bd. I, S. 481; *Seuffert-Walsmann*, ZPO, §§ 282, 283, S. 3 Abs. 4; *Rosenberg*, Beweislast, S. 78 ff., S. 81.

den Tatsache, der Restitutionskläger jedoch gerade umgekehrt die Abwesenheit rechtsaufhebender Elemente beweisen muß. Es kann hier ergänzend auf die überzeugende Begründung durch Rosenberg[69] verwiesen werden. Die Beweislastnormen gehören zu demselben Rechtsgebiete wie der Rechtssatz, dessen Voraussetzungen die streitigen Tatsachen begründen sollen[70].

Soweit im Rechtsstreit zwischen dem Verfrachter und den Ladungsbeteiligten im Seefrachtrecht Fragen nach der Verteilung der Beweislast aufkommen, ist dies also eine Angelegenheit des materiellen Rechts. Daraus folgt nunmehr, daß die Beweislastverteilung grundsätzlich der Parteidisposition unterliegt[71]. Allerdings mit der Einschränkung, sofern nämlich das materielle Recht die Beweislastregelung nicht dem Parteiwillen entzogen hat. Beweislastverträge, die die Ungewißheit einer Tatsache, abweichend von dem oben angeführten Grundsatz oder einer ausdrücklichen gesetzlichen Bestimmung, der einen oder der anderen Partei zur Last legen, sind dann wirksam, wenn die Parteien über den Vertragsgegenstand verfügen können[72].

Derartige Verträge sind nicht nur in der gerichtlichen Praxis anerkannt[73]. Das Hanseatische Oberlandesgericht Hamburg hat Konnossementsbedingungen, wonach eine Reederei für Verlust des Gutes nur hafte, wenn der Reederei oder einer Person der Schiffsbesatzung ein Verschulden nachgewiesen sei, für verbindlich gehalten, allerdings die Klausel stark einengend ausgelegt[74]. Auch das Gesetz kennt Beweislastverträge. So § 885 Abs. II HGB, der bestimmt, daß die bei der Versicherung von Gütern getroffene Vereinbarung, nach der ein Konnossement nicht vorzulegen sei, nur von dem Nachweis der Verladung befreie.

§ 5. Beweisabsprachen in allgemeinen Seefrachtverträgen

Von der Möglichkeit, die Beweislast vertraglich abweichend vom allgemeinen Grundsatz (vgl. Seite 8 oben) und den Bestimmungen des Handelsgesetzbuches zu regeln, haben die Beteiligten am Stückgutfracht-

---

[69] *Rosenberg*, Beweislast, S. 79—81, insbesondere S. 81.

[70] A. A. insbesondere neuerdings *Leipold*, S. 74, der meint, Beweislastnormen gehörten weder dem materiellen noch dem Prozeßrecht an. Jedenfalls aber hindert diese Ansicht nicht das hier herzuleitende Ergebnis, daß die Möglichkeit der Parteidisposition über die Beweislast besteht.

[71] Vgl. *Rosenberg*, Beweislast, S. 84.

[72] So *Rosenberg*, Beweislast, S. 87, 349; *Leonhardt*, Beweislast, S. 198; *Stein-Jonas-Schönke*, ZPO § 282 VII; *Sachse*, ZZP 54, S. 409; *Wach*, ACP 64, S. 255; *Förster-Kann*, § 282 ZPO 2 b cc, S. 278; *Schnitter*, S. 32, 35.

[73] RG 15. XII. 1900, RGZ Bd. 47, S. 142 (145); RG 13. II. 1923, RGZ Bd. 106, S. 295 (298 ff.); RG 27. II. 1926, LZ 1926, S. 480.

[74] OLG Hamburg 4. III. 1914, SeuffArch. 69, Nr. 149.

geschäft im Linienfrachtverkehr Gebrauch gemacht. Sie haben entsprechende Klauseln in ihre Konnossementsbedingungen aufgenommen.

1. Ausdrückliche Beweislastvereinbarungen

Es kommen Konnossementsklauseln vor, in denen ausdrücklich vorgeschrieben wird, daß eine Haftung nur dann eintritt, wenn bestimmte Tatsachen von den Ladungsbeteiligten nachgewiesen werden:

Das Konnossement der Deutschen Levantelinie G. m. b. H. Hamburg schreibt beispielsweise in Regel 3 vor:

> Der Verfrachter haftet in keinem Fall für Beschädigung ... Es obliegt den Ladungsbeteiligten nachzuweisen, daß ein Schaden in der Zeit von der Verladung bis zur Löschung entstanden ist.

Hamburg-Südamerikanische Dampfschiffahrts-Gesellschaft, Eggert & Amsinck, Regel I Ziffer 3:

> The Carrier shall only be liable if it can be proved that the damage occurred during the period from loading until discharging from the vessel.

In den „Stipulation and Conditions" der Hugo Stinnes Transozean Schiffahrt G. m. b. H. Mühlheim-Ruhr wird in Regel 12, Buchstabe a Absatz 2 bestimmt:

> The Carrier is not responsible for and consequently not bound to make good any loss, damage or consequences thereof, as might be established with respect to the goods carred under this bill of lading; there shall be no *presumption* whats ever against the carrier as to his being liable and the cases where the question of the carrier's consequent hability might arise, the rightful claimant of the cargo shall have to prove both the existence and the extent of the damage ... *the burden of the proof being on the rightful claimant* ... the carrier may always produce contrary evidence.

Regel II der Konnossementsbedingungen der Hornlinie „from Hamburg/Antwerp to the Westindies, Hamburg" sieht unter anderem vor:

> The shipowner is not responsible for damage ... arising from:
> ... 3. bursting or exploding ... *(unless if is proved)* that such defects might have been noticed at the commencement of the voyage in exercising due diligence on the part of shipowner.

Regel III desselben Konnossements lautet:

> The shipowner is only responsible for damage, injury and loss caused by deterioration, putrefaction, bending, leakage or the consequences of same or by contact with or evaporation from other goods, *if is proved that such damages*, injuries or losses have been caused by default of this employees, according to Rules 1, subjection 2.

Außerdem sagt Regel V Abs. 2 über Deckladungen:

> If goods are carried on deck with shipper's consent, the shipper takes all the risk in connection with this, also in respect of the loading, transporting and delivering of live stock, *unless it is proved that* the damage has been caused by faulty stowing or placing.

II. Beweisvermutungen

Andere Konnossementsklauseln sprechen von Vermutungen, die unter bestimmten Voraussetzungen zugunsten einer der am Frachtgeschäft beteiligten Parteien wirken bzw. nicht wirken sollen. So ist, wie wir gesehen haben, neben einem zu erbringenden Nachweis auch von einer Vermutung, „presumption", im Konnossement der Hugo Stinnes Transozean Schiffahrt G.m.b.H., Regel 12, die Rede (vgl. oben, Seite 27).

Nach Regel 3 der „Terms and Conditions" des Hanseatischen Afrika-Dienstes, Hamburg, H. M. Gehrckens:

> the Carrier is not responsible ... for ... damages or less ... There shall be no presumption whatsoever against the carrier as to his being liable ...

Auf der Kopfseite des Konnossements der Deutschen Levante Linie wird erklärt:

> In allen Fällen, in denen außer der Stückzahl auch das Gewicht angegeben ist, soll dieses Konnossement nur eine Vermutung für die Stückzahl, nicht für das angegebene Gewicht begründen. Das Gewicht gilt in diesen Fällen stets als unbekannt.

Die Vereinigte Sloman Mittelmeer-Linie, Hamburg, sieht in ihren „Vereinbarten Transportbedingungen" hinsichtlich der Geltendmachung entstandener Beschädigungen und Verluste vor, daß vermutet wird (Regel B), die Güter seien im Löschhafen, wie im Konnossement beschrieben, ausgeliefert worden und daß diese Vermutung unter bestimmten Voraussetzungen ausgeschlossen sei. Im Zusammenhang mit der Nichthaftung des Verfrachters wird nach Regel C Ziffer 3 des Konnossements, ist ein Schaden eingetreten, der nach den Umständen aus einer Gefahr entstanden sein könne, für die der Verfrachter nicht haftet, vermutet, daß der Schaden aus dieser Gefahr entstanden sei.

Gemäß den Bedingungen des „Joint Service" der Dampfschiffahrts-Gesellschaft „Neptun" Bremen, Rob. M. Sloman jr. Hamburg:

> it shall be presumed (in Regel B), that the goods were delivered at the port of discharge according to the description of the goods given in the bill of lading.

III. Unbekanntklauseln

Wieder andere Klauseln berühren die Verteilung der Beweislast, indem sie bestimmte Angaben über die Ladung für unbekannt erklären. Dies ist die häufigste Form der Beweislastregelung in fast allen Konnossementen, die dazu bestimmt ist, die Konnossementsvermutung, § 656 Abs. II HGB, auszuschalten[75].

[75] Vergleiche beispielsweise: Konnossement der „Union Afrika-Linie G.m.b.H., Regel D, Konnossement der Hugo Stinnes-Transozean Schiffahrt G. m. b. H. auf der Kopfseite des Konnossements, ebenso im Konnossement der Hamburg-Bremen-London Conference, das lautet: Weight, measure, numbers, quality,

IV. Regel und Ausnahme

Es finden sich Beweislastregeln, die entsprechend der Terminologie der deutschen Gesetze, beispielsweise §§ 4, 145, 405, 406, 817, 909 BGB oder §§ 75 I, 114, 377 II, 429 I, 606 HGB, einen Grundsatz aufstellen, davon Ausnahmen vorsehen und einer oder der anderen Partei, die sich auf die Ausnahme beruft[76], die Beweislast dafür zuschieben.

So das Konnossement der Vereinigten Sloman-Mittelmeerlinie, Hamburg, Regel G A. E.:

> ... Die Ladungsbeteiligten sind verpflichtet, die Güter so schnell zu liefern, bzw. in Empfang zu nehmen, wie diese das Schiff übernehmen bzw. löschen kann, und zwar auf Verlangen des Schiffes ununterbrochen — auch bei Nacht — sowie an Sonn- und Feiertagen, *es sei denn,* die Ladungsbeteiligten sind hieran durch Umstände gehindert, die von ihnen nicht zu vertreten sind.

Ähnliche Regelungen finden sich auch in den Konnossementen der Union Afrika-Linie G. m. b. H. Hamburg, dem Westindienkonnossement der Hornlinie, den Condutions of carriage des Joint Service der Dampfschiffahrtsgesellschaft „Neptun" Bremen, Rob. M. Sloman jr. Hamburg[77].

---

contents and value unknown". Weiter Regel 6 der Konnossemente der Hamburg-Amerika-Linie, Hamburg, aller Linien dieser Reederei.

Auch der Norddeutsche Lloyd führt diese Klausel in Regel 6 seiner Bill of Lading.

[76] Vgl. im übrigen die Zusammenstellung bei *Rosenberg,* Beweislast, S. 126, Anm. 5, S. 127 Anm. 1–5.

[77] Klauseln wie:

„Jedoch sollen die Klassifikation und das Zertifikat ... nicht als schlüssiger Beweis im Hinblick auf Mängel gelten" ... (Vereinigte Sloman Mittelmeerline) oder:

„Die Schiffsverklarung über Tatsachen und Umstände, welche die Reederei von der Haftbarkeit befreien, beschworen vom Kapitän und/oder einem oder mehreren Mitgliedern der Besatzung gilt für die an diesem Konnossement interessierten Parteien als hinreichender Beweis für solche Tatsachen und Umstände." (Atlas Levante-Linie).

enthalten keine Beweislastregel, sondern befassen sich mit der Art des Beweismittels, mit Hilfe dessen eine beweisbelastete Partei den ihr obliegenden Nachweis zu erbringen hat.

Die Wirksamkeit solcher Klauseln kann hier nicht untersucht werden. Man wird aber der Ansicht sein müssen, daß sie unwirksam sind, da sie einen Eingriff in die richterliche Urteilstätigkeit enthalten (*Rosenberg,* Beweislast, S. 87). Die Art und Weise aber, auf welche ein Richter sich seine Überzeugung zu bilden hat, kann niemals Gegenstand einer Parteiabrede sein (*v. Tuhr,* Allgemeiner Teil des Bürgerlichen Rechts, § 63 Note 220).

V. Deutsches Einheitskonnossement von 1940

Im Deutschen Einheitskonnossement von 1940 finden sich alle diese Formen der Beweislastvereinbarung wieder. So haftet der Verfrachter nach Regel I für Schäden an den Frachtgütern, *es sei denn*, ein Mangel der Ladungstüchtigkeit des Schiffes war auch bei Anwendung der Sorgfalt eines ordentlichen Verfrachters bis zum Reiseantritt nicht zu entdecken. In Regel II, Ziffer 3, haftet der Verfrachter, wenn ihm ein Bordschaden *nachgewiesen* wird, und Regel III stellt zugunsten des Verfrachters eine Vermutung auf, die sich auf die Ursächlichkeit eines haftungsbefreienden Moments für den Schaden bezieht[78].

---

[78] Das Deutsche Einheitskonnossement und seine Beweislastregeln werden auch heute vielfach verwendet. So sind nach ihm die Bedingungen des Hamburg-Süd-Norwegen-Konnossements der Dampfschiffahrtsgesellschaft Neptun, Bremen, die Konnossemente der Firma A. Kirsten, Hamburg, der Vereinigten Flensburger-Ekernsunder und Sonderburger Dampfschiffahrtsgesellschaft in Flensburg, des Gemeinschaftsdienstes Hamburg-Gothenburg-Westschweden der Firmen August Bolten, Wm. Miller's Nachfolger, Hamburg, Rederiaktiebolaget-Svenska Lloyd, Gothenburg und Mathies Reederei K. G. Hamburg, sowie das Schwedenkonnossement der Mathies Reederei Hamburg mit 14 Zusatzklauseln abgefaßt.

I. KAPITEL

Ansprüche der Ladungsbeteiligten gegen den Verfrachter aus der Verletzung des Frachtvertrages

§ 6. Die Haftung des Verfrachters im Bereiche der gesetzlichen Zwangshaftung

Der Verfrachter, der aufgrund eines Frachtvertrages Stückgut zum Transport übernimmt, kann seine Transportverpflichtung gegenüber dem Befrachter, seinem Vertragskontrahenten, nur dann erfüllen, wenn er die Ladung in seine Obhut nimmt. Er hat deshalb den Ladungsbeteiligten den Schaden zu ersetzen, der aus einer Verletzung dieser Obhutspflicht entsteht, wenn deshalb die Ladung verloren geht oder auch nur beschädigt wird. Auszugehen bei einem Anspruch der Ladungsberechtigten[79] gegen den Verfrachter ist davon, daß ihnen durch eine Pflichtverletzung des Verfrachters tatsächlich ein Schaden entstanden ist[80].

Nach dem Grundgedanken der Haager Regeln, den Ladungsbeteiligten Schutz vor einem Übermaß an Freizeichnungsklauseln zu gewähren, regelt das Gesetz die Verfrachterhaftung aus dem Frachtvertrage gemäß dem schon besprochenen Kompromißgedanken. Der Zwangshaftung unterliegt der Verfrachter für mangelne See- und Ladungstüchtigkeit des Frachtschiffes und ferner bei kommerziellem Verschulden (Vgl. §§ 559, 606 HGB in Verbindung mit § 662 HGB). Es handelt sich dabei um die zwingende Mindesthaftung des Verfrachters. Der Zwang gilt nur, wenn ein Konnossement ausgestellt worden ist. Er kann im voraus nicht durch Rechtsgeschäft ausgeschlossen werden, § 662 Abs. I HGB[81].

§ 7. Die Haftung für anfängliche See- und Ladungstüchtigkeit

I. Inhalt der gesetzlichen Regelung

Es versteht sich von selbst, daß der Verfrachter, der es unternimmt, Gütertransporte zur See vorzunehmen, sein Transportgerät, das Schiff also, in jeder Beziehung zu überprüfen und in Ordnung zu halten hat,

---

[79] Vgl. oben S. 4 f.

[80] BGH 26. IX. 1957. VersR 57, S. 705 = Hansa 57, S. 2480 = Betr. 57, S. 1019.

[81] *Schlegelberger-Liesecke,* § 559 HGB Randzahl 2, *Albrecht,* Hansa 1950, S. 1630 ff. (1962).
OLG Hamburg, 5. III. 1957. Hansa 1958, S. 87.

damit der Ladung während des Seetransportes kein Schaden geschieht. Diesen allgemeinen Grundgedanken spricht § 559 HGB aus, indem er die Haftung des Verfrachters für anfängliche See- und Ladungstüchtigkeit normiert. Im Gegensatz zur Regelung des § 559 a. F. HGB haftet der Verfrachter aus § 559 HGB n. F. nicht mehr lediglich dem Befrachter, sondern die Haftung trifft ihn im Verhältnis zu den Ladungsbeteiligten, nunmehr also gegenüber Ablader, Befrachter und Konnossementsinhabern, §§ 559 Abs. II, 662 Abs. I HGB. Neben[82] diesen Bestimmungen kommt auch die Vorschrift des § 606 HGB in Betracht, die die Ansprüche der Ladungsbeteiligten unter dem Gesichtspunkt der Verletzung allgemeiner Sorgfaltspflichten regelt[83]. Während nämlich § 559 HGB nur die Haftung für die sogenannte Schiffstüchtigkeit betrifft (See- und Ladungstüchtigkeit) und den Verfrachter in der Regel unbeschränkt persönlich, als Reederverfrachter jedoch dinglich beschränkt auf Schiff und Fracht, für Schäden einstehen läßt[84], regelt § 606 HGB die Ansprüche gegen den Verfrachter wegen Verlust und Beschädigung von Gütern. Die Voraussetzungen dieses Anspruchs sind andere als im Falle des § 559 HGB. Ebenso ist der Umfang der Haftung ein anderer, denn der Verfrachter haftet nach § 559 HGB auf das volle Interesse, im Falle des § 606 HGB jedoch lediglich auf den gemeinen Handelswert. Allerdings ist die Haftung in beiden Fällen summenmäßig bis zu einem Höchstbetrag von 1250,— DM je Kollo beschränkt.

Die Haftung des Verfrachters aus § 559 HGB gilt der Tauglichkeit, mit der konkreten Ladung den Gefahren der See standzuhalten[85]:

Das Schiff weist Risse in der Außenhaut auf.

Nieten sind leckgesprungen.

Die Ventilklappe eines Klosettrohres ist beschädigt, so daß Wasser in das Schiff eindringen kann[86].

Eine Rohrleitung ist undicht[87].

Ein Mannlochverschluß im Ballasttank bleibt offen, wodurch die Ladung feucht wird[88].

---

[82] *Müller*, HansRGZ, 1937 A, Sp. 376; *Sturm*, HansRGZ, 1931 A, Sp. 389; *Gramm*, S. 94; LG Hamburg 30. IV. 1942. HansRGZ 1943 B, Sp. 60 f.

[83] *Gramm*, S. 79; HansOLG 29. IX. 1935, HansRGZ 1935 B, Sp. 1297, RGZ 28. V. 1936 in HansRGZ 1936 B, Sp. 475.

[84] Wenn die Voraussetzungen des § 486 Abs. I Nr. 1 und 2 HGB erfüllt sind.

[85] *Wüstendörfer*, Seehandelsrecht, S. 238.

[86] Vgl. RG 4. I. 1908, RGZ Bd. 67, S. 300, Admirality Division London 6. XI. 1956, Hansa 57, S. 430, Cour de Cassation, Frankreich, 16. I. 1959 Hansa 1960, S. 51.

[87] Hof Amsterdam, 27. I. 1954 Recht der Schiffahrt Bd. III, Heft 2/1959.

[88] Cour de Cassation, Frankreich, 21. I. 1959 Hansa 1959, S. 2525.

Seetüchtigkeit meint auch die Reisetüchtigkeit des Schiffes[89].

Ein Schiff ist dann nicht reisetüchtig, wenn es nicht gehörig eingerichtet die Reise antritt[90]. Fehlen eines Ankers[91], mangelhafte Beleuchtung, Fehlen der Längsschotten bei Schüttladungen[92], nicht gehörige Verproviantierung, unausreichende Versorgung mit Treibstoff[93], wenn die Mannschaft nicht vollzählig ist[94] oder wenn Fehler bei der Beladung, Stauung und/oder Garnierung unterlaufen sind[95], wenn eine Deckladung zu hoch gestaut worden ist, das Schiff an Stabilität eingebüßt hat[96] [97].

Als Ergänzung des Kompromißgedankens[98] bestimmt § 559 Abs. I HGB weiter, der Verfrachter habe auch für anfängliche Ladungstüchtigkeit seines Schiffes einzustehen. Mängel der Ladungstüchtigkeit, deren Schadensfolgen vor Inkrafttreten des Änderungsgesetzes 1937 früher gemäß §§ 633 ff. BGB ersetzt werden mußten[99], unterliegen nunmehr den gleichen Haftungsfolgen wie die Fälle der Seeuntüchtigkeit.

Man versteht unter der Ladungstüchtigkeit, die nach allem nicht Bestandteil der Seetüchtigkeit sein kann, den ordnungsgemäßen Zustand des Frachtschiffes, der dafür garantiert, daß keine anderen als typische Seegefahren die konkrete Ladung beeinträchtigen können, insbesondere eine in dieser Hinsicht vollständige Einrichtung des Schiffes. Die Rechtsprechung hat zahlreiche Fälle von Ladungsuntüchtigkeit nach diesem Gesichtspunkt beurteilt: Der BGH[100] hat sich beispielsweise mit der Frage befaßt, inwieweit der Laderaum nach der Beförderung von Dichlorphenol gereinigt sein muß, um einen späteren gefahrlosen Transport anderer Frachtgüter zu sichern; untersucht wurde die

Funktionstüchtigkeit einer Gefrieranlage bei Frischfleisch- oder Bananentransporten,

---

[89] *Wüstendörfer*, Seehandelsrecht, S. 238.

[90] *Wüstendörfer*, Frachtvertrag, S. 466 f.

[91] OLG Hamburg 4. I. 1939, HansRGZ 1939 B, Nr. 93.

[92] OLG Hamburg 28. I. 1918, HansGZ 1913, Nr. 39.

[93] OLG Hamburg 10. III. 1933, HansRGZ 1933 B, Nr. 186.

[94] *Albrecht*, a.a.O., S. 1632.

[95] Vgl. US Court of Appeals, Fifth Circuit 24. III. 1960 und Hof Amsterdam 2. III. 1961, Hansa 1962, S. 879.

[96] Hans. OLG Hamburg 7. II. 1962, Hansa 62, S. 840 und 2. VII. 1940; HansRGZ 1940 B, Nr. 156, RG 21. I. 1928, RGZ Bd. 120, S. 42 (44).

[97] (Zum Unterschied zwischen dem juristischen Begriff der Seetüchtigkeit, der sich immer auf die Gewährleistung eines sicheren Ladungstransportes bezieht und dem, was normalerweise der Seemann unter Seetüchtigkeit versteht vgl. *Miller*, Protection and Indemnity = Versicherung in Hansa 1952, S. 397 ff.).

[98] Vgl. oben S. 17.

[99] Vgl. *Wüstendörfer*, Seehandelsrecht, S. 239.

[100] BGH 14. I. 1960, Hansa 1960, S. 906.

der Verschluß einer Ölpumpe bei Tankschiffen[101],
der ordnungsgemäße Zustand des Ladegeschirrs[102].

Diese geschilderten Erfordernisse an die Geeignetheit seines Schiffes hat der Verfrachter jedoch nur „relativ“ zu erfüllen, das heißt, lediglich in bezug auf die bestimmte, bevorstehende Reise und die betreffende Ladung[103].

Gemäß § 559 HGB hat der Verfrachter dieser seiner Verpflichtung „bis zum Antritt der Reise“ nachzukommen, also für die sogenannte anfängliche Schiffstüchtigkeit Sorge zu tragen.

Daraus ergibt sich allerdings nicht, daß der Verfrachter für eine spätere Schiffsuntüchtigkeit nicht einzustehen hätte. Die Verpflichtung, die Schiffstüchtigkeit auch späterhin zu erhalten, also während der Reise, folgt vielmehr aus §§ 606 ff. HGB. Sie ist ein Teil der Verpflichtung des Verfrachters zur ununterbrochenen Ladungsfürsorge[104].

II. Behauptungs- und Beweislast nach der gesetzlichen Regelung

1. Die alte Regelung

Vor Inkrafttreten des Seefrachtrechtsänderungsgesetzes wurde die Frage der Verteilung der Beweislast verschieden beurteilt, je nachdem, ob der Befrachter das Schiff nach der Abladung vorbehaltlos abreisen ließ oder nicht. Nach der herrschenden Meinung hatte der Befrachter im ersten Falle nachzuweisen, daß das Schiff *im Augenblick der Abreise* seeuntüchtig war[105].

2. Die neue Regelung nach dem Seefrachtrechtänderungsgesetz 1937

Die neue Fassung des § 559 BGB hat diese Rechtslage schon in Anbetracht dessen geändert, daß es den Ladungsbeteiligten regelmäßig schwer sein dürfte, den Nachweis anfänglicher Schiffsuntüchtigkeit zu erbringen. Die Frage, ob das Schiff von Anfang an im Sinne des § 559 HGB den Erfordernissen einer Seereise entsprochen hat, wird also nicht mehr gestellt.

---

[101] Hamburger Schiedsgutachten vom 10. IV. 1941, HansRGZ 1941 B, Nr. 59.

[102] BGH 4. VII. 1957, VersR 1957, S. 596.

[103] So die wohl herrschende, einhellige Meinung. Für alle *Wüstendörfer*, Seehandelsrecht, S. 239.

[104] So auch RG 21. I. 1925, RGZ Bd. 110, S. 224 (226).

[105] Weitere Einzelheiten *Schaps-Abraham*, § 559 HGB, Anm. 6 a; *Wüstendörfer*, Frachtvertrag, S. 585 ff.; *Gramm, S.* 95; Hanseat OLG 11. XI. 1931, HansRGZ 1932 B, S. 51; *Scharlach*, HansRGZ 1932 A, S. 237.

Der Ladungsbeteiligte hat danach zu behaupten und im Streitfalle auch zu beweisen[106]:

a) daß Mangel der Schiffsuntüchtigkeit vorlag[107];

b) daß er einen Schaden erlitten hat[108].

c) Hinzu kommt ferner der Nachweis der Kausalität zwischen Schiffsuntüchtigkeit und Schaden[109].

3. Umfang der Beweislast der Ladungsbeteiligten

Es kann nicht bestritten werden, daß der Nachweis dieser einzelnen Anspruchsvoraussetzungen den Ladungsbeteiligten bisweilen schwerfallen wird. Der Verfrachter, der das Schiff den von ihm übernommenen Transportverpflichtungen gemäß bereitstellen und auf einen gefahrlosen Transport der Ladung ausreichend vorbereiten muß, hat der Natur der Sache nach viel größere und bessere Möglichkeiten, sich vom Zustand des Schiffes zu überzeugen. Er steht deshalb dem Beweis näher als die Ladungsbeteiligten. Für ihn mag es leichter sein, im Streitfalle den Beweis für die See- und Ladungstüchtigkeit des Schiffes bei Antritt der Reise zu erbringen, als wenn die Ladungsbeteiligten den Verfrachter belasten müßten.

In diesem Zusammenhang ist Wüstendörfer zuzustimmen, wenn er sagt[110], der Beweis der Schiffsuntüchtigkeit könne für den Ladungsbeteiligten zu einer probatio diabolica werden. Dessen ungeachtet entspricht die Regelung, die den Ladungsbeteiligten Haftungsgrund, Schaden und Kausalität nachweisen läßt, dem allgemeinen Prinzip der Verteilung der Beweislast, wonach der, welcher eine Norm zu seinem Vorteil in Anspruch nimmt, auch deren Voraussetzung beweisen muß. Das Änderungsgesetz von 1937 hat den Interessen der Ladungsbeteiligten gegenüber dem Verfrachter schon insoweit Rechnung getragen und sie geschützt, als es ihnen nicht mehr, wie dies bei § 559 a. F. HGB der Fall war, den Nachweis der „anfänglichen Schiffsuntüchtigkeit" auferlegt, sondern sich damit begnügt, daß irgendein Mangel des Schiffes dargetan wird.

---

[106] *Schlegelberger-Liesecke*, § 559 HGB, Rdz. 17.

[107] Etwa Riß im Untersetzungsgetriebe der Turbine, Court of Appeal Gross Britannien 14. XI. 1962; Hansa 1963, S. 228, anders, wenn der Riß auf Ermüdungserscheinungen zurückgeht. House of Lords 15. X. 1963, Hansa 1963, S. 2342; Risse in schiffseigenen Weinfässern bei der Verfrachtung von Wein, Cour de Cassation Frankreich, 4. XII. 1962, Hansa 1963, S. 1961.

[108] Hierzu mit weiteren ausführlichen Erörterungen unten im Abschnitt über Schadensfeststellung und Schadensgeltendmachung.

[109] *Schlegelberger-Liesecke*, § 559 HGB, Randzahl 17–18, *Wüstendörfer*, Seehandelsrecht, S. 242; *Gramm*, S. 96.

[110] *Wüstendörfer*, Seehandelsrecht, S. 242.

Hätten die Ladungsbeteiligten weiter entlastet werden sollen, dann wäre fraglos eine entsprechende Vorschrift geschaffen worden. Nichts hätte näher gelegen, als gleich mit der Neufassung des § 559 HGB beim Nachweis der anfänglichen Schiffsuntüchtigkeit die Beweislast für die Schiffstüchtigkeit im Falle eines Ladungsschadens dem Verfrachter überhaupt aufzuerlegen. Zwar beweist das Fehlen einer entsprechenden Norm nicht immer einen negativen gesetzgeberischen Willen. Hier liegt jedoch ein Fall vor, der eindeutig darauf schließen läßt:

Hier sollte die Beweissituation der Ladungsbeteiligten, soweit der Anspruchsgrund nach § 559 HGB in Frage steht, nicht derart entscheidend geändert und nunmehr die Ladungsbeteiligten von einer Beweislast überhaupt befreit werden.

So haben die Ladungsbeteiligten dem Richter, da sie mit der Führung des sogenannten Hauptbeweises für das Vorliegen der Voraussetzungen des von ihnen erhobenen Anspruches belastet sind, die volle Überzeugung von der Wahrheit ihres Vortrages zu vermitteln. Jeder Zweifel an der Wahrheit geht zu ihren Lasten[111]. Sie können sich jedoch aller gesetzlich anerkannten Beweismittel, auch der Vernehmung des Gegners als Partei, bedienen.

Ihre Beweislage wird dadurch erleichtert, daß ihnen die Grundsätze über den Beweis des ersten Anscheins zur Seite stehen, und zwar nicht lediglich beim Nachweis des Ursachenzusammenhanges zwischen dem haftungsbegründenden Umstand der Schiffsuntüchtigkeit und dem Schaden, sondern auch bei der Frage des Vorliegens der See- oder Ladungstüchtigkeit überhaupt. So spricht der Beweis des ersten Anscheines für die Seeuntüchtigkeit, wenn das Schiff gleich nach dem Antritt der Reise auf hoher See bei gutem Wetter leck springt oder untergeht. Wenn beim Beladen die Seilbremse der Winde versagt und die Ladung in den Raum stürzt, so weist das prima facie auf Ladungsuntüchtigkeit hin.

Welchen Anforderungen ein Anscheinsbeweis gerecht werden muß, und welche Wirkung ein solcher Beweis auf die richterliche Wahrheitsfindung hat, ist seit jeher umstritten. Auch hat die Rechtsprechung nicht immer durch klare Formulierungen zu einem sauberen Bilde von den Zielen des prima-facie-Beweises beigetragen.

Der Beweis des ersten Anscheins beruht auf Erfahrungssätzen[112] [113].

---

[111] *Zeiler*, LZ 1933, S. 273; *Rosenberg*, Zivilprozeßrecht, S. 538; *Baumbach-Lauterbach*, § 286 ZPO, Anm. 2 B; *Stein-Jonas-Schönke*, § 282 ZPO, Anm. I 3 a; BGH 12. VII. 1952, JZ 1952, S. 628 und BGH 10. III. 1954, LM § 823 (J), Nr. 3.

[112] *Wassermeyer*, S. 9.

[113] *Höfer*, S. 14, 19; *Piechotta*, S. 58 f. 66 f.; *Rosenberg*, Beweislast, S. 183; *Prölss*, S. 14, 16, 19.

Es genügt zum Beweise einer bestimmten Ursache oder des Kausalzusammenhanges, wenn die beweisbelastete Partei „ein derartiges äußeres Zusammentreffen von Tatsachen nachweist, welches nach dem durch die Erfahrung erkannten gewöhnlichen Gange der Dinge einen (wenn auch als Erfahrungsschluß niemals völlig sicheren) Schluß darauf rechtfertigt, daß sie zueinander im Verhältnis von Ursache und Wirkung stehen"[114]. Der Anscheinsbeweis ist also nur bei solchen Tatbeständen anwendbar, die nach der täglichen Lebenserfahrung regelmäßig auf eine bestimmte Ursache hinweisen und in einer bestimmten Richtung verlaufen, in Fällen mithin, bei denen aus dem regelmäßigen Verlauf der Dinge ohne weiteres auch auf einen bestimmten Hergang im Einzelfall geschlossen werden kann, ohne daß es auf die Umstände ausgerechnet dieses Falles ankäme[115]. Die beweisbelastete Partei hat also nur darzutun, daß der von ihr behauptete Sachverhalt erfahrungsgemäß mit den Regeln des Lebens übereinstimmt. Das bringt naturgemäß dem Beweisführer eine Erleichterung, die um so schwerer wiegt, wenn dieser nicht in der Lage ist, die tatsächlichen Verhältnisse einer Schadensverursachung zu übersehen. Eine Lage, die besonders häufig im Seefrachtverkehr eintritt.

Es wird vielfach die Ansicht vertreten, daß die Regeln über die Beweislast auf allgemeinen Erfahrungssätzen und Wahrscheinlichkeitsberechnungen beruhen und daß der Beweisführer nur diejenigen Tatsachen zu beweisen habe, die danach zur Annahme des behaupteten Sachverhaltes führen[116]. Erfahrungssätze würden die allgemeinen Beweislastregeln durchbrechen und die Beweislast umkehren[117]. Wassermeyer[118] führt aus, allerdings im Hinblick auf den prima-facie-Schuldbeweis, es sei das Ziel des Anscheinsbeweises, die Folgen eines non liquet durch einen Beweis abweichend zu regeln, wodurch erreicht werden solle, daß je nach Ausfall des Beweises nicht der nach dem Gesetze beweispflichte Kläger,

---

[115] BGH 2. XII. 1955 Hansa 1956, S. 905, RG 26. XI. 1930 RGZ Bd. 130, S. 357, RG 11. X. 1936 RGZ Bd. 153, S. 135, RG 17. I. 1940 RGZ Bd. 163, S. 21, BGH 21. XI. 1950 NJW 1951, S. 70, BGH 10. I. 1951 a.a.O., S. 360, BGH 24. X. 1955 JZ 1956, S. 28 f. (30), BGH 16. I. 1959 VersR 1959, S. 445, OLG Hamb. 16. IX. 1958 VersR 1959, S. 159, OLG München 5. V. 1959 VersR 1959, S. 928, OLG Stuttgart 26. II. 1959 VersR 1959, S. 938, BGH 28. I. 1958 VersR 1958, S. 260 und viele andere Entscheidungen.

[116] *Wach,* ZZP 29, S. 360 ff., 386.

[117] So spricht das Reichsgericht häufig von einer Umkehrung der Beweislast, wo es sich um die Wirkung von Erfahrungssätzen handelt. Vgl. auch *Rosenberg*, der in seinem Lehrbuch auf S. 559 im Zusammenhang mit dem Beweis des ersten Anscheines von einer Umkehrung der Beweislast spricht.

[118] *Wassermeyer,* S. 14.

sondern der Beklagte einen Teil der Beweislosigkeit zu tragen habe. Wo Wassermeyer den Nachweis des Kausalzusammenhanges behandelt[119], meint er, auf Grund des non liquet stehe fest, daß der Beklagte die Unwahrheit der vermuteten Tatsache — sprich prima facie bewiesenen Tatsache — nicht beweisen könne. Die tatsächliche Vermutung sei daher eine Beweislastregel, die nach abgeschlossener Beweiswürdigung anzuwenden sei und bewirke, daß der Beklagte verurteilt werde.

Wenn diese Ansichten richtig sind, könnte der prima-facie-Beweis die Beweislast umkehren und hätte zur Folge, daß im Seefrachtverkehr der Verfrachter den Hauptbeweis für das Nichtvorliegen einer Schiffsuntüchtigkeit führen, also dem Richter die volle Überzeugung vom einwandfreien Zustand des Frachtschiffes vermitteln müßte. Zwar könnte er sich auf die Vernehmung der Ladungsbeteiligten als Partei berufen. Das würde eine Besserstellung des Verfrachters theoretisch gegenüber der Rechtslage bedeuten, die den Ladungsbeteiligten den Hauptbeweis auferlegt und dem Verfrachter lediglich die beschränkten Möglichkeiten eines Gegenbeweises gewährt. Aber praktischen Nutzen hätte der Verfrachter nicht davon, da die Ladungsbeteiligten in Anbetracht der besonderen Verhältnisse im Seefrachtverkehr nur ganz selten in der Lage sein dürften, etwas über den tatsächlichen Zustand des Schiffes auszusagen. Außerdem hätte der Verfrachter die volle Beweislast für die Unwahrheit einer Behauptung zu tragen, deren Richtigkeit das Gericht kraft seiner Erfahrung angenommen hat[120].

Dem prima-facie-Beweis eine solche Wirkung beizumessen, kann nicht zutreffen. Denn damit werden Erfahrungsssätze des Lebens in der Wirkung mit gesetzlichen Vermutungen, die anerkanntermaßen eine Umkehr der Beweislast herstellen, gleichgesetzt.

Gesetzliche Vermutungen sind Rechtssätze, die aufgrund genau fixierter Voraussetzungen bestimmte Wirkungen haben und die bei Vorliegen der Voraussetzungen angewendet werden müssen.

Mit der Erfahrung des Richters, und ob der Richter einer bestimmten Überzeugung ist, hat das nichts zu tun, denn nicht der Richter zieht aus den Voraussetzungen der Vermutung einen Schluß auf die vermutete Tatsache, sondern dies hat das Gesetz bereits für ihn besorgt.

Dahingegen haben Erfahrungssätze, auf die der prima-facie-Beweis aufbaut, keinen normierten Tatbestand. „Ihre Kraft wurzelt vielmehr allein in der richterlichen Überzeugung[121]. Erfahrungssätze und Ver-

---

[119] *Wassermeyer*, a.a.O., S. 35, er spricht in diesem Zusammenhang von tatsächlichen Vermutungen.

[120] *Rosenberg*, Beweislast, S. 188.

[121] *Rosenberg*, Beweislast, S. 187.

mutungen haben danach nichts gemein. Sie sind gleichsam entgegengesetzte Erscheinungen. Deshalb verbietet es sich auch, sie gleich zu behandeln.

Damit kommen wir zu dem Ergebnis, daß der Richter, der mittels seiner Erfahrung sich die Überzeugung von der Wahrheit eines gesetzlich geforderten und von einer Partei behaupteten Tatbestandsmerkmales bildet, einen Beweis würdigt, daß damit also der Beweis erbracht, nicht aber, daß sich damit schon die Frage nach der Verteilung der Beweislast stellt.

Es ist Rosenberg zuzustimmen, wenn er sagt, der Beweis vom Kausalzusammenhange — natürlich auch der Beweis über das Vorliegen einzelner tatsächlicher Umstände, beispielsweise in Zusammenhang mit dem hier angeschnittenen Fragenkreis der Nachweis der Seeuntüchtigkeit oder der Ladungsuntüchtigkeit durch die Ladungsbeteiligten — werde mit Hilfe der menschlichen Erfahrung geradeso erbracht, wie wenn der Richter sich seine Überzeugung auf Grund von Zeugenaussagen oder eines Urkundsbeweises bildet[122].

Damit kommen wir auch zur Beantwortung der zweiten Frage, die immer bei der Anwendung der Regeln des Anscheinsbeweises gestellt wird, nämlich wieweit dem Richter die tatsächlichen Verhältnisse klar geworden sein müssen, ehe er eine Tatsache als bewiesen betrachten kann. Der prima-facie-Beweis ist nach allem *kein* Wahrscheinlichkeitsbeweis, sondern der festgestellte Sachverhalt muß derartig sein, daß er eben unter Verwendung der allgemeinen Erfahrungssätze die Überzeugung des Richters in *vollem* Umfange begründet[123].

Das Ergebnis dieser Erörterungen ist also: Die Ladungsbeteiligten, die dem Verfrachter das Vorliegen der Schiffsuntüchtigkeit, eines Schadens und des Ursachenzusammenhanges zwischen beiden im Falle des Bestreitens nachzuweisen haben, können mittels des Anscheinsbeweises zwar die Beweisführung erleichtern, eine Umkehr der Beweislast aber wird dadurch nicht bewirkt[124]. Indes werden neuerdings Ansichten laut, die einer Einflußnahme auf die Beweislast durch den Anscheinsbeweis das Wort reden[124a].

---

[122] *Rosenberg*, Beweislast, S. 187.

[123] So auch BGH 2. XII. 1955, Hansa 1956, S. 906 und 20. III. 1956 a.a.O., S. 149; BGH 12. I. 1951, NJW 1951, S. 360.

[124] Vgl. auch BGH 12. II. 1963, MDR 1963, S. 399; *Pawlowski*, S. 68; *Hainmüller*, S. 86; *Prölss*, S. 13.

[124a] *Pawlowski*, S. 80; *Redeker*, NJW 1966, S. 1777 (1782) als Beitrag zu den Verhandlungen des 46. Deutschen Juristentages.

4. Die Entlastung des Verfrachters

a) Umfang der Entlastungspflicht

§ 559 Abs. II HGB bestimmt, daß der Verfrachter den Ladungsbeteiligten für einen Schaden, der auf einen Mangel der See- oder Ladungstüchtigkeit des Schiffes zurückzuführen ist, dann nicht haftet, wenn der Mangel „*bei Anwendung der Sorgfalt eines ordentlichen Verfrachters* bis zum Antritt der Reise *nicht* zu entdecken war.“ Daraus folgt, daß der Verfrachter eine Sorgfaltshaftung mit Entlastungspflicht zu vertreten hat („es sei denn, daß ...“).

Insoweit ist das Verschulden des Verfrachters relevant. Das Verschulden bezieht sich weder besonders auf die Herbeiführung der Schiffsuntüchtigkeit noch auf das Unterlassen einer Handlung zu deren Beseitigung (dies ist schon nach allgemeinen Grundsätzen der Fall, sofern eine Rechtspflicht, tätig zu werden, besteht). Die Haftung des Verfrachters wird vielmehr dadurch begründet, daß er den *Zustand* der Schiffstüchtigkeit schuldhaft nicht entdeckt oder erkennt.

Insoweit hat er auch das Verschulden seiner Erfüllungsgehilfen zu vertreten, § 278 BGB. Wenn er Reeder ist, hat er außerdem auch noch für das Verschulden der Schiffsbesatzung einzustehen, § 485 HGB.

Wie weit die Haftung des Verfrachters für fremdes Verschulden reicht, ist umstritten. Jedenfalls wird der Verfrachter nicht für ein Verschulden der Werft bei der schlechten Ausführung von Ladeeinrichtungen einzustehen haben[125], genauso wenig, wie für das Verschulden der Sachverständigen der Klassifikationsgesellschaften[126]. Entscheidend ist nicht, ob der Reeder sich auf ein sachgemäßes Vorgehen der Sachverständigen oder der Werft verlassen kann, sondern allein, daß nach der nunmehr herrschenden Ansicht zu § 278 BGB diese Vorschrift einengend auszulegen ist, wonach Erfüllungsgehilfen nicht solche Personen sind, die in ein Unternehmen eingegliedert sind, auf dessen technischen Betrieb der Reeder-Schuldner keinen Einfluß nehmen kann[127]. Das gleiche hat auch

---

[125] BGH 4. VII. 1957, VersR 57, S. 596, der argumentiert, der Reeder könne sich darauf verlassen, daß die Werft das Schiff ordnungsgemäß ausgerüstet habe und ein Laderaum tragfähig sei.

Vgl. im übrigen *von Wurmb*, S. 127, 132, 139 zur Haftung für ein Verschulden der Werften, Klassifikationsgesellschaften und See-Berufsgenossenschaft.

[126] OLG Hamburg 13. III. 1956, Hansa 1957, S. 537; *Wurmb*, a.a.O.

[127] *Enneccerus-Lehmann*, S. 185 ff.; *Palandt-Danckelmann*, § 278 BGB, BGH 21. IV. 1954, BGHZ Bd. 13, S. 111, BGH 15. III. 1956, LM zu § 276 (Hb), BGB Nr. 2 mit der Fragestellung, ob der Hersteller Erfüllungsgehilfe des Verkäufers sei; Court of Appeal, Engl. vom 26. XI. 1959, Hansa 1960, S. 575, a. A. House of Lords vom 7. III. 1961, Hansa 1960, S. 877.

für die Beamten der Seeberufsgenossenschaften zu gelten, die mit der Beaufsichtigung der Schiffe betraut sind[128].

b) Der Entlastungsbeweis des Verfrachters

Der Verfrachter hat den Grund seiner Nichthaftung nachzuweisen. Trotz dieser allgemeinen Entlastungspflicht kann die Beweislage unterschiedlich sein. Die Gründe dafür ergeben sich aus der verschiedenen Struktur der einzelnen Tatbestände, auf die der Verfrachter sich gegenüber einer Inanspruchnahme wegen See- oder Ladungstüchtigkeit des Schiffes berufen kann.

aa) Nicht entdeckte Mängel am Schiff

Der Verfrachter kann einmal vortragen, daß ein Mangel des Schiffes vorgelegen habe, dieser Mangel aber entsprechend der Bestimmung des § 559 II HGB trotz aller Sorgfalt eines ordentlichen Verfrachters nicht habe vor Reiseantritt entdeckt werden können[129]. Hier ist das Beweisrisiko des Verfrachters am größten, da der Entlastungstatbestand einmal den Nachweis eines verborgenen Schadens und gleichzeitig das Fehlen einer bestimmten Fahrlässigkeit, § 559 Abs. II HGB, voraussetzt. Denn im Falle, daß der versuchte Entlastungsbeweis scheitert, muß regelmäßig angenommen werden, daß ein haftbarmachendes Verschulden des Verfrachters vorliegt.

Der Verfrachter ist gehalten, den Nachweis zu führen, er habe tatsächlich ganz allgemein alle gehörige Sorgfalt aufgewandt, als er dafür sorgte, daß „das Schiff in seetüchtigem Stande ... ist ..." (§ 559 Abs. I HGB). Wenn in § 559 Abs. II HGB gesagt wird, die Sorgfalt eines ordentlichen Verfrachters müsse beobachtet worden sein, so folgt daraus, daß der Verfrachter *mindestens* nachweisen muß, der Mangel habe außerhalb des Einwirkungsbereiches eines ordentlichen Verfrachters gelegen.

Gleichzeitig ergibt sich daraus noch die Maximalgrenze der Beweisbelastung des Verfrachters. Er braucht nämlich nicht den positiven Beweis für das Nichtvorhandensein eines entdeckbaren Mangels zu erbringen. Der Bezug des Mangels der See- und Ladungstüchtigkeit des Schiffes auf den konkreten Schaden in § 559 HGB macht deutlich, daß der Entlastungsbeweis des Verfrachters „nicht ins Blaue hinein" gerichtet ist[130].

---

[128] So auch *Sturm* in HansRGZ 1931, A, Sp. 393.

[129] Vgl. hierzu Schiedsspruch in HansRGZ 1937, B.Nr. 15.

[130] Ähnliches gilt auch für den Entlastungstatbestand der Naturereignisse oder der Gefahren der See § 608 Abs. I Ziffer 1 HGB. Diese Vorschrift setzt nicht den Eintritt eines außergewöhnlichen Ereignisses voraus. Der Verfrachter hat jedoch darzutun, der Nichthaftungstatbestand könne trotz ordnungsmäßiger Fürsorge in bezug auf die zu erwartenden Gefahren der See in Anspruch genommen werden.

Nicht jeder unbekannte oder anfänglich unbekannt gebliebene Mangel ist notwendig auch ein verborgener Mangel[131]. Wenn § 559 Abs. II HGB eine Entlastung des Verfrachters nur dann vorsieht, sofern dieser nachweisen kann, trotz aller erforderlichen Sorgfalt habe der Mangel nicht entdeckt werden können[132], so heißt das notwendig: Der Verfrachter muß die Ursache der Nichtentdeckung aufklären[133]. Nur so kann er sich praktisch entlasten. Nur so ist festzustellen, welche Maßnahmen von einem ordnungsgemäßen Verfrachter hätten getroffen werden müssen, um den Mangel an Schiffs- oder Ladungstüchtigkeit festzustellen. Nur so läßt sich sagen, inwieweit an die Sorgfaltspflicht des Verfrachters überspannte Anforderungen gestellt werden, wollte man ihm die Nichtentdeckung eines bestimmten Mangels anlasten.

Der Verfrachter braucht dabei beispielsweise keine größeren Fachkenntnisse zu besitzen als die Sachverständigen des Germanischen Lloyds oder der Seeberufsgenossenschaft[134]. Selbst wenn das Schiff wegen einer durch die Beladung entstandenen Kopflastigkeit als seeuntüchtig bezeichnet werden müßte, wäre das dem Verfrachter nicht zuzurechnen, sofern der Germanische Lloyd den vorliegenden Beladungsfall nicht beanstandet hat[135].

Ein anderes Beispiel gibt die Entscheidung des Cour de Cassation, Frankreich vom 16. 1. 1959[136]. Eine schlechte Platte war leckgesprungen. Das eindringende Seewasser hatte zu Schäden an der Ladung geführt. Das Schiff war eingehend untersucht worden: "... wenn aber durch eine derart eingehende Untersuchung der schlechte Zustand einer Platte nicht habe festgestellt werden können, so rechtfertigt sich ... der Schluß, es handele sich um einen verborgenen Fehler, der den Verfrachter von seiner Haftung befreie ...[137]."

In beiden Fällen hat und konnte sich der Verfrachter auf die Untersuchungen seines Schiffes verlassen. Es ist anzunehmen, daß die Entscheidungen nicht zugunsten des Verfrachters hätte ausfallen können, wenn dieser nicht hätte nachweisen können, daß der Frachtreise eine derart fachliche Untersuchung seines Schiffes vorausgegangen ist.

In diesem Zusammenhang verlangt der Ausdruck „*entdecken*" in § 559 Abs. II HGB eine weite Auslegung[138]. Nur dann hat der Verfrach-

---

[131] Hof Amsterdam, RdSch. Band III, Heft 2, 1959, Kartei 35–49–43.

[132] Hof Amsterdam, a.a.O.

[133] RG 4. I. 1908, RGZ 67, S. 300; *Schlegelberger-Liesecke* § 559 HGB Randz. 19.

[134] OLG Hamburg 13. III. 1956, Hansa 1957, S. 537, Nr. 3.

[135] OLG Hamburg, a.a.O.

[136] DMF 1959, S. 274.

[137] Abgedruckt auszugsweise in Hansa 1960, S. 61.

[138] *Gramm*, S. 93.

ter bei der Erforschung der See- und Ladungstüchtigkeit seines Schiffes einen Mangel schuldhaft nicht entdeckt, wenn er nicht erkennen konnte, ob der Mangel auch zur See- und oder Ladungstüchtigkeit seines Schiffes führte[139]. So muß es beispielsweise ausreichen, wenn ein verborgener Baufehler dargetan und bewiesen wird, der Mangel habe seiner Natur nach erst an seinen schädlichen Folgen erkannt werden können[140].

Das Verschulden seiner Erfüllungsgehilfen hat der Verfrachter hier ebenso zu vertreten wie eigenes Verschulden, § 278 BGB. Ist er Reeder, dann muß er auch für das Verschulden seiner Schiffsbesatzung einstehen, § 485 HGB[141].

Mit dem Nachweis der Voraussetzungen des § 559 Abs. II HGB führt der Verfrachter gegenüber den Tatsachen, mit denen die Ladungsbeteiligten sich auf die Anspruchsgrundlage des § 559 Abs. I HGB stützen, einen eigenen Hauptbeweis. Er macht nämlich eine sogenannte rechtshindernde Einwendung geltend. Sein prozessuales Ziel geht nicht auf Widerlegung der klagbegründenden Umstände der Ladungsbeteiligten, sondern auf den Nachweis der eigenen Tatsachenbehauptungen.

Es handelt sich bei den Umständen, die zur See- oder Ladungsuntüchtigkeit des Frachtschiffes geführt haben, um verborgene, normalerweise nicht feststellbare Mängel. Dieser Beweis ist erst geführt, wenn der erkennende Richter von der Wahrheit der vom beklagten Verfrachter behaupteten Tatsachen überzeugt ist[142]. Demgemäß trifft die Ansicht von Götz[143] nicht zu, dem Verfrachter falle[144] der „Gegenbeweis ordnungsgemäßer Sorgfalt ...“ zu.

bb) Qualifiziertes Bestreiten

Der Verfrachter kann aber auch die Behauptungen der Ladungsbeteiligten bestreiten und behaupten:

1. Es hätte überhaupt kein Mangel der Schiffstüchtigkeit vorgelegen,
2. Die Mängel, die vorhanden gewesen seien, hätten dennoch nicht zur Schiffsuntüchtigkeit geführt.

Beide Einlassungen des Verfrachters bieten rechtlich keinerlei Schwierigkeiten. Solange diese Behauptungen noch nicht bewiesen sind, handelt

---

[139] *Gramm,* a.a.O.

[140] Innerer Riß in einer Platte oder im Propeller, schlechte Schweißnaht im Ladebaum.

[141] Zur Frage, ob Klassifikationsbeamte Erfüllungsgehilfen sind, vgl. *Wüstendörfer,* Seehandelsrecht, S. 242, der Lotse, BGH Urteil vom 27. V. 1957, VersR 57, S. 515, die Werft bei der Ausführung der Verladeeinrichtungen BGH Urteil vom 4. VII. 1957 VersR 57, S. 596; *Gramm,* S. 93; *Sturm,* HansRGZ 1931 Abt. A 392 (393); *Schaps-Abraham,* § 559 Anm. 4; *Wollny,* S. 121, 122, 123, 126.

[142] So im Ergebnis LG Hamburg 30. IV. 42, HansRGZ 1943 B, Sp. 60ff. (63).

[143] S. 256 (oben).

[144] Allerdings in bezug auf Art. IV, Ziff. 1 HR.

es sich um ein Klagleugnen. Es bleibt dabei, daß die Ladungsbeteiligten die von ihnen vorgetragenen klagbegründenden Tatsachen beweisen müssen[145].

Haben die Ladungsbeteiligten jedoch für ihre Einlassung den Beweis schon erbracht, ist der erkennende Richter von der Wahrheit des klägerischen Vortrages bereits überzeugt, dann wird zu unterscheiden sein:

aaa) Gegen eine bewiesene Behauptung ist der Gegenbeweis grundsätzlich möglich. Er ist erbracht, wenn durch ihn die richterliche Überzeugung von der Wahrheit erschüttert wird, die behaupteten Tatsachen aus dem Lichte der Gewißheit in das Dunkel der Ungewißheit zurückgeschoben worden sind[146].

Welche Beweismittel dem Verfrachter zur Seite stehen, wird von Rechtsprechung und Schrifttum uneinheitlich beantwortet. Wüstendörfer[147] meint, ein Seetüchtigkeitsattest der Seeberufsgenossenschaft sei nicht maßgebend, aber höchst beachtlich. Auch die Klassifikationsbescheinigung des Germanischen Lloyds könne nach den Fallumständen als Beweismittel eine tatsächliche Vermutung für die Seetüchtigkeit schaffen.

Damit stimmt „The Admirality Division London"[148] überein:

Klassifikationszertifikate begründen den prima-facie-Beweis für die Seetüchtigkeit, so daß der Gegner die Seeuntüchtigkeit beweisen muß. Dem Gericht scheint hier eine Vermutungswirkung des Zertifikats vorzuschweben, von der auch Wüstendörfer spricht.

Anders das OLG Hamburg[149], das Zertifikat und Erlaubnisschein lediglich insoweit wirken läßt, als damit der Verfrachter den Nachweis führen kann, ihn treffe kein Verschulden im Sinne des § 559 Abs. II HGB. Diese Ansicht dürfte richtig sein, denn wenn sich während der Reise der Seeuntüchtigkeit des Schiffes herausstellt, kann dazu ein Zertifikat des Germanischen Lloyds und eine Bescheinigung der Seeberufsgenossenschaft nichts aussagen. Hinzu kommt, daß diese Urkunden lediglich ein Werturteil der betreffenden Prüfungsgremien enthalten, über den tatsächlichen Zustand des Schiffes jedoch nichts mitteilen können.

---

[145] Die See- und Ladungstüchtigkeit des Schiffes sind für sich allein keine Entlastungsgründe. Im amerikanischen Recht hat der Verfrachter Seetüchtigkeit zu beweisen, soweit sie, wie nach dem Harter Act von 1893, zu den Entlastungsvoraussetzungen gehört.

[146] RG 26. XI. 1930, RGZ Bd. 130, S. 359; RG 7. XI. 1931, RGZ Bd. 134, S. 241 f.; RG 23. XI. 1938, RGZ Bd. 159, S. 239 (unten); BGH 17. IV. 1951, BGHZ Bd. 2 S. 1 (5); BGH 1. VI. 1950, NJW 1951, S. 26.

[147] Seehandelsrecht, S. 242.

[148] Urteil vom 6. XI. 1956, Hansa 1957, S. 430.

[149] Urteil vom 13. III. 1956, Hansa 1957, S. 537.

Diese Ansicht wird auch in der Entscheidung des Reichsgerichts vom 20. 3. 1937[150] vertreten, die besagt, Klassifikationszertifikate hätten für die Feststellung der Seetüchtigkeit eines Schiffes keine weiterreichende Bedeutung als die eines vom Gericht nach seinem Wert zu würdigenden Beweismittels.

Ob die Einlassung des Verfrachters auch so behandelt werden muß, kann zweifelhaft sein: Das Problem der Aufklärungspflicht des seine Entlastung betreibenden Verfrachters beruht auf dem Widerspiel zweier die Verfrachterhaftung für See- und Ladungstüchtigkeit bestimmenden Grundsätze: Einmal ist die See- und Ladungstüchtigkeit unverrückliches Fundament eines gedeihlichen Gelingens der Seeschiffahrt[151]. Andererseits darf im Sinne eines billigen Interessenausgleiches zwischen Verfrachter und Ladungsbeteiligten nicht jeder Mangel, der bei Eintritt einer Gefahr das Schiff als untüchtig erweist, nun ohne weiteres und ohne Chance für den Verfrachter, sich dennoch zu befreien, zur Feststellung einer anfänglichen Schiffsuntüchtigkeit herangezogen werden[152].

So hat das Hans. OLG am 26. 7. 1933[153] bei Brandnestern im Kohlenbunker eines seegehenden Schiffes, aus denen sich auf hoher See ein Bunkerbrand entwickelte, der auf die Ladung übergriff, entschieden, es sei kein Fall der Seeuntüchtigkeit gegeben. Die Schiffsleitung habe nämlich davon ausgehen dürfen, daß die schon bekannten Brandnester während der Reise unter Kontrolle gebracht werden konnten.

Die gleichen Überlegungen liegen auch der bereits zitierten Entscheidung des Hofes Amsterdam vom 27. 1. 1954 zugrunde, wo erkannt ist, daß die Undichtigkeit einer Rohrleitung kein verborgener Mangel sei, da dergleichen durch Abklopfen der Rohrleitung unschwer festgestellt werden könne. Nicht anders sind die Fälle zu beurteilen, in denen Schiffe mit offenen Schiffspforten in See stechen, daß Ankerwinden, Teile der Maschinenanlage, der elektrischen Einrichtungen schadhaft sind, die Fehler aber jederzeit mit Bordmitteln behoben werden können.

Ein schon bei Reiseantritt vorhandener gefahrdrohender Zustand[154] bewirkt dann keine Schiffsuntüchtigkeit, wenn seine Beseitigung vor Eintritt der Gefahr wahrscheinlich ist[155].

Gewisse Mängel sind eben mit den regelmäßigen Umständen eines ordnungsgemäßen Schiffsbetriebes, schon mit Rücksicht auf den überaus komplizierten Organismus eines Hochseeschiffes, derart verbunden, im

---

150 JW 1937, S. 1920.
151 *Wüstendörfer*, Frachtvertrag, S. 582.
152 *Müller*, HansRGZ 1937 A, Sp. 371/392 (382 f.).
153 HansRGZ 1933 B, Sp. 497.
154 *Müller*, a.a.O., S. 382.
155 *Müller*, Diss., S. 40.

Ernstfall aber leicht zu beseitigen, daß es die praktische Durchführung der Seeschiffahrt behindern würde, hier schon Schiffsuntüchtigkeit anzunehmen.

Wahrscheinlich muß die rechtzeitige Behebung des Mangels durch eine gehörige Besatzung sein. Die bloße Möglichkeit ordnungsmäßiger Schiffsbedienung, die ja allemal gegeben ist, hat außer Betracht zu bleiben. Es handelt sich hierbei um einen objektiven Maßstab, nämlich inwieweit eine ordnungsgemäß ausgebildete[156] und zusammengestellte Schiffsbesatzung einen gefahrdrohenden Zustand normalerweise beseitigen kann.

So ist Unwahrscheinlichkeit der Mängelbeseitigung, also letztlich Schiffsuntüchtigkeit, angenommen worden, wenn jener Zustand dem für seine Beachtung verantwortlichen Mitglieder der Schiffsbesatzung unbekannt[157] war; wenn der gefahrdrohende Zustand zwar bekannt war, aber andere Hinderungsgründe seine Beseitigung vor Eintritt der Gefahr unwahrscheinlich machten[158]. Auch ist auf Schiffsuntüchtigkeit erkannt worden, wenn sich die Gefahr voraussehbar zu schnell für eine Beseitigung verwirklicht hat[159].

Trägt der Verfrachter vor, der bei Beginn der Reise vorhandene gefahrdrohende Zustand für sein Schiff hätte wahrscheinlich beseitigt werden können, und bringt er hierzu eigene Tatsachen bei, so gilt der Nachweis dieser Umstände nicht der Unwahrheit der Klagbehauptung, sondern der Wahrheit der eigenen Einlassung des Beklagten[160]. Insoweit ist der Verfrachter hauptbeweisbelastet. Er beruft sich nämlich auf einen Einwendungstatbestand.

bbb) Zu demselben Ergebnis kommt man auf folgendem Wege:

Der Beweis gegen eine vermutete Tatsache ist Hauptbeweis, der zum Ziele hat, die volle Überzeugung des Richters von der Unwahrheit der vermuteten Tatsache zu begründen. Die Prozeßrechtslehre kennt die sogenannte Vermutung der Fortwirkung und Fortdauer tatsächlicher Zustände[161]. Wie die Befugnis des Gerichtes erklärt wird, ohne weiteres von der Fortdauer eines einmal bestehenden Zustandes auszugehen, solange der Eintritt einer Veränderung nicht behauptet oder bewiesen ist[162], ist unerheblich. Sie mag Folge dieser Vermutung sein, sie kann ihren

[156] Nach den Regeln der Deutschen Eignungsverordnung etwa.

[157] *Müller*, Diss., S. 42 mit Beispielen.

[158] *Müller*, a.a.O., S. 49 f.

[159] *Müller*, a.a.O.

[160] *Rosenberg*, Beweislast, S. 77.

[161] *Beckh*, S. 66 ff.; *Fitting*, ZZP 13, S. 17 ff.; *Wolff-Raiser*, Sachenrecht, § 4 Anm. 15, RG 9. IV. 1886, RGZ Bd. 16, S. 202.

[162] *Rosenberg*, Beweislast, S. 185.

Grund auch in dem allgemeinen Erfahrungssatz haben, eine Veränderung bestehende Zustände könne nicht ohne besondere wirkende Ursache angenommen werden[163 164].

Jedenfalls ergibt sich aus dieser Vermutung folgendes: Solange der Zustand eines Seeschiffes[165], der ohne Eingreifen der Schiffsbesatzung zu einer Schädigung von Schiff und oder Ladung führen würde, nicht beseitigt worden ist, muß angenommen werden, daß das Schiff untüchtig ist. Weist der Ladungsbeteiligte einen derartigen Zustand des Schiffes bei Reiseantritt nach, so bringt die Behauptung einer Abhilfemaßnahme der Besatzung oder auch nur der objektiven Wahrscheinlichkeit einer solchen Maßnahme neue Tatsachen, die der Verfrachter im Rahmen eines Hauptbeweises nachweisen muß[166].

cc) Nachträgliche, nicht zu vertretende Schiffsuntüchtigkeit

Der Verfrachter kann ferner zu seiner Entlastung dartun, der Ladungsschaden beruhe auf einer nachträglichen, unvertretbaren Schiffsuntüchtigkeit, mag diese aus Verschulden der Schiffsbesatzung bei der Führung oder Bedienung des Schiffes, § 607 Abs. II HGB, oder aus einem zufälligen Ereignis herrühren. Er kann außerdem vortragen, es handele sich um den Fall eines anfänglichen, gefahrbringenden Zustandes, dessen Beseitigung zwar wahrscheinlich war, aber auf Grund eines Umstandes, den der Verfrachter nicht zu vertreten hat, unterblieben ist. So kann, würde der gefahrdrohende Zustand nicht beendet werden, darin ein nautisch-technisches Verschulden der Schiffsbesatzung im Sinne von § 607 Abs. II HGB liegen.

Prozessual sind auch dies Einwendungstatsachen, für die der Verfrachter grundsätzlich die Beweislast trägt.

III. Haftungs- und Beweislastfragen nach dem Deutschen Einheitskonnossement 1940

Die im Seefrachtverkehr gebräuchlichen Konnossemente kennzeichnet ihr klauselmäßiger Aufbau. Dispositive gesetzliche Vorschriften werden weitgehend durch typische, meist althergebrachte Absprachen ersetzt. Aber auch dort, wo zwingende Gesetzesbestimmungen die Vertragsfrei-

---

[163] *Rosenberg*, Beweislast, S. 185; Wach, ZZP 29, S. 360 (386).

[164] Weitere Einzelheiten *Rosenberg*, Beweislast, S. 115 und 185, 186.

[165] Etwa eine offene Schiffspforte, eine nicht abgedeckte Luke, eine schadhafte Kühlanlage.

[166] Stellt sich heraus, daß die Besatzung dennoch nicht entsprechend gehandelt hat, so kann darin ein technisches Verschulden liegen, für das der Verfrachter nicht einzustehen hat.

heit im Verhältnis zwischen Verfrachter und Ladungsbeteiligten einengen oder gar ausschließen, geht man oft eigene Wege.

1. Regel I DEK 1940 im Vergleich mit § 559 Abs. I HGB

So hat auch das DEK 1940 die Haftung des Verfrachters für anfängliche See- und Ladungstüchtigkeit seines Schiffes nicht etwa mit demselben Wortlaut der einschlägigen Normen des § 559 HGB übernommen, sondern teilweise eine besondere Formulierung gefunden, die namentlich im Zusammenhang mit der Behauptungs- und Beweislast zu Zweifeln führt.

Das Gesetz lautet:

§ 559 Abs. I HGB

Bei jeder Art von Frachtvertrag hat der Verfrachter dafür zu sorgen, daß das Schiff *in seetüchtigem Stand,* gehörig eingerichtet, ausgerüstet, bemannt und mit genügenden Vorräten *versehen ist* (Seetüchtigkeit) sowie daß sich die Laderäume einschließlich der Kühl- und Gefrierräume in dem für die Aufnahme, Beförderung und Erhaltung der Güter *erforderlichen Zustand befinden* (Ladungstüchtigkeit).

Regel I des Deutschen Einheitskonnossements von 1940 hat folgenden Inhalt:

Der Verfrachter ist dafür verantwortlich, daß

1. das Schiff gehörig eingerichtet, ausgerüstet, bemannt und mit genügenden Vorräten versehen sowie *in seetüchtigen Zustand gesetzt ist* (Seetüchtigkeit).

2. Die Laderäume einschließlich der Kühl- und Gefrierräume sich in dem für die Aufnahme, Beförderung und Erhaltung der Güter *erforderlichen Zustand befinden* (Ladungstüchtigkeit) ...

Wie sich zeigt, stimmen beide Bestimmungen im wesentlichen überein. Bei der Definition der Ladungstüchtigkeit ist eine vollkommene Übereinstimmung des DEK 1940 mit dem Gesetz festzustellen.

Soweit die Rechtsfolgen mangelnder Schiffstüchtigkeit behandelt sind:

Regel I DEK nach Ziffer 2

„... es sei denn, daß etwaige Mängel bei Anwendung der Sorgfalt eines ordentlichen Verfrachters bis zum Antritt der Reise nicht zu entdecken waren,"

ist jedenfalls in weitem Umfang das Bestreben der Schöpfer des DEK 1940 erkennbar, den Text des Gesetzes wörtlich zu übernehmen. Der Verfrachter wird also hier wie dort wegen fehlender Schiffstüchtigkeit haftbar gemacht, es sei denn, er kann sich entlasten.

Merkliche Abweichungen weist die Klauseldefinition der Seetüchtigkeit auf. Während nach dem Gesetz der Verfrachter § 559 Abs. I HGB „bei jeder Art von Frachtvertrag ... dafür zu sorgen" hat, „daß das Schiff in seetüchtigem Zustand ... ist ...", macht Regel I DEK 1940 den Verfrachter „... dafür verantwortlich, daß das Schiff ... in seetüchtigen Zustand gesetzt ist ..."

a) Die Ansicht Lebuhns

Lebuhn[167] vertritt die Ansicht, die Ausdrücke „in seetüchtigem Stand ... ist" und „in seetüchtigen Zustand gesetzt ist ..." hätten unterschiedliche Bedeutung; der erstgenannte Begriff sei umfassender als der nachfolgende.

Auf Grund der Formulierung der Regel I Ziffer 1 DEK 1940 könnte allerdings der Eindruck entstehen, die Haftung des Verfrachters für anfängliche Seetüchtigkeit des Schiffes sei eine Erfolgshaftung aus schuldhaftem Tun oder Unterlassen. Lebuhn[168] will aus dem Wort „gesetzt ist" folgern, Regel I DEK 1940 lasse die Auffassung zu, der Empfänger müsse im Falle eines die Seeuntüchtigkeit des Schiffes begründenden Mangels nicht lediglich das Vorliegen des Mangels, sondern auch ein für diesen konkreten Mangel kausales Verschulden des Verfrachters nachweisen, um den Ersatz eines ihm daraus erwachsenden Schadens zu erzielen. Lebuhn kommt zu dem Ergebnis, eine derartige Folgerung aus dem Wortlaut der Regel I DEK 1940 müsse abgelehnt werden.

Dies mit Recht: Er geht aber nicht so weit, zu prüfen, ob der Wortlaut des DEK 1940 überhaupt Raum für die hier angegriffene Auslegung gibt.

b) Stellungnahme

§ 559 I HGB gehört zu den Vorschriften des Gesetzes, deren Verpflichtungswirkung gemäß § 662 HGB rechtsgeschäftlich nicht zum Nachteil der Ladungsbeteiligten ausgeschlossen werden darf, sofern ein Konnossement ausgestellt ist. Würde man in Regel I DEK eine Absprache erblicken, mit der den Ladungsbeteiligten die Behauptungs- und Beweislast für ein Verschulden des Verfrachters auferlegt werden soll, dann erst kann die Frage auftreten, ob darin nicht ein Verstoß gegen zwingendes Recht liegt, der die Regel I DEK insoweit nichtig macht, § 134 BGB.

Es ist nicht erfindlich, warum der Wortlaut „in Stand ist" umfassender sein soll als die Formulierung im Gesetz[169].

Beide angesprochenen Formulierungen meinen dasselbe. Zwar kann man, und darin wird man Lebuhn durchaus zustimmen müssen, „von einer anfänglichen Seeuntüchtigkeit dann nicht sprechen, wenn bei Reisebeginn zwar ein mangelhafter und gefahrvoller Schiffszustand gegeben

---

[167] *Lebuhn,* Neuzeitliche Konnossementsfragen, S. 17, Linienkonnossement, S. 27 f.

[168] Neuzeitliche Konnossementsfragen, S. 16.

[169] *Lebuhn,* a.a.O.

ist, dieser aber bei Eintritt der Gefahr durch gehöriges management of the ship zu beseitigen möglich und wahrscheinlich ist"[170].

Darauf kommt es jedoch nicht an. Denn wenn ein solcher Zustand nicht zur Seeuntüchtigkeit führt, dann ist überhaupt noch nicht die Frage aufgeworfen, ob das Schiff „in Stand" ist oder „in einen Zustand gesetzt ist".

Offenbar sieht Lebuhn in der von ihm angegriffenen Formulierung den Ausdruck eines Tätigkeitsgebotes für den Verfrachter, das Schiff seetüchtig zu machen und zieht daraus seinen Schluß auf eine Änderung der Behauptungs- und Beweislast. Er übersieht, daß namentlich in dem von ihm vorgeschobenen Fall eines mangelhaften und gefahrdrohenden Schiffszustandes nur deshalb nicht von Seeuntüchtigkeit des Schiffes gesprochen wird, weil ein Tätigwerden des Verfrachters *möglich* und *wahrscheinlich* ist. Im übrigen wird eine entsprechende Tätigkeit des Verfrachters allemal verlangt, und zwar mit dem Ziel, den seetüchtigen Zustand des Schiffes zu erreichen. Es macht keinen Unterschied[171], ob man dies nun aus den Worten des DEK 1940 schließen will oder aus der Bestimmung des Gesetzes.

Außerdem würde die von Lebuhn angedeutete Auffassung zu Regel I Ziffer 1 DEK 1940 zu einer verschiedenen Verteilung der Beweis- und Behauptungslast führen, je nachdem, ob es sich um einen Fall der Ladungsuntüchtigkeit oder der Seeuntüchtigkeit des Schiffes handelt. Dagegen spricht indes Regel I DEK selbst, wo, wie auch in § 559 Abs. II HGB, für beide Tatbestände der Schiffsuntüchtigkeit dieselbe Exkulpationspflicht und Beweislastregel zu Lasten des Verfrachters vorgesehen ist.

Um See- und Ladungstüchtigkeit voneinander abweichend zu regeln, hätte es eines deutlicheren Hinweises in Regel I Ziffer 1 DEK 1940 bedurft als die neutrale Formulierung „in seetüchtigem Zustand gesetzt ist ...".

Schließlich aber kann der Wortlaut der Regel I DEK 1940 überhaupt nicht zu einer Auslegung führen, die im Widerspruch zur gesetzlich zwingend bestimmten Haftung des Verfrachters für anfängliche Schiffsuntüchtigkeit steht. Die Grenze der Auslegung ist der faßbare Ausdruck des einzelnen maßgebenden Rechtssatzes. Nur der in irgendeiner Form niedergelegte Wortsinn kann Gegenstand der Auslegung sein.

---

[170] *Lebuhn*, Linienkonnossement, S. 28. Wie *Lebuhn* auch *Wüstendörfer*, Seehandelsrecht, S. 241; *Müller*, Diss., S. 50 ff.; *Müller*, HansRGZ 37, S. 380 ff., im übrigen siehe oben S. 57 ff.

[171] *Schnitter*, S. 23.

Hinzu kommt ferner:

Für Konnossemente, und zwar auch für Standardformulare[172], ist es charakteristisch, daß sie unsystematisch sind, zahlreiche überflüssige und überholte Klauseln enthalten, die nicht selten selbst für den Fachmann unverständlich sind.

Oftmals, und ausgerechnet beim DEK 1940, sind die Klauseln die Frucht heftiger und langwieriger Auseinandersetzungen gegensätzlicher Interessen, Kompromisse, die schon deshalb leicht zu Unklarheiten führten. Demzufolge bereitet die Auslegung der oft widersprüchlichen Urkunden Schwierigkeiten.

Sie muß davon ausgehen, daß der Verfrachter die Bedingungen aufgestellt hat, und daß von ihm Klarheit verlangt werden muß, wenn er seine Rechte erweitern will[173]. Zumindest die letzte Erwägung hat für das DEK 1940 zu gelten. Denn wenn auch dieses Standardkonnossement aus Verhandlungen zwischen den Verbänden der am Seefrachtverkehr Beteiligten hervorgegangen ist, so war es doch Sache jeder einzelnen Gruppe, möglichst klare Formulierungen der Klauseln zu redigieren, aus denen sie selbst auf Kosten der Gegenseite und über die gesetzliche Regelung hinaus späterhin Vorteile für sich ableiten will. Deshalb muß eine Auslegung der Regel I DEK 1940 von dem Grundsatz ausgehen, daß Freizeichnungen gegen *den* einschränkend zu messen sind, der sie sich ausbedungen hat[174 175].

Der Wortsinn beider fraglicher Formulierungen ist gleich. Ob man nun sagt, etwas sei in Stand oder etwas sei in einen Zustand gesetzt (worden); beide Male wird die Beschaffenheit eines Gegenstandes zu einem bestimmten Zeitpunkt beschrieben. Das DEK drückt dies in der Zeitform des passiven Perfekts aus.

Es geht damit von einem abgeschlossenen Geschehen aus, dessen Folgen aber noch in die Gegenwart hineinreichen. Daß es nach dem Wortlaut des DEK 1940 Regel I auf diese Folgen ankommt, keinesfalls aber auf die Maßnahmen selbst, die getroffen worden sind, um den entscheidenden Zustand der Seetüchtigkeit herbeizuführen, zeigt Ziffer 2 der Regel I DEK 1940, die den Zustand der Ladungstüchtigkeit von der

---

172 *Schlegelberger-Liesecke*, § 643 HGB, Rdz. 17.

173 RG 10. I. 1928, RGZ Bd. 120, S. 18.

174 RG 6. XII. 1933, RGZ Bd. 142, S. 355; *Schlegelberger-Liesecke*, § 653 HGB Anm. 25.

175 Da das Konnossement eine einseitige Verpflichtungsurkunde ist, sind Abreden nicht auf beide Parteien gleichmäßig zu beziehen. Insbesondere gelten Freizeichnungen nun zugunsten des Verfrachters. Etwas anderes kann lediglich gelten, wenn es heißt „mutually excepted"; *Schlegelberger-Liesecke*, § 643 HGB Anm. 18.

Gegenwart her beschreibt ..."befinden", ferner der Nachsatz beider Ziffern der Regel I, der die Entlastung des Verfrachters unter der Voraussetzung vorsieht, daß der gegebene Zustand der Schiffsuntüchtigkeit „nicht zu entdecken war".

In Anbetracht dieser Tatsachen und im Interesse einer einheitlichen Behandlung der Schiffstüchtigkeit im Prozeß, ferner mit Rücksicht auf die oben genannten Auslegungsregeln kann keine Rede davon sein, in Regel I DEK 1940 sei wegen des besonderen Wortlautes im zweiten Halbsatz eine Änderung der prozessualen Situation des Verfrachters zum Nachteil der Ladungsbeteiligten formuliert.

2. *Ausschluß der Verfrachterentlastung in Regel I DEK 1940?*

Es fragt sich aber, ob Regel I Ziffer 1 DEK 1940 nicht die umgekehrte Wirkung hat, den Verfrachter mit seinem Entlastungsbeweis auszuschließen. Dies ist der Fall, wenn der Satz „der Verfrachter ist dafür verantwortlich, daß das Schiff ... in seetüchtigen Zustand gesetzt ist" im Sinne einer Garantie der Seetüchtigkeit ohne Einschränkungen zu verstehen ist[176].

Ein derartiger Verzicht des Verfrachters auf die Entlastungsmöglichkeit ist rechtlich möglich. Er wird jedoch in Regel I DEK 1940 nicht erklärt. Einmal spricht der Schlußsatz der Regel I dagegen, der ausdrücklich dem Verfrachter den Beweis offenläßt, sich entsprechend § 559 Abs. II HGB zu entlasten. Hinzu kommt außerdem, daß Regel I DEK 1940 inhaltlich nicht von § 559 Abs. I HGB abweicht. In der bloßen Wiederholung des Gesetzesinhaltes kann für sich allein noch keine Garantieerklärung liegen. Es handelt sich insoweit um eine im Seefrachtrecht allgemein übliche Erklärung ohne besondere rechtliche Bedeutung[177].

In fast allen gebräuchlichen Konnossementen finden sich Klauseln, die entweder wörtlich oder auch nur inhaltlich die einschlägige gesetzliche Vorschrift wiedergeben. Rechtsprechung und Praxis haben, soweit feststellbar, darin bisher keine Hinweise auf eine Garantie des Verfrachters für die Seetüchtigkeit des Schiffes gesehen.

IV. Zusammenfassung

Regel I DEK 1940 stimmt weitgehend wörtlich, vollständig jedoch inhaltlich, mit der gesetzlichen Regelung der Verfrachterhaftung für Schifftüchtigkeit überein. Die Ladungsbeteiligten haben im konkreten Fall die ihnen aufgrund eines Mangels der Schiffstüchtigkeit entstandenen

---

[176] *Gramm*, S. 93, LG Hamburg 30. IV. 1942, HansRGZ 1943 B, Sp. 60 ff., Hanseat OLG 17. III. 1913, HansGZ 1913, S. 159.

[177] So richtig auch OLG Hamburg 30. IV. 1942, HansRGZ 1943 B, Sp. 60 (61).

Schaden zu behaupten und zu beweisen. Der Verfrachter seinerseits ist gehalten, das Gericht davon zu überzeugen, daß der Mangel der Schiffstüchtigkeit trotz der Sorgfalt eines ordentlichen Verfrachters nicht zu entdecken und zu erkennen war.

In diesem Rahmen bleiben, soweit ersichtlich, alle gebräuchlichen Konnossemente deutscher Verfrachter.

§ 8. Die Haftung für kommerzielles Verschulden

I. Inhalt der gesetzlichen Regelung

Der Verfrachter muß bei der Verschiffung der Ladung alle erforderliche Sorgfalt walten lassen, will er nicht für einen durch schlechte Sorgfalt entstandenen Schaden haften, wobei es nicht darauf ankommen kann, ob der Schaden im Verlust oder lediglich in einer Beschädigung der Ladung besteht[178].

Dem eigenen Verschulden des Verfrachters bei der Ladungsfürsorge steht das fremde Verschulden seiner Erfüllungsgehilfen, § 278 BGB, § 431 HGB, und das seiner Leute einschließlich der Schiffsbesatzung gleich, §§ 607 Abs. I, 485 HGB. Gesetzliche Grundlage der Haftung ist § 606 HGB.

Zunächst haftet der Verfrachter seinem Kontrahenten, dem Befrachter. Wenn er mit der Abladung zu ihm in direkte Vertragsbeziehungen eingetreten ist, ist er auch dem Ablader verpflichtet. Schließlich hat er dem legitimierten Empfänger[179] für eine ordnungsgemäße Verschiffung einzustehen. In diesem Zusammenhang ist zu bemerken, daß durch die Indossierung des Konnossements auch die Ansprüche aus § 606 HGB mit übertragen werden[180].

Die aus der Ladungsfürsorge folgenden Pflichten des Verfrachters lassen sich nicht annähernd erschöpfend aufzählen. Sie werden aus den tatsächlichen Verhältnissen des Einzelfalles heraus bestimmt[181] [182]. Ei-

---

[179] RG 25. I. 1933, RGZ Bd. 139, S. 263.
Ladungsgutes mit Ladungspfandrechten, z. B. für Ansprüche aus großer Haverei, Bergung oder Hilfeleistung (*Wüstendörfer*, Seehandelsrecht, S. 269) zu beurteilen..

[179] RG 25. I. 1933, RGZ Bd. 139, S. 263.

[180] BGH 26. IX. 1957, BGHZ Bd. 25, S. 250.

[181] *Gramm*, S. 106.

[182] Der Verfrachter haftet auch dann, wenn bei einer nachträglichen Seeuntüchtigkeit des Schiffes die Besatzung es verabsäumt, den Schaden soweit möglich abzuwenden. Darin liegt i. d. R. ein Fehler in der Ladungsfürsorge, wobei allerdings zu untersuchen ist, ob nicht ein den Verfrachter entlastendes „management of the ship" gegeben ist, § 607 Abs. II HGB.

nen Hinweis darauf, wann ein kommerzielles Verschulden vorliegt, gibt das Gesetz in § 607 Abs. II Satz 2 HGB. Danach ist von entscheidender Bedeutung, ob die schadensstiftende Handlung im überwiegenden Interesse der Ladung vorgenommen wurde[183].

Gemäß § 606 Satz 1 HGB erster Halbsatz trifft den Verfrachter diese Haftung vom Zeitpunkt der Annahme der Ladung bei zur Ablieferung an einen Empfangsberechtigten. Dabei setzt die Annahme im Sinne von § 606 HGB die Erlangung des unmittelbaren oder mittelbaren Besitzes am Frachtgut seitens des Verfrachters voraus. Besitzerlangung über einen Besitzdiener im Sinne von § 855 BGB ist gleichbedeutend.

Auch für die Ablieferung kommt es in gleicher Weise auf die Besitzverhältnisse an den Gütern an. Annahme und Ablieferung brauchen nicht notwendig an Bord des Schiffes zu geschehen. Sie können schon oder erst an Land durch bzw. gegenüber einer Kaianstalt oder einer Agentur der Reederei erfolgen.

1. Schlüssigkeit des Schadensersatzverlangens nach § 606 HGB, Beweislast

a) Die Behauptung der Sachbefugnis

Wer den Anspruch aus § 606 HGB erhebt, muß zunächst einmal seine Sachbefugnis, zum Beispiel durch Vorlage eines Konnossements, dartun[184]. Ist das Konnossement bei Ablieferung der Güter an den Verfrachter zurückgegeben worden, genügt die Bezugnahme auf die sich aus

---

[183] Beispiele:

Mangelhafte Stauung; geruchsempfindlicher Tee neben ungesalzenen Heringen; Holz unmittelbar über Weizen, so daß dieser nicht entlüftet werden kann und feucht wird.

Das Schiff ist für leckende Fässer verantwortlich, wenn sich herausstellt, daß die Leckage durch fehlerhafte Stauung herbeigeführt worden ist.

Mangelhafte Bewachung unterwegs:

Die Laderäume werden während der Reise nicht ausreichend verschlossen, so daß Besatzungsmitglieder Güter entwenden konnten. Oder in einem Zwischenhafen kommen Stauarbeiter an Bord, die die Ladung bestehlen, weil eine Kontrolle fehlte. Fehlerhafte Löschung und Ablieferung: Die Ladung wird verwechselt: Schaps-Abraham § 607 HGB, Anm. 15; Exchequer Court of Canada, Hansa 1952, S. 1650, ohne Verkündungsdatum.

Die Güter werden zu schnell und nicht sachgerecht entladen: RG in HansRGZ 1938 B.Nr. 141 (ohne Verkündungsdatum); *Schaps-Abraham, § 607* HGB, Anm. 15.

[184] *Schlegelberger-Liesecke*, § 606 HGB Rdz. 7, 16; *Wüstendörfer*, Seehandelsrecht, S. 270.

dem Konnossement ergebende Legitimation. Möglicherweise ist noch der Nachweis bürgerlich-rechtlicher Erwerbsgründe erforderlich[185].

b) Die Behauptung der Annahme der Güter

Sofern das Frachtgut verloren gegangen ist, genügt der Ladungsbeteiligte seiner Darlegungslast, wenn er vorträgt, der Verfrachter habe die Güter zum Seetransport angenommen.

Will der Ladungsbeteiligte jedoch den Schaden liquidieren, der ihm durch Beschädigung der Güter entstanden ist, dann muß er sich dahingehend einlassen, daß die Güter bei der Annahme durch den Verfrachter unbeschädigt waren[186].

Zum Nachweis der Anspruchsgrundlage stehen den Ladungsbeteiligten alle Beweismittel offen. So kann der Empfänger den Beweis für die Beschaffenheit der Ware durch ein Konnossement führen, das keine Mängel der Waren angibt, § 656 Abs. II HGB, sofern Unbekanntklauseln die Beweiskraft des Konnossements nicht ausschließen[187]. So war in der oben zitierten Entscheidung des Hanseatischen Oberlandesgerichts vom 13. 12. 1956 nach einem Vermerk im Konnossement die Ladung Rohkaffee in äußerlich einwandfreiem Zustande übernommen worden. Gegen die Richtigkeit dieser Angaben ließen sich keine hinreichend begründeten Bedenken erheben. Die Beweiskraft des Konnossements im Rahmen des § 656 Abs. II HGB war nicht zu erschüttern[188] [189].

c) Die Behauptung des Verlustes oder der Beschädigung der Güter

Die Ladungsbeteiligten haben weiter vorzutragen, daß die Güter entweder verloren gegangen oder aber beschädigt worden sind, *und zwar während der Zeit zwischen der Annahme und der Ablieferung.*

Es wird in der Regel nicht notwendig sein, den Verlust der Güter zu beweisen. Konnte der Verfrachter im Bestimmungshafen überhaupt keine Güter anliefern, so ist mit dieser Tatsache schon der Anspruch des Ersatzberechtigten schlüssig dargetan. Das gilt sowohl für die Frage des Verlustes als auch für die Frage nach dem entstandenen Schaden. Zu

---

[185] *Schaps-Abraham,* § 606 HGB Anm. 22.

[186] *Gramm,* S. 109, RG 8. VII. 1933 in HansRGZ 1933 B, 601; HanseatOLG 13. XI. 1956, Hansa 1958, S. 198 f.; *Wüstendörfer,* Seehandelsrecht, S. 270; *Schlegelberger-Liesecke,* § 606 HGB Rdz. 16; *Schaps-Abraham,* § 606 HGB Anm. 23.

[187] Vgl. oben S. 18.

[188] Im Stückgutfrachtvertrage kann sich auch der Befrachter auf das Konnossement und seine Beweisvermutung berufen, weil das Konnossement für ihn die Beweisurkunde des Frachtvertrages ist; *Gramm,* S. 109.

[189] Nicht dagegen der Befrachter beim Raumfrachtvertrag § 565 Abs. III HGB.

einem Nachweis dieses Umstandes und eventuell zu einer Beweislastentscheidung — der Verlust der Güter gehört zu den Voraussetzungen des Schadensersatzanspruches nach § 606 HGB und ist demzufolge von demjenigen zu beweisen, der sich auf diese Vorschrift zur Begründung seines Ersatzbegehrens beruft — wird es in der Regel nicht kommen, weil der Verfrachter in diesem Falle die fehlende Ablieferung nicht bestreiten dürfte.

Anders kann es jedoch sein, wenn der Verfrachter Güter angeboten hat, der Ersatzberechtigte jedoch die Identität der angebotenen mit den abgeladenen Gütern bestreitet[190]. Liesecke meint, der Schadensersatzberechtigte müsse in diesem Falle die Nichtidentität als klagbegründende Tatsache beweisen. Es fragt sich, ob diese Ansicht richtig ist.

Aus dem Satz, jede Partei trägt die Beweislast für den Tatbestand des ihr günstigen Rechtssatzes, folgt zweierlei:

Einmal hat diese Partei sämtliche Tatbestandsmerkmale des Rechtssatzes darzutun. Für § 606 HGB muß der Ladungsbeteiligte danach alle bisher geschilderten Voraussetzungen und den ihm entstandenen Schaden nachweisen. Dieses Postulat der Vollständigkeit ist selbstverständlich und bedarf keiner Begründung.

Hinzu kommt aber außerdem, daß die Partei auch nicht mehr als diese Merkmale zu beweisen hat. Es kommt mithin für das hier angeschnittene Problem darauf an, ob die Nichtidentität der dem Verfrachter angebotenen Güter zu den klagbegründenden Merkmalen des § 606 HGB gehört.

Die Ansicht Lieseckes könnte den Anschein erwecken, der Verfrachter habe es in der Hand, den Umfang der Beweislast des Verfrachters durch die Art seiner Einlassung zu vergrößern, indem er den Gegner veranlassen könne, die Abwesenheit von Umständen zu beweisen, die er selbst erst in den Prozeß eingeführt hat. Wenn dies für den vorliegenden Fall richtig wäre, dann allerdings muß Liesecke sich irren. Die Einlassung des Gegners kann niemals bewirken, daß eine Partei für eine Tatsache die Beweislast zu tragen hätte, die nicht ein Tatbestandsmerkmal der klagebegründenden Norm enthält[191]. Der Verfrachter kann wohl der einen oder der anderen in diesen Rahmen fallenden tatsächlichen Behauptung die Beweisbedürftigkeit nehmen und auf diesem Wege die Beweistätigkeit des Ersatzberechtigten mindern. Niemals kann er aber neue Tatsachen in diesen Rahmen fügen und damit die Beweislast der Gegenseite vergrößern[192].

---

190 *Schlegelberger-Liesecke*, § 606 HGB Rdz. 14.

191 *Rosenberg*, Beweislast, S. 163.

192 *Rosenberg*, a.a.O.; mit einer unrichtigen Zitierung *Düringer-Hachenburgs* HGB II 2, S. 284 (?)

Die Zugehörigkeit einer Behauptung (oder ihres Gegenteils) zum Klaggrunde bestimmt sich nach der Bedeutung, die sie für die Tatbestandsmerkmale der anzuwendenden Rechtsnorm hat.

Wie dies festgestellt werden kann, ist streitig[193].

Ich möchte hier Rosenberg folgen. Rosenberg will die steitige Behauptung, also die des Verfrachters, er habe die richtigen Güter abliefern wollen, in den Urteilssyllogismus aufnehmen, entweder in der Form, wie sie der Verfrachter aufgestellt hat, oder in der Form, wie sie der Ersatzberechtigte hätte aufstellen müssen, mithin, daß die Güter mit den abgeladenen Gegenständen nicht identisch seien.

Könnte man sie *in dieser Form* dazu verwenden, ein Tatbestandsmerkmal der der Klage zugrundeliegenden Norm des § 606 HGB auszufüllen — eben den Verlust der Güter in der Zeit zwischen Annahme und Ablieferung —, *in jener Form aber*, sie zu widerlegen, so trägt der Kläger, hier der Ladungsberechtigte, die Beweislast.

Andernfalls, also wenn die Behauptung, gleich in welcher Form betrachtet, weder zur Begründung noch zur Widerlegung der klagbegründenden Tatsachen dient, ist die entsprechende Einlassung des Beklagten, also des Verfrachters, entweder unerheblich oder sie muß als Voraussetzung einer rechtshindernden, rechtsvernichtenden oder rechtsausschließenden Norm in Betracht kommen, für die der Beklagte, der Verfrachter also, beweisbelastet ist.

Unter diesen Gesichtspunkten geprüft, erscheint die Behauptung des Verfrachters, er habe die richtigen Frachtgüter zur Ablieferung angeboten, als Bestreiten der Klagvoraussetzung des Verlustes der Güter, des Schadens, den der Ladungsberechtigte behauptet, die Einlassung des Ladungsberechtigten aber lediglich als Bestreiten der Behauptung des Verfrachters und als Vortrag, der seine Position im Prozeß verstärken soll. Der Ersatzberechtigte hat mithin auch die Nichtidentität als klagbegründende Tatsache zu beweisen[194].

Hat der Verfrachter die Güter abliefern können, so ist im übrigen § 363 Abs. II BGB anwendbar.

---

[193] Auf Einzelheiten kann hier nicht eingegangen werden. Vergleiche hierzu: *Fitting*, ZZP 13, S. 61 ff., der darauf abstellt, ob „der Kläger auf die Erklärungen des Beklagten hin lediglich bei seiner früheren Klagbegründung stehenbleiben kann oder ob er genötigt ist, seinerseits die Darstellung des Beklagten zu bestreiten". Hierzu *Rosenberg*, Beweislast, S. 247.

[194] Meist wird der Zweifel allerdings schon dadurch behoben sein, indem dargetan wird, was abgeladen ist (*Schlegelberger-Liesecke*, § 606 HGB, Rdz. 14, 15).

[195] *Gramm*, S. 109.

Der Ladungsbeteiligte hat letztlich zu behaupten und erforderlichenfalls zu beweisen, daß die Güter bei der Auslieferung im Bestimmungshafen beschädigt waren und den Schaden darzulegen[195]. Der Nachweis der Beschädigung wird durch die in §§ 610, 611 Abs. II HGB erwähnte Besichtigung vor der Übernahme und Feststellung seitens eines Sachverständigen bei der Auslieferung erleichtert.

d) Die Behauptung des Schadens

Der Ursachenzusammenhang zwischen Schaden und Verlust oder Beschädigung der Güter ist zu behaupten. Dagegen braucht die konkrete Ursache des Verlustes oder der Beschädigung nicht vorgetragen zu werden[196]. Der Ersatzberechtigte ist außerdem gehalten, die Höhe des Schadens anzugeben[197].

2. *Die Entlastungspflicht des Verfrachters*

a) Die Wirkung der Vermutung des § 606 Satz 2 HGB

Der Verfrachter haftet nur für Ladungsschäden aus kommerziellem Verschulden, wenn der Verlust oder die Beschädigungen auf Umständen beruhen, die durch die Sorgfalt eines ordentlichen Verfrachters abgewendet werden konnten. § 606 Satz 2 HGB.

Wie jeder Schadensersatzanspruch, es sei denn, es handelt sich um einen Fall der Gefährdungshaftung, setzt auch der Anspruch aus § 606 HGB ein Verschulden des Schädigers voraus. Dieses Verschulden wird nach § 606 Satz 2 HGB vermutet, und zwar sowohl das Verschulden des Verfrachters selbst, als auch das fremde Verschulden seiner Leute und der Schiffsbesatzung, für das er nach § 607 Abs. I HGB einzustehen hat[198].

§ 606 Satz 2 HGB enthält eine gesetzliche Tatsachenvermutung[199].

Normalerweise müßte der Ladungsbeteiligte als Gläubiger einer Schadensersatzforderung, die nicht auf einen Tatbestand der Gefährdungshaftung gestützt wird, das Verschulden des Verfrachters behaupten und notfalls beweisen. Hat er jedoch die Annahme der Güter im Abladehafen, ihren Verlust oder ihre Beschädigung und ferner einen Schaden dargetan

[196] *Schlegelberger-Liesecke*, § 606 HGB Rdz. 14.

[197] Siehe unten, S. 245 ff.

[198] *Gramm*, S. 109; Reinbeck, HansRGZ 1928 A, Sp. 626 und die dort angegebene Rechtsprechung.

[199] § 16 Ziffer 1 des Einführungsgesetzes zur Zivilprozeßordnung vom 30. Januar 1877 hatte Vermutungen als „Vorschriften des bürgerlichen Rechts" definiert, „nach welchen unter bestimmten Voraussetzungen eine Tatsache ... als gewiß anzusehen ist". § 198 des ersten Entwurfes eines Bürgerlichen Gesetzbuches hatte sich noch so ausgedrückt: „Wenn das Gesetz vorschreibt, daß eine Tatsache vermutet werde, so gilt dieselbe für erwiesen".

und, wenn der Verfrachter dies bestreitet, dafür auch den Beweis erbracht, wird ein haftungsbegründendes Verschulden des Verfrachters vermutet, § 606 Satz 2 HGB.

Dem Verfrachter wird die Behauptung und der Nachweis aufgezwungen, man habe bei der Behandlung der Ladung alle erforderliche Sorgfalt eines ordentlichen Verfrachters aufgewandt. Die Vermutung des § 606 Satz 2 HGB stellt sich also als Beweislastregel dar. Sie bewirkt im Hinblick auf den „idealen"[200] Tatbestand einer schuldhaften Schadenszufügung eine Veränderung der Behauptungs- und der Beweislast. Der Verfrachter muß das Nichtvorliegen eines Verschuldens, das er vertreten muß, darlegen und behaupten. Es ist nicht Sache des Anspruchsberechtigten, seinen Vortrag im Hinblick auf ein Verschulden der Gegenseite zu ergänzen.

In diesem Zusammenhang ist zu bemerken, daß Schneider[201] nicht gefolgt werden kann, wenn er meint, durch eine Vermutung werde die Beweislast nicht geändert, nur das Thema des Beweises wandele sich. Diese Unterscheidung erscheint nicht einleuchtend. Es kann keine Rede sein, daß darüber im Schrifttum Einigkeit besteht[202]. Einhelligkeit herrscht nur insoweit, als gesagt wird, durch eine Vermutung werden die Grundsätze der Beweislastverteilung nicht berührt[203], weil grundsätzlich die zu beweisenden Voraussetzungen der Vermutung ganz andere sind als die „idealen"[204] Voraussetzungen der Rechtswirkung, um deren Eintritt es geht. Daß sich im Falle des § 606 HGB die Vermutungsvoraussetzungen mit den Voraussetzungen des „idealen" Haftungstatbestandes eines kommerziellen Verschuldens decken, kann an dieser Beurteilung der Sachlage nichts ändern.

Umstritten ist, inwieweit gegebenenfalls die Behauptungslast durch die gesetzliche Vermutung betroffen wird. Mit Rosenberg[205] und anderen[206] [207] ist als ausreichend anzusehen, wenn die Vermutungsbasis behauptet und gegebenenfalls bewiesen wird[208].

---

[200] *Rosenberg*, Beweislast, S. 216.

[201] JZ 1957, S. 620.

[202] *Schneider*, a.a.O.

[203] *Rosenberg*, Beweislast, S. 217; *Stein-Jonas-Schönke*, ZPO § 292 Anm. II 1; *Schönke-Schröder-Niese*, S. 262; *Hoche*, Zivilprozeßrecht, S. 259.

[204] *Rosenberg*, Beweislast, S. 217.

[205] Beweislast, S. 218.

[206] *Stein-Jonas-Schönke*, § 292 ZPO Anm. II 2; *Schönke-Schröder-Niese*, S. 262; *Hoche*, Zivilprozeßrecht, S. 259; *Dänzer*, S. 125 (63); *Kühn*, S. 105.

[207] Anderer Ansicht *Hedemann*, Vermutung, S. 283 ff.; *Beckh*, S. 90 a. E.; *Endemann*, Lehrbuch Bd. I, S. 481 (1); *Förster-Kann*, ZPO § 292 Anm. 3; *Lent*, ZZP 65, S. 357 f.

[208] So auch *Schneider*, JZ 57, S. 620.

b) Die Verfrachterentlastung im einzelnen

Es fragt sich nunmehr, welche Möglichkeiten der Verfrachter hat, sich gegenüber einer Inanspruchnahme aus § 606 HGB zu entlasten.

aa) Der Verfrachter kann zunächst die Behauptungen des Ladungsberechtigten bestreiten und, sofern das Gericht sie als bewiesen betrachtet, den Gegenbeweis antreten.

Dieser Beweis kann sich einmal auf die vom Anspruchsberechtigten vorgetragenen Tatsachen beziehen, Er ist dann echter Gegenbeweis im Sinne der Zivilprozeßordnung[209] mit allen sich daraus ergebenden Beschränkungen der Beweismittel und der Besserstellung des Beweisführers, der lediglich die richterliche Überzeugung von der Wahrheit der bestrittenen, klagbegründenden Tatsachen des Anspruches aus § 606 HGB zu erschüttern braucht.

bb) Der Verfrachter kann den Beweis des Gegenteils führen, das heißt, den Beweis, daß die vom Gesetz vermutete Tatsache, sein kommerzielles Verschulden, nicht vorliege[210].

Die Regelung des § 606 HGB ist Ausdruck eines Rechtssatzes im internationalen Bereich. Der Verfrachter hat sich allenthalben von der Schuld zu entlasten. Dies ist im französischen Rechtskreis[211], in Skandinavien[212], in der Britischen Carriage of Goods by Sea Act 1924[213] anerkannt.

Damit hat der Verfrachter einen Hauptbeweis zu führen. Ihm stehen alle Beweismittel zur Verfügung, daher auch, sofern die sonstigen Voraussetzungen erfüllt sind, §§ 445 ff. ZPO, die Vernehmung des Ersatzberechtigten als Partei[214]. Allerdings dürfte dieser Beweis für den Verfrachter normalerweise nicht leicht sein. Er wird ihn gemeinhin nur dann führen können, wenn es ihm gelingt, die Umstände, auf die der Verlust oder die Beschädigung der Güter zurückgeführt werden muß, aufzuklären[215]. Jedenfalls kann es nicht genügen, wenn der Verfrach-

---

209 *Baumbach-Lauterbrach*, Einf. 3 zu §§ 282–294 ZPO.

210 *Rosenberg*, Beweislast, S. 360.

211 Cour de Cassation, 12. XI. 1958, DMF 1959, S. 141.

212 HR Art. IV 2 q.

213 14 u. 15 Geo. 5, c. 22 nebstAnlang (*Schedule*); *Wüstendörfer*, Seehandelsrecht, S. 271.

214 *Rosenberger*, Beweislast, S. 222; *Rosenberg*, Zivilprozeßrecht, S. 539, 553; *Stein-Jonas-Schönke*, § 292 ZPO Anm. II 2; *Baumbach-Lauterbach*, ZPO § 292 ZPO § 292 ZPO Anm. 2 B.

215 *Wüstendörfer*, Seehandelsrecht, S. 270; *Schlegelberger-Liesecke*, § 606 HGB Rdz. 16, 17; *Schaps-Abraham*, § 606 Anm. 28.

ter lediglich dartut, er sei allgemein sorgfältig verfahren[216]. Er muß die Schadensursache schon im eigenen Interesse aufklären.

Zwar hat der Verfrachter die Möglichkeit, die laufende sorgfältige Behandlung der Ladung unter Beweis zu stellen. Er kann das sachgemäße Einladen, Stauen, Behandeln während der Reise und der Ausladung dartun und beweisen. Dabei hängt es von der Art der Güter und der besonderen Verhältnisse des Schadens ab, ob dieser Beweis gelingt. Entscheidend ist, mit welcher Überzeugungskraft und Lückenlosigkeit der Nachweis der sorgfältigen Behandlung geführt wird[217]. Daraus aber ergibt sich die Schwierigkeit der Position des Verfrachters. Bei diesem Beweis handelt es sich um einen negativen Beweis „ins Blaue". Ohne Anhalt an eine konkrete Schädigungsursache hat der Verfrachter alle Umstände soweit darzutun und zubeweisen, daß auf einen Kausalverlauf, der seinen Anfang in einer schuldhaften Handlung oder einem schuldhaften Unterlassen des Verfrachters oder seiner Leute, für deren Verschulden er einzustehen hat, nach menschlichem Ermessen nicht geschlossen werden kann[218]. Für bestimmte Waren, bei denen eine Serie von Diebstahlschäden vorgekommen ist, wird der Verfrachter beispielsweise darzutun haben, daß bei späteren Verfrachtungen derselben Güter diese in einem verschließbaren Verschlag an Bord gelassen worden sind, bis die zur Weiterbeförderung bestimmten Fahrzeuge am Kai zur Beladung bereitstanden und für die Dauer der Entlöschung an Deck oder auf dem Kai Posten aufgestellt worden sind[219].

Er wird bei hitzeempfindlichen Waren sich dahin erklären müssen, die Güter seien nicht über Tieftanks gestaut worden, die zum Zwecke des Auspumpens von Öl erhitzt werden müssen. Das gilt insbesondere für Weine und Lebensmittel. Bemerkt sei hier noch, daß solche Ladungen nicht im Unterraum 3 von Liberty-, Victory-, C1-, C2- oder C3-Schiffen verladen werden dürfen.

---

[216] RG 4. I. 1908, RGZ Bd. 67, S. 304; *Wüstendörfer*, Seehandelsrecht, S. 270; *Götz*, S. 159; *Schlegelberger-Liesecke*, § 606 HGB Rdz. 17, 18; *Schaps-Abraham*, § 606 Anm. 28, 29.

[217] *Götz*, S. 159 mit Beispielfällen.

[218] *Gramm*, S. 109; *Kuhl*, Hansa 1927, S. 1723; *Röhreke*, Hansa 1952, S. 225, S. 251; RG 8. VII. 1933, RGZ Bd. 141, S. 315 (319); RG 2. IV. 1907, RGZ 66, S. 39 (42).

[219] Vergleiche hierzu die Veröffentlichung des Deutschen Transportversicherungsverbandes „Empfehlungen an die Reedereien zur Schadensverhütung beim Warentransport, Übersetzung aus „Loss Prevention Recommendations" der „International Union of Marine Insurance" und den Jahresbericht der Liverpool Steam Ship Owner Association 1951, abgedruckt in Fair Play v. 29. III. 1951, S. 725 ff.

Den Beweis ordnungsgemäßen Stauens erleichtert sich der Verfrachter häufig mit sogenannten Stauungs- oder Garnierungsattesten[220], die von einem vereidigten Ladungs- oder Lukenbesichtiger ausgestellt worden sind. Über die Witterungsverhältnisse — zur Klärung der Frage, welche Maßnahmen der Ladungsbehandlung während der Reise geboten waren — geben das Schiffstagebuch und die Wetterberichte der Seewetterstationen Auskunft. Die Unterbringung der Ladung bescheinigen die Staupläne.

Jedes non liquet geht zu Lasten des Verfrachters. Er haftet alsdann[221].

Die Anforderungen an die Beweispflicht des Verfrachters dürfen jedoch nicht überspannt werden[222]. Gerade bei Ereignissen auf hoher See ist es oftmals schwierig, restlos aufzuklären, welche Maßnahmen getroffen worden sind, um schädigende Einflüsse von der Ladung fernzuhalten. Insbesondere mit Rücksicht auf den komplizierten Organismus eines hochseegehenden Frachtschiffes und die Vielzahl der Verrichtungen, die erforderlich sind, um einen sicheren Schiffsbetrieb zu gewährleisten. So wird man nicht verlangen können[223], daß stets darzutun sei, es läge bezüglich aller in Betracht kommenden Schadensursachen kein Verfrachterverschulden vor[224].

Prozessual besser steht sich der Verfrachter, wenn er die konkrete Schadensursache aufklärt. Er braucht dann lediglich zu behaupten und zu beweisen, daß er ihren Eintritt trotz aller Sorgfalt eines ordentlichen Verfrachters nicht habe abwenden können. Es kann dabei genügen, wenn alle nach der damaligen Sachlage[225] zu erwartenden Maßnahmen getroffen worden sind. Er vermeidet damit den nicht leichten Weg der allgemeinen Verschuldensentlastung.

cc) Der Verfrachter kann auch dartun, daß mehrere Umstände als schädigende Ursachen für den eingetretenen Schaden in Betracht kommen.

Er muß sich dann allerdings hinsichtlich aller dieser möglichen Ursachen von der Schuld entlasten[226].

---

220 *Schlegelberger-Liesecke*, § 606 HGB Rdz. 18.

221 *Wüstendörfer*, Seehandelsrecht, S. 270; RG 8. VII. 1933, RGZ Bd. 141, S. 318 f.

222 RG 11. IV. 1933, HansRGZ 1933 B 324; *Schlegelberger-Liesecke*, § 606 HGB Rdz. 18 f.; *Wüstendörfer*, Seehandelsrecht, S. 270.

223 RG 20. IV. 1907, RGZ Bd. 66, S. 39; *Sieg*, MDR 1956, S. 708.

224 *Schlegelberger-Liesecke*, § 606 HGB Rdz. 18.

225 *Schlegelberger-Liesecke*, a.a.O.; *Schaps-Abraham*, § 606 HGB Anm. 30.

226 HanseatOLG 9. VII. 1931, HansRGZ 1931 B Nr. 244 Geruchsbeschädigung einer Partie Kaffee; *Wüstendörfer*, Seehandelsrecht, S. 270.

Man wird auch insoweit nicht allzu strenge Anforderungen an den Entlastungsbeweis des Verfrachters stellen dürfen. Wüstendörfer meint, der Verfrachter entlaste sich schon, wenn er sowohl für die Schadensursache als auch für die Schuldentlastung ausreichende „Wahrscheinlichkeitsmomente“ beibringt, so daß ein unverschuldeter Gesamthergang erklärlich wird[227].

Ebenso vertritt Liesecke[228] die Ansicht, der Verfrachter entlaste sich, wenn er die hohe Wahrscheinlichkeit eines bestimmten Schadensherganges dartue und beweise, er habe sie *nicht verschuldet*.

Dem ist ohne Zweifel zuzustimmen. Wüstendörfer wie auch Liesecke stellen auf die Feststellung eines bestimmten Kausalverlaufes ab. Liesecke verlangt im Hinblick darauf den Nachweis mangelnden Verschuldens, ohne allerdings auf die Anforderungen einzugehen, denen dieser Beweis unterliegen muß. Wüstendörfer geht weiter, er läßt einen genügend hohen Grad von Wahrscheinlichkeit ausreichen. Beide Verfasser gebrauchen in diesem Zusammenhang die im Schrifttum sehr häufige Umschreibung des sogenannten prima-facie-Beweises. Die Möglichkeit, sich nach den Regeln des prima-facie-Beweises oder, wie Wüstendörfer und Liesecke sagen, mittels Wahrscheinlichkeitsmomenten zu entlasten, hat der Verfrachter jedoch dann nicht, wenn er den Ursachenzusammenhang, der zur Schädigung oder zum Verlust der Ladung geführt hat, nicht aufdecken kann und nunmehr gehalten ist, sich allgemein von dem ihm zu Lasten vermuteten Verschulden bei der Ladungsfürsorge zu befreien. Wir haben festgestellt[229], daß der prima-facie-Beweis auf Erfahrungssätzen beruht und Anknüpfungspunkte dieses Beweises Tatsachen sind, die derjenige zu beweisen hat, der daraus seine Vorteile zieht. Das haben auch Wüstendörfer und Liesecke in den hier angezogenen Zitaten ausgedrückt. Für den prima-facie-Schuldbeweis ist es danach erforderlich, aber auch genügend, wenn eine Regelwidrigkeit oder Pflichtverletzung dargetan wird, welche die tatsächliche Folgerung gebietet, nur die Verabsäumung der Sorgfalt eines ordentlichen Verfrachters oder der Leute, deren Verschulden er zu vertreten hat, § 607 I HGB, habe den Schaden herbeigeführt[230].

---

[227] *Wüstendörfer*, Seehandelsrecht, S. 270.

[228] *Schlegelberger-Liesecke*, § 606 Rdz. 21.

[229] Vgl. oben, S. 27 ff.

[230] So für den Schuldbeweis einhellig die Rechtsprechung. Beispielsweise RG 21. XI. 1908 RGZ Bd. 69, S. 432; RG 22. V. 1911 RGZ Bd. 76, S. 297; RG 16. X. 1912, RGZ Bd. 80, S. 235; RG 7. X. 1918, RGZ Bd. 94, S. 12; RG 27. III. 1929, RGZ Bd. 124, S. 49; RG 7. XI. 1931, RGZ Bd. 134, S. 237; RG 30. III. 1942, RGZ Bd. 169, S. 84 (91); BGH 18. XII. 1952, BGHZ Bd. 8, S. 239 ff; OGHBrZ 1. VI. 1950, NJW 1951, S. 26.

Nicht anders kann es für die prima-facie-Schuldentlastung des Verfrachters im Rahmen des § 606 HGB sein. An den maßgeblichen Tatsachen fehlt es jedoch, wenn die Ursache der Schädigung unaufgeklärt bleiben muß.

Der Verfrachter ist deshalb gezwungen, den Ablauf der Verfrachtung mit Abladung, Transport, Ladungsbehandlung und Ablieferung an den Ladungsbeteiligten genau und möglichst umfassend zu schildern und notfalls zu beweisen, welche Maßnahmen er zum Schutze der Ladung während seines Haftungszeitraumes getroffen hat.

Sache des Gerichtes ist es sodann, zu entscheiden, ob alle diese Maßnahmen angemessen und ausreichend waren.

Wenn in der Praxis anerkannt ist, daß an diesen fraglos schwierigen Beweis nicht zu strenge Anforderungen gestellt werden dürfen, heißt das lediglich, der Verfrachter brauche nicht stets darzutun, ihn treffe bezüglich aller in Betracht kommender Schadensursachen kein Verschulden, sondern daß er alles getan habe, was mit Rücksicht auf die betreffende Ladung, die bestimmte Frachtreise, gemeinhin im Seefrachtgeschäft erforderlich sei. Es sind dies objektive Maßstäbe. Maßgebend sind hier insbesondere die Hinweise und Empfehlungen der Ladungsversicherer.

Es ist im Interesse der Ladung geboten, wenn der Verfrachter besonders nachhaltig seine Fürsorgepflichten erfüllt. Die Entlastungspflitcht des Verfrachters übt insoweit einen Druck auf ihn aus. Doch darf dies nicht dazu führen, dem Verfrachter in den Fällen, in denen sich der Schadensablauf im einzelnen nicht mehr aufklären läßt, praktisch jede Möglichkeit zu nehmen, sich zu entlasten. Denn es wird sich praktisch niemals beweisen lassen, daß im Hinblick auf alle denkbaren Schadensursachen im Seefrachtverkehr sorgfältig gehandelt worden ist.

c) Der positive Beweis

Der Verfrachter kann Umstände als Schadensursache nachweisen, die er nicht vertreten muß:

Etwa höhere Gewalt, Zufallsereignisse. Insbesondere wird auf den Katalog des § 608 HGB verwiesen.

Sache des Ladungsbeteiligten ist es dann, zu beweisen, daß der Schaden aus diesen Gefahren entweder gar nicht hat entstehen können oder daß der Verfrachter den Eintritt dieser Umstände zu vertreten hat.

Der Verfrachter kann sich außerdem entlastend auf das ausschließliche Verschulden der Ladungsbeteiligten oder deren Stauer berufen.

Liegt sowohl seitens des Verfrachters als auch der Ladungsbeteiligten ein Verschulden vor, gilt § 254 BGB. Besteht das Verschulden in mangelhafter Verpackung, so trifft allerdings unter Umständen ein überwiegendes Verschulden den Verfrachter, weil dieser es unterlassen hat, den Ladungsbeteiligten[231] auf die Mängel aufmerksam zu machen.

Die Beweis- und Behauptungslast ist bei der Frage des ausschließlichen oder mitwirkenden Verschuldens nach allgemeinen Regeln verteilt, wonach der Verfrachter die Tatsachen, die dafür sprechen, beweisen muß.

3. Die zwingende Haftung für kommerzielles Verschulden

Die Verpflichtungen des Verfrachters aus den Vorschriften der §§ 563 Abs. II, 606 bis 608 HGB, die Schadensersatzansprüche der Ladungsberechtigten regeln, können, wenn ein Konnossement ausgestellt ist, durch Rechtsgeschäft im voraus weder beschränkt noch überhaupt ausgeschlossen werden, § 662 HGB. Der Zwang des Gesetzes umfaßt zunächst die rein materiellrechtliche Verpflichtung des Verfrachters, für den Schaden, der auf einer Verletzung der Sorgfalt eines ordentlichen Verfrachters hinsichtlich der Ladungsfürsorge beruht, aufzukommen. Inwieweit damit zugleich die prozessuale Frage der damit zusammenhängenden Behauptungs- und Beweislast der am Seefrachtgeschäft Beteiligten gelöst ist, ist streitig[232].

II. Die Haftung für kommerzielles Verfrachterverschulden nach dem Deutschen Einheitskonnossement 1940 und anderen Linienkonnossementen

1. Inhalt der Regel II DEK 1940

Das DEK 1940 wiederholt in Regel II Ziffer 1 in gedrängter Form den Sinngehalt des Gesetzes, § 606 HGB. Eingangs wird bestimmt, der Verfrachter hafte für kommerzielles Verschulden nur, „soweit nicht nachstehende Ausnahmen festgesetzt sind“[233].

Zunächst schließt Regel II Ziffer 1 die Haftung des Verfrachters für den Fall aus, daß der Verlust oder die Beschädigung nicht durch die Sorgfalt eines ordentlichen Verfrachters abgewendet werden konnte. Dies entspricht dem Gesetz in § 606 Satz 2 HGB.

Macht also einer der Ladungsbeteiligten gegenüber dem Verfrachter einen Schadensersatzanspruch wegen kommerziellen Verschuldens hinsichtlich der Ladungsfürsorge geltend, so ist nach dem DEK 1940 die mate-

---

[231] Etwa den Befrachter.

[232] Davon wird auf S. 56 ff. gehandelt werden.

[233] In gleicher Weise war schon die Regel I des Deutschen Einheitskonnossements 1912 aufgebaut.

rielle Rechtslage wie auch die Frage der Verteilung der Behauptungs- und Beweislast im Streitfalle die gleiche.

Nach Ziffer 4 hat der Verfrachter übereinstimmend mit dem Gesetz ein Verschulden seiner Leute oder der Schiffsbesatzung im gleichen Umfang wie eigenes Verschulden zu vertreten. Ziffer 5 stimmt nahezu wörtlich mit § 607 Abs. II Satz 1 HGB überein. Der Verfrachter hat bei nautisch-technischem Verschulden nur eigenes Verschulden zu vertreten. Die Regel weicht insoweit vom Gesetz ab, als dort nicht der Feuerschadensfall geregelt ist.

Wesentliche Unterschiede zum Gesetz weisen demgegenüber die Vorschriften der Ziffern 2 und 3 der Regel II auf. Hierbei kann die materiellrechtliche Regelung der Ziffer 3 von der primär beweisrechtlichen Regelung der Ziffer 2 unterschieden werden. Regel II Ziffer 3 schafft eine Ausnahme von der in Ziffer 1 festgelegten grundsätzlichen, in Übereinstimmung mit dem Gesetz festgelegten Haftung des Verfrachters.

„Der Verfrachter haftet für einen durch Verlust oder Beschädigung der Güter beim Einladen, Stauen oder Ausladen entstandenen Schaden unbeschadet seiner Überwachungspflicht dann nicht, wenn der Ladungsberechtigte das Einladen, Stauen oder Ausladen übernommen hat."

Dieser Wortlaut deckt sich zwar im ersten Blicke mit § 607 Abs. I HGB, wonach der Verfrachter nur für seine eigenen Leute, nicht aber für die Leute der Ladungsbeteiligten haften muß. § 662 erhärtet aber nicht nur die Regelung des § 607 HGB zu zwingendem Recht, sondern umfaßt auch die Vorschrift des § 606 HGB. Und hier, betrachtet man § 606 HGB im Vergleich mit Regel II Ziffer 3 DEK 1940, entstehen in der Tat erhebliche Zweifel. Jedenfalls kann Lebuhn[234] nicht ohne weiteres gefolgt werden, wenn er ausführt, daß Gesetz bestimme nur, daß der Verfrachter bei den Vorgängen der Ladungsfürsorge mit der Sorgfalt eines ordentlichen Verfrachters „zu verfahren" habe. Das Gesetz setze eine Verpflichtung zum Einladen usw. voraus, begründe diese aber nicht.

Eine derartige Feststellung läßt der Wortlaut des Gesetzes nicht zu. Die Ansicht, die Verpflichtung des Verfrachters zum Einladen, Stauen und Ausladen könne ausgeschlossen werden, da § 662 HGB dem nicht entgegenstehe, ist insoweit nicht gesichert.

Der Wortlaut des § 606 Satz 1 HGB ist im Hinblick auf die Pflichten des Verfrachters neutral. Hat der Verfrachter beim „Einladen, Stauen und Ausladen der Güter mit der Sorgfalt eines ordentlichen Verfrachters zu verfahren", dann kann daraus ebensogut seine Pflicht abgelesen werden, diese Tätigkeiten selbst oder mit eigenen Leuten zu besorgen[235],

---

[234] Linienkonnossement, S. 28 ff.; Neuzeitl. Konnossementsfragen, S. 18.

[235] *Schnitter*, S. 27.

so daß sich dann aus § 606 Satz 1 in Verbindung mit § 662 HGB ein Freizeichnungsverbot ergeben könnte.

Wie zu entscheiden ist, hängt von der Auslegung des Wortlautes des § 606 HGB ab. Anhalt gibt schon die jüngere Entstehungsgeschichte dieser Vorschrift. Sie wurde durch das Änderungsgesetz 1937 in das Handelsgesetzbuch eingefügt und geht auf Artikel III § 2 der Haager Regeln zurück.

Die amtliche deutsche Übersetzung des Artikel III § 2 HR[236] lautet:

„... soll der Unternehmer verpflichtet sein, die zu befördernden Güter sachgemäß und sorgfältig einzuladen, zu behandeln, zu stauen, zu befördern, zu bewahren, zu betreuen und auszuladen."

Dieser Text sichert ohne Zweifel die absolute Verpflichtung des Verfrachters, die bezeichneten Maßnahmen selbst und in eigener Verantwortung auszuführen. Ebenso der amtliche englische Wortlaut des Artikels III § 2:

„... the carrier shall properly and carefully load, handle ... etc ..."

In den angelsächsischen Ländern ist demzufolge auch die absolute Verpflichtung des Verfrachters Gesetz geworden[237].

Im Gegensatz dazu zeigt sich der französische Text großzügiger:

„Le transporteur ... procédera de façon appropriée et soigneuse au chargement ..."

Er kann eine Eigenverpflichtung des Verfrachters wie im englischen Rechtskreis nicht begründen.

Der deutsche Gesetzgeber hat den französischen Text fast im Wortlaut übernommen. Er hat damit zu erkennen gegeben, daß entsprechend der französischen Ansicht auch nach deutschem Recht der Verfrachter nicht gezwungen sein soll, auf jeden Fall in eigener Regie und Verantwortlichkeit das Einladen, Stauen und Ausladen der Güter zu besorgen[238 239].

Lebuhn kann seine Ansicht auch nicht ausschließlich auf § 607 Abs. I HGB stützen.

Denn wenn § 606 HGB den Verfrachter zu einer Eigentätigkeit zwingend verpflichtet, er sich mithin nicht dadurch befreien kann, daß er den Ladungsbeteiligten das Einladen, Stauen und Ausladen überläßt, muß er sich notwendig auch das Verschulden der Leute der Ladungsberechtigten zuschreiben lassen. Dann werden aber die Leute der Ladungsbeteiligten kraft gesetzlicher Vorschrift als Leute des Verfrachters tätig, für deren Verschulden er einzustehen hätte. Ausgang der Stellungnahme

---

236 Abgedruckt in *Laun-Lindenmaier*, II. Abschnitt, See-Privatrecht, Ziffer 22 a, S. 177.

237 *Scrutton*, S. 474, comment on Art III Rule 2.

238 So auch *Schnitter*, S. 28.

zu dem hier angesprochenen Fragenkreis kann nur der Wortlaut des Gesetzes sein und die daran anknüpfende Auslegung. Dieser Wortlaut spricht allerdings für Lebuhn.

Hinzu kommt außerdem, daß Regel II Ziffer 3 DEK 1940 den Verfrachter nur „unbeschadet seiner Überwachungspflicht“ entlastet. Da insoweit gemäß § 606 HGB noch die Sorgfalt eines ordentlichen Verfrachters verlangt wird[240], wird dem zwingenden Inhalt dieser Bestimmung Rechnung betragen, obwohl dies nach der hier vertretenen Ansicht zu § 606 HGB nicht geboten erscheint.

Wenn also Regel II Ziffer 3 materiellrechtlich den Haftungsausschluß bei „Frei-Laden und Löschen“[241] wirksam vorsieht, ergibt sich für diese Klausel eine Verteilung der Behauptungs- und Beweislast, die nach den allgemeinen Regeln vom Grundsatz und einer zulässigen Ausnahme dem Verfrachter auferlegt, folgendes zu behaupten und zu beweisen:

a) Der Schaden ist beim Einladen, Stauen oder Ausladen entstanden.
b) Die Ladungsberechtigten haben diese Tätigkeiten in eigener Verantwortung und Regie durchgeführt.

2. *Regelungen anderer Konnossemente*

Diese Regelung des DEK 1940 ist allgemein gebräuchlich. Sie findet sich in den Klauseln einer Reihe Linienkonnossemente deutscher Reedereien. Genannt seien:

Joint Service Dampfschiffahrtsgesellschaft „Neptun“ Bremen, Regel A 1;
Hamburg-Südamerikanische Dampfschiffahrts-Gesellschaft Eggert & Amsinck, Regel II 3;
Deutsche Afrika-Linien Woermann-Linie, Regel 11.

3. *Freizeichnung von Landschäden*

a) Übliche Klauseln

Nahezu alle Konnossemente enthalten eine Freizeichnung des Verfrachters für Landschäden. Sie beschränken seine Haftung für kommerzielles Verschulden auf den Zeitraum zwischen der Einladung und der Ausladung der Güter:

The goods to be taken (to be delivered) from the ship's deck where the ships' responsibility shall cease.

---

239 Vgl. auch die amtliche Begründung des Gesetzes vom 18. August 1937, Deutscher Reichs- und Staatsanzeiger 1937 Nr. 186, die ausdrücklich vermerkt, daß sich das Gesetz an die französische Ansicht anlehnt.

240 *Schnitter*, S. 29 zustimmend.

241 *Lebuhn*, Linienkonnossement, S. 28.

The ship's responsibility to cease immediately the goods are discharged from the ship's deck.

Die Güter sind auszuliefern von Deck des Schiffes, wo dessen Verantwortlichkeit aufhört.

DEK 1940 Regel II Ziffer 2

The carrier shall not be liable in any capacity ... before the goods enter ship's tackle to be loaded or after the goods leave ship's tackle ...

Die Haftung des Reeders erlischt auf jeden Fall mit der Entlöschung der Ware.

The responsibility of the carrier shall commence only when the tackle of the carrier's ship is hooked onto the cargo for loading and cease absolutely when such tackle is unhooked in the process of discharging[242].

Diese Freizeichnung entspricht den Haager Regeln, Art. I Buchstabe e.

In einer Vielzahl von Häfen haben sich die Arbeitsverhältnisse für Hilfskräfte, deren sich die Verfrachter zur Durchführung ihrer Transportverpflichtungen bedienen müssen, sehr zum Nachteil der Verfrachter entwickelt. Ein allgemeines Absinken der Moral ist festzustellen[243]. Die Reeder sind nicht mehr in der Lage, vor allem in nordeuropäischen Häfen[244], sich ihre Leute für den Lade- und Löschvorgang auszuwählen, noch deren Arbeitsweise ordnungsgemäß zu überwachen[245]. Vgl. in diesem Zusammenhang die Türkeiklausel des Konnossements der Deutschen Levantelinie G. m. b. H.:

„In Istanbul, Izmir und anderen türkischen Häfen erfolgt die Löschung aus dem Raum des Schiffes für Rechnung und Gefahr des Empfängers. Die Verantwortung des Schiffes erlischt in jedem Fall, sobald die Güter aus dem Raum gehievt werden."

Außerdem ist es praktisch unmöglich, bei deutschen Firmen Versicherungsschutz gegen Fälle der Ladungsberaubung zu erhalten[246].

Die Haager Regeln und entsprechend auch das deutsche Seefrachtrecht haben die zwingende Haftung des Schiffes für die Ladung auf die Zeit von der Einladung bis zur Ausladung begrenzt (Art. VII, Art. I e, HR, §§ 606, 662, 663 HGB). Grundsätzlich wird gemäß § 606 HGB für die

---

242 Vgl. auch *Knauth*, The American Law of Ocean Bills of Lading, S. 114 „from tackle to tackle".

243 Jahresbericht der Liverpool Steam-Ship Owner Association 1951, veröffentlicht in Fair Play V. 29. III. 1951, S. 725 ff.

244 Meist schon wegen der gespannten Arbeitsmarktlage in den betreffenden Häfen.

245 *Röhrecke*, Hansa 1952, S. 223.

246 *Behm*, Hansa 1951, S. 364.

Zeit von der Annahme bis zur Ablieferung gehaftet. Für die Zeit vor der Einladung und nach der Ausladung bleibt jedoch dem Verfrachter ein Spielraum offen, für den er sich freizeichnen kann[247]. Auch das DEK 1940 wie auch die anderen beispielhaft auf Seite 100 genannten Konnossemente machen neben fast allen üblichen[248] Konnossementen deutscher Verfrachter von dieser Freizeichnungsmöglichkeit Gebrauch:

DEK 1940 Regel II Ziffer 2:

Der Verfrachter haftet nur ... in der Zeit von der Einladung bis zur Ausladung der Güter ...

allerdings mit dem Zusatz:

Unberührt bleibt eine etwaige Haftung des Verfrachters für Güter, die er in eigenen Gewahrsam und eigene Obhut genommen hat[249].

b) Inhalt der Freizeichnungen. Allgemeines

Diese Klauseln, sie werden gemeinhin „Kaifreizeichnungsklauseln“ genannt[250], verengen den räumlichen und zeitlichen Bereich der Receptumshaftung des Verfrachters durch den Ausschluß der Haftung des Schiffes für die Schäden, die der Ladung nicht mehr oder nicht erst an Bord entstanden sind. Gleichzeitig wird damit die Haftung des Verfrachters für die Kaianstalten als dessen Erfüllungsgehilfen bei der Verpflichtung, die Güter dem Empfänger abzuliefern, ausgeschaltet.

Soweit der Verfrachter sich nicht freigezeichnet hat, haftet er dem Empfänger nach Maßgabe seiner Konnossementsbedingungen für den Landschaden nach § 606 HGB. Er hat dabei auch für das Verschulden des Kais gemäß § 606 HGB i. Verb. m. § 278 BGB einzustehen[251].

In den seltenen Fällen, in denen die Verfrachter sich nicht für Kai- und Landschäden freigezeichnet haben, kommt ihre Haftung allerdings kaum in Frage, denn die Verfrachter schalten regelmäßig in langen Gefahrenkatalogen ihre Haftung aus. Hierdurch entfällt als Haftungsgrund der weitaus größte Teil der Gefahren, die auf die Güter an Land einwirken können.

---

[247] *Röhreke*, Hansa 1952, S. 1952, S. 223 (224 f.); *Katzenstein*, Hansa 1951, S. 1514 (1515).

[248] *Wüstendörfer*, Seehandelsrecht, S. 266; *Gramm*, S. 110 f.

[249] Mit Rücksicht auf die Löschungsklausel in Regel XII DEK 1940 ist dieser Zusatz allerdings weitgehend ohne praktische Bedeutung (*Katzenstein*, Hansa 1951, S. 1514 [1515]). Aber auch materiellrechtlich bringt er keine Änderung gegenüber der Rechtslage, die sich aus dem Gesetz ergibt.

[250] Vgl. *Jaeschke*, S. 12.

[251] Der Kai haftet allerdings im Wege des Rückgriffs kraft Kaivertrages für durch ein Verschulden des Kais entstandene Ladungsschäden.

Die Kaifreizeichnungsklauseln verlegen den zeitlichen Endpunkt der Haftung des Schiffes zurück. Die Haftung des Verfrachters bleibt auf den Zeitraum zwischen Einladen und Ausladen der Ware beschränkt. Auf den Empfang beziehungsweise auf die Ablieferung der Ladung kommt es, anders als im Falle der gesetzlichen Regelung des § 606 HGB, nicht mehr an. Der Anfang und das Ende der Verfrachterhaftung für kommerzielles Verschulden werden von den tatsächlichen Vorgängen der Entgegennahme und der Ablieferung der Ware durch den Verfrachter losgelöst. Insbesondere bleibt der Zeitpunkt der Auslieferung der Ladung unberührt[252]. Die Freizeichnung entspricht damit den Haager Regeln (Art. 1 Buchstabe e).

c) Zulässigkeit von Kaifreizeichnungsklauseln

Die Kernvorschriften hierfür finden sich in den §§ 662, 663 HGB. Dort wird festgestellt, unter welchen Voraussetzungen bestimmte Pflichten des Verfrachters durch Rechtsgeschäft im voraus *nicht* ausgeschlossen werden können. Das Freizeichnungsverbot gilt zunächst nur bei der Verfrachtung von Stückgut, und zwar grundsätzlich für Frachtverträge mit Konnossementen[253].

Im allgemeinen gilt das Freizeichnungsverbot nur für die handelsübliche Verschiffung. Es betrifft nicht Verschiffungen unter besonderen Vereinbarungen, die „durch die Eigenart und die Beschaffenheit der Güter oder durch besondere Umstände der Verschiffung gerechtfertigt sind", wenn das Konnossement diesen Vermerk enthält und nicht an Order gestellt ist[254].

Es genügt also nicht zum Ausschluß des Freizeichnungsverbots der §§ 606, 662 HGB, wenn es sich um eine nicht handelsübliche Verschiffung handelt, hinzukommen müssen alle übrigen Voraussetzungen. Ferner muß die betreffende Vereinbarung auch tatsächlich gerechtfertigt sein.

Das Freizeichnungsverbot umfaßt nicht die Verfrachtung lebender Tiere und Decksladungen, wenn die Ladung im Konnossement als Decksladung bezeichnet und tatsächlich an Deck befördert worden ist.

---

252 *Jaeschke*, S. 12; *Schnitter*, S. 32 f.

253 Ist ausnahmsweise einmal kein Konnossement ausgestellt worden, so kann sich der Verfrachter im Wege einer besonderen Vereinbarung von seinen Verpflichtungen freizeichnen (So *Albrecht*, Hansa 50, S. 1630 ff.). Da aber Konnossemente im Seefrachtverkehr praktisch unentbehrlich sind, dürfte dieser Fall bedeutungslos sein.

254 Etwa bei Museumsstücken, besonders umfangreichen Gütern etwa Lokomotiven.

Außerdem ist die Freizeichnung nicht für Verschiffungen auf deutschen Schiffen zwischen deutschen Häfen verboten, wenn die Konnossemente in keinem der Vertragsstaaten des Brüsseler Internationalen Abkommens zur Vereinheitlichung von Regeln über Konnossemente aus dem Jahre 1924 ausgestellt worden sind und der Bestimmungsort der Ladung im Ausland liegt[255]. Auch bei Verschiffungen aus großer Havarei sind die Parteien frei, abweichende Vereinbarungen zu treffen. Schließlich gilt das Freizeichnungsverbot nur für die Verpflichtung des Verfrachters von der „Zeit der Einladung bis zur Ausladung" der Güter. Das Gesetz hat dies in § 663 Abs. II HGB negativ ausgedrückt. Es heißt dort:

„§ 662 HGB ... findet keine Anwendung."

Dadurch wird die Gesamtbeförderung der Güter im Seefrachtgeschäft in drei Teilabschnitte zerlegt.

Die Strenge des zwingenden Haftungsrechts trifft nur den Mittelabschnitt, solange also die Güter sich noch an Bord des Seeschiffes befinden. Die Haftung von der Entgegennahme der Güter bis zur Einladung und nach der Ausladung am Bestimmungsort der Güter bleibt der Parteivereinbarung und damit dem klauselmäßigen Ausschluß offen.

Mit der Frage, wer im Streitfalle die Voraussetzungen einer grundsätzlichen Freizeichnungsmöglichkeit im oben geschilderten Sinne zu beweisen hat, hat sich die Rechtsprechung und das Schrifttum bisher nicht befaßt. Es gilt hier die allgemeine Beweislastregelung, daß der, der sich auf eine Ausnahme beruft, diese auch zu beweisen hat. Grundsätzlich hat der Verfrachter gemäß § 606 Abs. II HGB für kommerzielles Verschulden einzustehen. Beruft er sich auf eine Freizeichnung, dann hat er die Zulässigkeitsvoraussetzung davon vorzutragen und im Streitfall zu beweisen.

d) Regel II Ziffer 2 Satz 2 DEK 1940

Das DEK 1940 hat in Regel II Ziffer 1 Satz 1 zunächst materiellrechtlich die grundsätzliche Haftung des Verfrachters aus § 606 HGB zulässigerweise eingeschränkt. Daß allerdings gemäß Regel II Ziffer 2 Satz 2 DEK „eine etwaige Haftung des Verfrachters für Güter, die er in eigenen Gewahrsam und Obhut genommen hat" unberührt bleiben soll, ist praktisch unbeachtlich und ändert nichts an der prinzipiellen Entlastung für Landschäden. Hier ist ganz offensichtlich an jene seltenen Fälle gedacht, in denen der Verfrachter über eigene Kaianlagen verfügt. Damit allein jedoch nicht genug, denn die Formulierung „etwaige Haftung" weist darauf hin, daß ein früherer Beginn der Haftung des Verfrachters

---

[255] Vgl. DVO vom 5. XII. 1939 Verordnung zur Durchführung der Änderung des HGB über das Seefrachtrecht, RGBl. 1939 I, 2501.

gegenüber den Ladungsbeteiligten keineswegs zugestanden werden soll, sondern daß dann die besonderen Bestimmungen der zwischen den Beteiligten abzuschließenden Lager- oder privaten Kaiverträge gelten sollen[256].

Welche Vorteile den Ladungsbeteiligten dann noch blieben, dürfte nicht zweifelhaft sein[257].

e) Behauptungs- und Beweislast im Falle der Freizeichnung von Landschäden

Nach Ziffer 2 Satz 1 der Regel II des DEK 1940 haftet der Verfrachter nur, wenn ihm *nachgewiesen* ist, daß der Schaden in der Zeit von der Einladung bis zur Ausladung der Güter entstanden ist. Es handelt sich dabei um eine Regelung, die insoweit den Ladungsbeteiligten das Risiko der Unaufklärbarkeit der Schadensursache zuschiebt.

Weiter geht sie nicht. Das heißt, läßt sich der Verfrachter im Prozeß dahin ein, die Güter seien ihm überhaupt nicht oder aber beschädigt übergeben worden, dann ist die Frage der Verteilung der Beweislast nach den allgemeinen Grundsätzen zu entscheiden. Mit dieser Einlassung bestreitet der Verfrachter den Schadenseintritt während der Zeit seiner grundsätzlichen Haftung nach § 606 Abs. II HGB. Selbstverständlich müssen die Ladungsbeteiligten dann den Beweis erbringen, daß der Verfrachter die Güter unbeschädigt übernommen hat[258].

Erst wenn dieser Nachweis erbracht ist, kommt es darauf an, wer die Frage, ob es sich um einen Land- oder Bordschaden handelt, aufklären muß.

Ob die Regelung im DEK 1940 den Vorschriften des Gesetzes und den Haager Regeln entspricht[259], ist bis heute Gegenstand einer Auseinandersetzung im Schrifttum.

---

[256] So richtig *Schnitter*, S. 30 f.

[257] Zur Frage, ob Freizeichnungsklauseln wegen Landschäden auch die Haftung für unerlaubte Handlung der Besatzung betreffen, vgl. OLG Hamburg, 1. V. 1961, Hansa 1960, S. 906.

[258] *Gramm*, S. 113.

[259] Das DEK 1940 steht mit dieser Regel nicht allein. Vergleiche beispielsweise: Konnossement des Hanseatischen Afrikadienstes *(H. M. Gerkens)* Regel 3; Konnossement der Deutschen Afrikalinien Woermann-Linie, Rule 16: The Carrier or his Agent shall only be liable for loss of or damage to the goods *if it can be proved* that such loss or damage occurred during the period from loading onto until discharging from the ship;
Konnossement der Deutschen Levante-Linie GmbH. Regel 3: Es obliegt den Ladungsbeteiligten nachzuweisen, daß ein Schaden in der Zeit von der Verladung bis zur Löschung entstanden ist;

Bedeutende Stimmen aus Wissenschaft und Praxis haben sich gegen eine Regelung ausgesprochen, welche den Ladungsbeteiligten die Beweislast dafür zuschiebt, daß der Verlust oder die Beschädigung der Ladung in der Zeit von der Einladung bis zur Ausladung entstanden ist. Diese Ansicht kann wohl als die herrschende betrachtet werden. Schon im Jahre 1937 sind Möller[260] und Müller[261], wohl in Vorahnung der im DEK von 1940 versuchten Regelung, gegen ein solches Verfahren aufgetreten. Einerseits dürfe eine gesetzliche Ordnung dem Reeder nicht stets die probatio diabolica[262] hinsichtlich der Schadensursache und des Schadenszeitpunktes aufbürden. Andererseits aber dürfe auch die Beweislast die Ladungsbeteiligten nicht treffen, wie das insbesondere das Deutsche Einheitskonnossement 1912 für Diebstahlschäden vorgesehen habe. Müller[263] hatte ganz allgemein ausgeführt, wenn sich nicht aufklären lasse, ob ein Schaden ganz oder teilweise auf management of ship oder auf Seeuntüchtigkeit zurückzuführen sei, habe der Verfrachter sich nach § 606 HGB zu entlasten. Schließlich hat Möller noch einmal[264] diese Frage aufgegriffen und sich gegen eine Beweisvermutung zugunsten eines Landschadens geäußert. Später traten Albrecht[265], Boyens-Lewis[266], Capelle[267], Gramm[268], Gütschow[269], Lebuhn[270],

---

Konnossement der Hamburg-Südamerikanischen Dampfschiffahrts-Gesellschaft, Eggert & Amsinck, Regel I: The carrier shall only be liable *if it can be proved,* that the damage occurred during the period from loading until discharging from the vessel;

Konnossement der Van Nievelt, Goudriaan & Co., Rotterdam—Bremen—Hamburg Lijn Regel 3: The responsibility of the carrier *shall commence only* when the tackle of the carrier's ship is hooked onto the cargo for loading and cease absolutely when such tackle is unhooked in the process of discharging;

Ebenso Regel 4 des Konnossements der N. V. Vereenigde Nederländsche Scheppvaartsmaatschappij, Holland—Bombay—Karachi Lijn, Holland—Bengalen—Burma Lijn. Hier ergibt sich die Beweislastregelung daraus, daß die Verfrachterhaftung nur eintritt, wenn die Ladung vom Schiff an den Haken genommen ist.

260 HansRGZ 1937 A, Sp. 405 (413).

261 HansRGZ 1937 A, Sp. 391.

262 *Möller,* a.a.O.

263 *Müller,* a.a.O.

264 In Hansa 1937, S. 2092 (Versicherung und Haager Regeln).

265 Hansa 1950, S. 1630.

266 § 657 HGB, Anm. 2.

267 HansRGZ 1943 A, Sp. 30.

268 *Gramm,* a.a.O., S. 109.

269 HansRZ 1924, S. 931.

270 Neuzeitliche Konnossementsfragen, S. 20 ff. und Linienkonnossement, S. 30 f.

Mittelstein[271], Schaps-Abraham[272], Schlegelberger-Liesecke[273], Schnitter[274] und Wüstendörfer[275] dieser Ansicht bei. Sie begründeten ihren Standpunkt im wesentlichen damit, daß eine Regelung, die für die Frage des Land- oder Bordschadens den Ladungsbeteiligten die Beweislast zuschöbe, gegen die zwingende Regelung der §§ 606, 662 HGB verstoße.

Deloucas[276] und mit ihm Wüstendörfer[277] und Lebuhn[278] verweisen außerdem noch auf § 282 BGB.

Demgegenüber sind die Vertreter der Gegenmeinung nicht so stark vertreten. Sie haben sich bisher, mit einer Ausnahme, auch kaum um eine nähere Begründung ihres Standpunktes bemüht. So stellt Mittelstein seine Auffassung[279] lediglich zur Diskussion, während Kuhl[280] sich für seine Meinung auf die Billigkeit seiner Lösung beruft. Kuhl scheint übrigens von seinem Standpunkt später abgerückt zu sein. Er sagt in Hansa 1937 Seite 1861, dem Verfrachter werde die Beweislast zwingend auferlegt und er habe die Schadensursache aufzuklären[281]. Selbst die Schöpfer des DEK 1940 haben zur Verteidigung der Regel II Absatz 2 nicht das Wort ergriffen. Zwar hat Stödter auf die Angriffe Wüstendörfers in Hans. RGZ 1934 Sp. 25 eine eingehende Erwiderung veröffentlicht, im Hinblick auf die hier zu untersuchende Frage jedoch die Ansicht der Gegner der Regel II,2 DEK nicht kritisiert. Diese vor Erlaß des Änderungsgesetzes 1937 geäußerten Meinungen haben bis heute nicht ihre Bedeutung verloren, da § 606 HGB der alten Fassung nahezu uneingeschränkt in das neue Recht übernommen worden ist.

Allein Röhreke hat sich bemüht, seinen Standpunkt zu begründen[282].

Es gibt keine ausdrückliche gesetzliche Beweislastregelung für die Frage, ob ein Ladungsschaden an Bord oder an Land entstanden ist, wenn der Verfrachter sich von Landschäden freigezeichnet hat. Nach § 606 Satz 2 HGB haftet der Verfrachter für den Schaden, der durch Verlust oder Beschädigung der Güter in der Zeit von der Annahme bis zur Ablieferung entsteht,

---

[271] HansRGZ 1923, Sp. 757 (758).
[272] § 663 HGB, Anm. 13.
[273] § 663 HGB Rdz. 10.
[274] *Schnitter*, S. 32 ff.
[275] HansRGZ 1943 A, Sp. 55 und in Seehandelsrecht, S. 266.
[276] *Deloucas*, S. 43.
[277] *Wüstendörfer*, Seehandelsrecht, S. 270, HansRGZ 1943, Sp. 54—56.
[278] Neuzeitl. Konnossementsfragen, S. 19 und Linienkonnossement, S. 30.
[279] HansRZ 1923, S. 764.
[280] Hansa 1927, S. 723.
[281] Vgl. auch *Lebuhn*, Neuzeitl. Konnossementsfragen, S. 21, Anm. 37, Linienkonnossement, S. 31, Anm. 46.
[282] Hansa 1952, S. 253.

„es sei denn, daß der Verlust oder die Beschädigung auf Umständen beruht, die durch die Sorgfalt eines ordentlichen Verfrachters nicht abgewendet werden könnten".

Diese Vorschrift schiebt ihrem Wortlaut nach dem Verfrachter die Entlastungspflicht hinsichtlich seines Verschuldens zu, sagt aber nichts zu der Frage, ob die Regelung auch dann gelten soll, wenn der Haftungsspielraum, auf den sich § 606 HGB bezieht, auf die bloße Bordzeit begrenzt worden ist und nicht aufzuklären ist, ob der Schaden in diesem Bereich eingetreten ist.

aa) Beurteilung an Hand der allgemeinen Regeln
über die Verteilung der Beweislast

Sieht man zunächst einmal davon ab, ob § 606 HGB in Verb. mit § 662 HGB gerade zu dem hier angesprochenen Problemkreis eine zwingende Beweislastregelung enthalten könnte und beginnt die Prüfung der Regel II Abs. I 1 DEK 1940 und der genannten einschlägigen Bestimmungen der anderen Konnossemente[283] von den allgemeinen Regeln über die Verteilung der Beweislast her, so ist folgendes zu bemerken:

Da jede Partei im Streit die Voraussetzungen einer ihr günstigen Norm grundsätzlich zu beweisen hat[284], die gesetzliche Regelung den Verfrachter grundsätzlich von der Zeit der Annahme bis zur Ablieferung haften läßt, also auch die Zeit des Landaufenthalts der Ladung nach Annahme und vor Ablieferung der Güter mit umfaßt, ist der Einwand, es handele sich um eine Schädigung der Güter in einem durch Freizeichnung haftungsfreien Raum, vom Verfrachter zu beweisen. Diese Rechtslage, die nunmehr einhellig in Rechtsprechung und Schrifftum vertreten wird, wurde einmal vor der Geltung des Seefrachtrechtsänderungsgesetzes vom Hanseatischen Oberlandesgericht verkannt[285], und zwar abweichend von der früheren Rechtsprechung dieses Gerichts. Das Gericht hat seinen Rechtsstandpunkt in der Folgezeit jedoch korrigiert[286].

Das Landgericht Berlin hat in diesem Zusammenhang[287] ganz allgemein festgestellt, eine weitgehende Freizeichnung könne nicht den Entlastungsbeweis des Verfrachters ausschließen, daß der Verlust der Güter auf Ursachen beruht, die der Freizeichnung unterliegen.

---

[283] Vgl. Anm., S. 63.

[284] Vgl. oben, S. 11 f.

[285] Vgl. OLG Hamb. 24. VI. 1908, HansGZ 1908, Nr. 132.

[286] So HanseatOLG 24. VII. 1910, HansGZ 1910 Nr. 103, S. 242, HanseatOLG 12. V. 1925, 1925 Nr. 81, S. 172 a.a.O.

[287] LG Berlin West 15. XI. 1956, VersR 1957, S. 580.

Hier gilt der allgemeine Rechtsgedanke, wonach jeder, der seine gesetzliche Haftung einengt, beim Schadenseintritt im Streitfalle für den konkreten Fall entsprechend seinen Behauptungen die Voraussetzungen der Haftungsbeschränkung nachweisen muß[288]. Diese allgemeine Grundsatz entspricht der Billigkeit. Das bedarf keiner weiteren Untersuchung.

Die Beweislastregel in Regel II Abs. II Satz 1 DEK 1940 verträgt sich nicht mit diesem Grundsatz.

Dies allein schadet jedoch nicht, wenn man bedenkt, daß die Vorschriften des DEK 1940 als allgemeine Geschäftsbedingungen im Seefrachtgeschäft gedacht waren und aus langwierigen Verhandlungen zwischen der damaligen Fachgruppe Reeder und der Reichsgruppe Industrie hervorgegangen sind. Beide Teile hatten ausgiebig Gelegenheit, ihre Interessen wahrzunehmen. Das DEK 1940 ist als Ergebnis dieser Verhandlung letztlich ein Kompromiß. Für ihn spricht zunächst die Vermutung der Billigkeit[289] [290].

Der Einwand gegen Regel II Absatz 2 Satz 1 DEK 1940, die Ladungsbeteiligten würden über Gebühr benachteiligt, verlange man von ihnen den Nachweis eines Bordschadens, und durch die Freizeichnung der Verfrachter von Landschäden werde auf dem Umweg über die Beweislastverteilung deren Haftung auch für Bordschäden praktisch illusorisch, weil der erforderliche Nachweis in den meisten Fällen praktisch nicht zu erbringen sei, vermag deshalb nicht zu überzeugen. Diese tatsächlichen Auswirkungen waren den Schöpfern der Regel II Absatz 2 Satz 1 DEK 1940 bekannt, und zwar sowohl den Vertretern der Verfrachter als auch den Bevollmächtigten der Fachgruppe Industrie. Wenn

---

[288] *Jaeschke*, S. 12; *Wüstendörfer*, HansRGZ 1943 A, Sp. 54 f.; *Capelle*, HansRGZ 1943, Sp. 26.

[289] Vgl. *Leo*, HansRGZ 1932 A, Sp. 205 ff. (210).

[290] Eine derartige Vermutung kann im Bereiche allgemeiner Geschäftsbedingungen wirken. Dies räumt auch der BGH implicite ein, BGH NJW 1961, S. 212, Urteil vom 29. IX. 1960: „Die Tatsache, daß allgemeine Geschäftsbedingungen einseitig aufgestellt sind, also nicht wie die Bedingungen eines Individualvertrages im einzelnen ausgehandelt werden, und daher der bei zweiseitigen Vertragsverhandlungen in gewissem Umfange gegebenen Gewähr der Berücksichtigung der beiderseitigen Interessen entbehren, spielt auch für den Bereich der Rechtswirksamkeit der einzelnen Klauseln eine entscheidende Rolle: Notwendig, aber auch genügend, ist bei Vertragsabschluß die Einigung dahin, daß die von einem Vertragspartner aufgestellten Geschäftsbedingungen gelten sollen ..., der Unterwerfungswille des anderen Teils bezieht sich aber gem. § 242 BGB nur auf solche Bedingungen, mit deren Aufstellung er billiger- und gerechterweise rechnen kann (BGH 8. II. 1955, BGHZ Bd. 17, S. 1 [3]). Vgl. auch OLG Celle 29. I. 1960, BB 1960, S. 305; *Schlegelberger*, HGB § 346, Anm. 31, 32; *Raiser*, Das Recht der Allgemeinen Geschäftsbedingungen, S. 277 ff.; *Krause*, BB 1955, S. 265.

sich die Interessenvertreter der Ladungsbeteiligten mit einer derartigen Regelung einverstanden erklärt haben, ohne dazu gezwungen worden zu sein, dann darf die Frage der Billigkeit m. E. insoweit nicht aufgeworfen werden.

bb) Kaifreizeichnung und Treu und Glauben

Der tiefgreifenden Wirkung der Grundsätze von Treu und Glauben auf allgemeine Geschäftsbedingungen vermögen sich auch die Verfrachter nicht zu entziehen.

Die Rechtsprechung des Bundesgerichtshofes zu diesem Fragenkreis hat über die Entscheidung in Band 3 S. 200[291], Band 8 S. 239 (241 f.)[292], Band 22 S. 90 (94 ff.)[293], Band 23 S. 288 (291)[294], Band 28 S. 251 (254)[295], Band 33 S. 216[296], Band 38 S. 183[297] der amtlichen Sammlung in der Entscheidung vom 17. Februar 1964[298] ihren vorläufigen Abschluß gefunden. Entscheidend für die Gültigkeit von Konnossementsklauseln ist nunmehr, daß sie so abgefaßt werden, wie wirtschaftlich gleichgestellte Einzelpersonen, die sich nicht übervorteilen wollen, sie gestalten würden. Der Bundesgerichtshof verlangt, kurz gesagt, von allgemeinen Geschäftsbedingungen schlicht eine gerechte Abwägung der Interessen der Beteiligten an dem im Vorweg ausgestalteten Geschäftsbereich.

Gemessen daran ist mit Rücksicht auf die Beweisschwierigkeiten im Seefrachtgeschäft eine Regelung, die der Ladung den Nachweis eines Bordschadens im Rahmen des Anspruches aus § 606 HGB zuschiebt, grundsätzlich nicht mit den Grundsätzen von Treu und Glauben zu vereinbaren. Ob infolgedessen die hier zu untersuchenden Bestimmungen des DEK 1940 und der oben genannten[299] Verfrachterkonnossemente unwirksam sind, ist zweifelhaft. Ein Verstoß gegen Treu und Glauben wird bei der Regel II Abs. 2 Satz 2 DEK deshalb nicht anzunehmen sein, weil an der Abfassung dieser Vorschrift Vertreter der Verfrachter wie der Ladungsinteressenten mitgewirkt haben. Ein Einwand gegen Regel II Abs. 2 Satz 2 DEK 1940, der sich allein auf einen Verstoß gegen Treu und Glauben im Hinblick auf die Rechtsprechung des Bundesgerichtshofes stützt, würde ein venire contra factum proprium bedeuten und eben

---

[291] Urteil vom 5. X. 1951.
[292] Urteil vom 27. XI. 1952.
[293] Urteil vom 29. X. 1956.
[294] Urteil vom 11. II. 1957.
[295] Urteil vom 23. X. 1958.
[296] Urteil vom 29. IX. 1960.
[297] Urteil vom 29. IX. 1962.
[298] MDR 1964, S. 483.
[299] Vgl. Anm. 259, S. 63.

darum auch gegen § 242 BGB verstoßen. Anders ist es bei den Konnossementen, welche die Verfrachter, oftmals unter bewußter Abkehr von den Regeln des DEK 1940, einseitig abgefaßt haben.

Der Hinweis auf Regel II Abs. 2 Satz 2 DEK 1940, die Vertreter der Ladung hätten sich doch mit einer entsprechenden, die Ladung benachteiligenden Regelung einverstanden erklärt, greift dort nicht durch, weil entscheidend ist, daß die Interessen desjenigen, der sich den allgemeinen Geschäftsbedingungen ausdrücklich oder stillschweigend unterwerfen soll, im Einzelfall der von Verfrachterseite formulierten Konnossementsbedingungen gerechterweise beherzigt worden sind.

cc) § 282 BGB als Stütze der herrschenden Meinung

Die herrschende Meinung begründet ihre Ansicht überwiegend mit § 282 BGB, den sie analog angewandt sehen will[300 301].

Nach § 282 BGB hat der Schuldner stets zu beweisen, daß er die Unmöglichkeit seiner Leistung nicht zu vertreten habe, ihn also keine Schuld daran trifft oder seine Schuld die Unmöglichkeit nicht verursacht hat. Dem Wortlaut nach kann § 282 BGB für die hier zu untersuchenden Fälle schon deshalb nicht gelten, weil diese Vorschrift nur Fälle der Unmöglichkeit betrifft, während § 606 HGB auch die Haftung des Verfrachters bei bloßer Schlechterfüllung regelt. Im übrigen, darauf sei schon an dieser Stelle hingewiesen, enthält § 282 BGB kein zwingendes Recht. Er steht der freien Disposition der Parteien offen. § 282 BGB kann demzufolge auch nicht zu einer verbindlichen Lösung des Beweislastproblems der Regel II Absatz II Satz 1 DEK beitragen. Man kommt über § 282 BGB nicht um die Tatsache der klauselmäßigen Sonderregelung herum. Allenfalls müßte sich aus den einschlägigen Vorschriften des Seefrachtrechtes, namentlich aus den §§ 662, 663 HGB ergeben, daß § 282 BGB in analoger Anwendung zwingend dem Verfrachter die Beweislast für den Landschaden zuschiebt. Davon jedoch kann keine Rede sein.

Außerdem aber vermag eine ausdehnende Auslegung des § 282 BGB, und dies ist einer der wesentlichen Streitpunkte, abgesehen von den eben angestellten Überlegungen, nicht die hier angeschnittene Frage zu beantworten. § 282 BGB soll seinem Wortlaut nach einzig und allein klären, „ob die Unmöglichkeit die Folge eines vom Schuldner zu vertretenden Umstandes ist“, nicht aber hat die Vorschrift den Streit zu entscheiden, ob überhaupt ein Fall der Unmöglichkeit oder sonst eine zum

---

[300] Vgl. *Wüstendörfer*, Seehandelsrecht, S. 279; *Lebuhn*, Linienkonnossement, S. 30; *Boyens-Lewis*, Bd. II zu § 606 HGB, S. 224.

[301] § 282 BGB lautet: „Ist streitig, ob die Unmöglichkeit der Leistung die Folge eines von dem Schuldner zu vertretenden Umstandes ist, so trifft die Beweislast den Schuldner“.

Schadensersatz verpflichtende Leistungsstörung vorliegt. § 282 BGB gilt dem Problem der Zurechenbarkeit[302], nicht aber der rein objektiven Frage, ob ein Land- oder Bordschaden eingetreten ist, ob also die von den Parteien vorgetragenen Tatsachen ein haftungsbegründendes Ereignis im Sinne des Gesetzes oder einer vertraglichen Absprache kennzeichnen. Da jedoch eine Sachfrage nicht lediglich durch Berufung auf den Wortlaut des Gesetzes entschieden werden kann, ist auch der Sinn und der Zweck des § 282 BGB zu berücksichtigen, insbesondere muß der Bedeutungszusammenhang dieser Vorschrift aufgeklärt werden.

§ 282 BGB soll für alle bestehenden Schuldverhältnisse allgemein klären: Der Schuldner, der für eine Forderungsverletzung — zunächst ist an den Fall der Unmöglichkeit gedacht — *verantwortlich* gemacht wird, muß seine Schuldlosigkeit beweisen.

Nicht mehr und nicht weniger!

Es ist unschwer zu beweisen, daß der deutsche Gesetzgeber generell auf diesem Standpunkt steht. Gemäß §§ 93 Abs. 2 Satz 2 und 116 des Aktiengesetzes sind die Mitglieder des Vorstandes und des Aufsichtsrates einer Aktiengesellschaft, die ihre Obliegenheiten verletzten, der Gesellschaft zum Schadensersatz verpflichtet und haben den Beweis zu erbringen, daß sie die Sorgfalt eines ordentlichen und gewissenhaften Geschäftsführers einer Aktiengesellschaft aufgewandt haben.

Das gleiche gilt für den Geschäftsführer einer Gesellschaft des Bürgerlichen Rechts, den geschäftsführenden Gesellschafter einer offenen Handelsgesellschaft, für die Vorstands- und Aufsichtsratsmitglieder einer Genossenschaft.

§ 52 G. m. b. H. Ges. birgt die entsprechende Norm für die Gesellschaft mit beschränkter Haftung.

Spediteur, Lagerhalter, Frachtführer haben für die Beschädigung der ihnen anvertrauten Güter zu haften,

> „es sei denn, daß die Beschädigung auf Umständen beruht, die auch durch die Sorgfalt eines ordentlichen Spediteurs, Lagerhalters, Frachtführers nicht abgewendet werden konnten“ (§§ 390, 417, 407 Abs. 2, 429 HGB).

Diese Fassung verdeutlicht, und insoweit herrscht in Rechtsprechung und Schrifttum kein Streit, daß die auf Schadensersatz in Anspruch genommenen Personen sich zu exkulpieren haben[303].

---

[302] Der zurechenbaren Leistungsstörung.

[303] Vgl. aus der Rechtsprechung RG 3. XI. 1906, RGZ Bd. 64, S. 254 ff., RG 5. II. 1927, WarnRspr. 1927, Nr. 59, RG 5. II. 1926, JW 1927, S. 1351, für den Lagerhalter, RG 20. IV. 1907, RGZ Bd. 66, S. 39 (41), RG 11. III. 1912, Recht 1922, S. 3140, OLG Braunschweig 8. IV. 1906, SeuffArch. 61, S. 257 für den Verfrachter und den Frachtführer.

Das Binnenschiffahrtsgesetz hat ausdrücklich in § 58 eine Entlastungspflicht des Verfrachters hinsichtlich des Schuldvorwurfs ausgesprochen. Dasselbe gilt für die Personenbeförderung durch Autos, Straßenbahn und Eisenbahn, für den Werkunternehmer bei Werkverträgen, § 635 BGB.

Ebenso ist aus der Fassung des Gesetzes ersichtlich, daß der Mieter seine Schuldlosigkeit beweisen muß, wenn er die gemietete Sache mit Veränderungen oder Verschlechterungen dem Vermieter herausgibt, § 548 BGB. Hinzuweisen ist ferner auf den Hinterleger, § 694 BGB, den Entleiher, § 602 BGB.

In allen diesen Fällen, und es können noch mehr aufgezählt werden, verschafft der Gesetzgeber dem Gläubiger hinsichtlich des *subjektiven* Teiles des Haftungstatbestandes *eine* Erleichterung, indem er dem Schuldner die Pflicht, sich zu entlasten, zuschiebt.

Des weiteren wird jedoch das verständliche allgemeine Interesse der Prozeßbeteiligten, dem anderen Teil für eine vorgetragene Tatsache die Beweislast auferlegt zu wissen, nicht berührt.

In diesen Rahmen fügt sich § 282 BGB harmonisch ein. Ihm liegt der Gedanke zugrunde, daß das Ereignis, welches die Unmöglichkeit der Leistung herbeiführt[304], regelmäßig im Gefahrenbereich des Schuldners auftritt und dieser daher wegen seiner größeren Sachnähe im allgemeinen leichter als der Gläubiger eine Aufklärung der Ursache der Leistungsstörung werde geben können.

Wird hier aber für Teile des objektiven Haftungstatbestandes die Frage der Beweislastverteilung nicht aufgegriffen, vermag dieser Umstand nur den Schluß zu rechtfertigen, daß auch § 282 BGB den Grundsatz, daß derjenige, der sich aus einer Norm einen Vorteil herleiten will, jedenfalls die dafür im einzelnen erforderlichen objektiven Voraussetzungen nachzuweisen hat, nicht berühren sollte. § 282 BGB gibt mithin für die andere Entscheidung im Sinne der Gegenmeinung nichts her, vermag also die Ablehnung der Regel II Absatz 2 Satz 1 DEK 1940 nicht zu rechtfertigen.

Aber auch eine analoge Anwendung des § 282 BGB ist nicht statthaft. Denn eine Analogie soll Lücken der gesetzlichen Regelung ausfüllen. Wir werden sehen, daß die einschlägigen Vorschriften des Handelsgesetzbuches ausreichen, um die Frage der Verteilung der Beweislast beim Streit über Land- oder Bordschaden im Seefrachtgeschäft verbindlich zu entscheiden.

dd) Zur Anwendbarkeit des § 606 HGB

Die herrschende Meinung bezieht sich vielfach auf § 606 HGB und

[304] Vgl. BAG 30. VI. 1960, BB 1960, S. 940.

leitet daraus die Unwirksamkeit der hier angegriffenen Regelung des DEK 1940 her[305].

§ 662 HGB schreibt mit § 606 HGB den Haftungszeitraum von der Annahme bis zur Ablieferung der Güter als Grundsatz zwingend vor. § 663 Abs. II Satz 2 HGB enthält demgegenüber die Ausnahmebestimmung. Macht der Verfrachter von der ihm dort gewährten Freizeichnungsmöglichkeit Gebrauch, schafft er die Ausnahme für den Einzelfall seiner Verfrachtung. Beruft er sich darauf, so hat er die Voraussetzungen dafür zu beweisen[306]. Röhreke[307] meint, zeichne sich der Verfrachter für Landschäden frei, so schaffe er keine Ausnahme, sondern begründe einen neuen Haftungstatbestand, nämlich den des Bordschadens. Die objektiven Voraussetzungen, insbesondere also die Tatsache, daß der Ladungsschaden an Bord des Schiffes eingetreten ist, habe deshalb der Verfrachter zu beweisen. Röhreke verweist zunächst auf die Rechtslage vor der Einführung des Seefrachtsrechtsänderungsgesetzes vom 10. 8. 1937. Richtig ist, daß auch im alten § 606 HGB die Haftungsdauer von der Annahme bis zur Ablieferung der Güter vorgesehen war. Es trifft auch zu, daß der Verfrachter seine Haftung nicht nur beschränken, sondern auch die aus einer solchen Beschränkung folgende Exkulpationspflicht ausschließen konnte[308] [309]. Auch habe sich an dieser Rechtslage im Bereiche der Haftung für Landschäden nichts geändert. Röhreke meint aber, wenn man der herrschenden Meinung folge, § 606 HGB n. F. bestimme einen grundsätzlichen Haftungsspielraum, und in § 663 HGB die Zulassung einer ausnahmsweisen Freizeichnung erblicke, müsse man auch einräumen, daß insoweit die Exkulpationspflicht des Verfrachters in eine Beweispflicht der Ladungsbeteiligten umgewandelt werden könne.

Dem ist grundsätzlich allgemein zuzustimmen. Der Schluß jedoch, mit der Freizeichnung kehre sich die Beweislast um, die Ladungsbeteiligten hätten nunmehr das Nichtvorliegen eines Landschadens zu beweisen, geht fehl. Röhreke übersieht, daß die Exkulpationspflicht des Verfrachters nur den subjektiven Teil des Haftungsgrundes „kommerzielles Verschulden des Verfrachters" trifft, nicht aber auch in den objektiven Bereich des Haftungstatbestandes eingreift.

Man muß zwei Fälle unterscheiden.

---

[305] *Wüstendörfer*, Seehandelsrecht, S. 279; *Boyens-Lewis* II, S. 360 zu § 657 HGB; *Capelle*, HansRGZ 1943 A., 25 ff. (30, 31).

[306] So *Wüstendörfer*, a.a.O.

[307] Hansa 52, S. 253 f.

[308] *Röhreke*, a.a.O., S. 253.

[309] *Wüstendörfer*, The Hague Rules, S. 32, 36; *Schaps-Abraham*, § 606 HGB, Anm. 3.

Der Verfrachter läßt es bei seiner grundsätzlichen Haftung von der Annahme der Güter bis zur Ablieferung an den Empfänger bewenden, legt dem Ladungsbeteiligten jedoch für die Zeit, während der die Ware sich nicht an Bord des Schiffes befindet, den Verschuldensbeweis auf. Dieser Fall ist, soweit feststellbar, bisher nie praktisch geworden. Der Ladungsbeteiligte hätte den Schaden im Bereich der grundsätzlichen Haftung des Verfrachters zu beweisen. Auf die Frage, ob Land- oder Bordschaden, käme es insoweit nicht an. Nur, wenn das Verschulden des Verfrachters bestritten wird, hätte der Ladungsbeteiligte dafür den Beweis anzutreten, sofern der Verfrachter nachweisen kann, daß ein Landschaden eingetreten ist, für den er dem Ladungsbeteiligten in Abweichung von der grundsätzlichen Regelung des § 606 HGB den Beweis zugeschoben hat. Von einer Umkehrung der Beweislast kann also insoweit keine Rede sein.

Erörtert man jedoch den Fall, daß der Verfrachter sich überhaupt für die Haftung wegen Landschadens freigezeichnet hat, dann kommt es auf ein Verschulden, mithin auf eine Exkulpation nicht an.

Warum sich also, wie Röhreke meint, aus der grundsätzlichen Möglichkeit für den Verfrachter, seine Exkulpationspflicht auszuschließen, eine Umkehr der Beweislast ergeben soll, ist unerfindlich. Röhreke vermag die herrschende Meinung nicht von daher anzugreifen, wenn er davon ausgeht, § 606 HGB in Verb. mit § 662 HGB stünden zu § 663 HGB im Verhältnis von Regel zu Ausnahme.

Hinzu kommt ferner, daß Röhreke nur soweit geht, dem Verfrachter einen prima-facie-Beweis einzuräumen. Auch dies ist nicht recht einzusehen. Wenn man schon von einer Umkehr der Beweislast spricht, warum soll dann der beweisbelastete Ladungsbeteiligte nicht gehalten sein, den Vollbeweis zu führen?

Im übrigen widerspricht es dem Sinn der Regeln über den priam-facie-Beweis, diesen Weg, eine richterliche Überzeugung von der Wahrheit von Tatsachen herbeizuführen, von vornherein festzulegen. Der Anscheinsbeweis ist nach feststehender Rechtssprechung nur bei solchen Tatbeständen anwendbar, die nach der Erfahrung des täglichen Lebens regelmäßig auf eine bestimmte Ursache hinweisen und in einer bestimmten Richtung zu verlaufen pflegen, bei denen also aus dem regelmäßigen und üblichen Verlauf der Dinge ohne weiteres auf einen bestimmten Hergang des Einzelfalles geschlossen werden kann, ohne daß es gerade auf die Umstände dieses Einzelfalles ankommen müßte[310]. Es ist also

[310] BGH 26. 1. 1956, Hansa 1956, S. 905 = VersR 1956, S. 147; RG 26. XI. 1930, RGZ Bd. 130, S. 357; RG 11. XII. 1936, RGZ, Bd. 153, S. 135; RG 17. I. 1940, RGZ Bd. 163, S. 21; BGH 21. XI. 1950, NJW 1951, S. 70 und vom 10. I. 1951 a.a.O., S. 360.

immer zu prüfen, ob Fallumstände vorliegen, die das konkrete schädigende Ereignis in einen typischen Geschehenskreis einordnen lassen und um ob deswillen die Regeln über den prima-facie-Beweis die beweisbelastete Prozeßpartei unterstützen können.

Röhreke meint, das Gesetz schaffe in den §§ 606 in Verb. mit § 662 HGB und in § 663 Abs. II Ziffer 2 HGB zwei rechtlich selbständige, gleichrangige Haftungstatbestände. Der Haftung für Landschäden stehe die Haftung des Verfrachters für Bordschäden zur Seite. Beide Tatbestände seien koordiniert. Regelten die am Seefrachtgeschäft Beteiligten die Haftung für Landschäden im Rahmen der vom Gesetz eingeräumten Möglichkeiten durch Parteivereinbarung, entstehe keine Ausnahme von der gesetzlichen Haftung des Verfrachters für die Zeit von der Annahme bis zur Ablieferung der Güter, wie dies die herrschende Meinung behaupte, vielmehr werde die gesetzliche Haftung für Landschäden durch eine vertraglich ausgestaltete Haftung für Landschäden ersetzt. Befreie sich der Verfrachter von seiner Haftung für Landschäden, dann zeichne er sich nicht frei, sondern lege einen anderen Haftungszeitraum fest.

Haftungsbegründend sei nicht mehr der Sachverhalt:

Ladungsschaden zwischen Annahme und Ablieferung, sondern Ladungsschaden zwischen Einladung und Ausladung.

So gesehen bewirke der Haftungsausschluß für Landschäden, wie er im DEK 1940 unter anderem vorgenommen worden sei, die Verschiebung der Behauptungslast zu ungunsten der Ladungsbeteiligten. Es bedürfe deshalb keiner speziellen Regelung, um von den Ladungsbeteiligten den Nachweis des Bordschadens zu verlangen. Dies entspreche nur dem allgemeinen Grundsatz der Verteilung der Beweislast, wonach derjenige, der aus einer Norm einen Vorteil ableitet, die Voraussetzungen der Norm, hier den Bordschaden, zu behaupten und zu beweisen habe. Regel II Absatz II Satz 1 DEK 1940 sei nach allem lediglich die Wiederholung dieses allgemeinen Grundsatzes. Außerdem erstrecke sich die zwingende Wirkung des § 662 HGB nur auf die Voraussetzungen der Verfrachterhaftung, nicht aber auf die rein prozessuale Frage der Verteilung der Beweislast.

Mit letzter Konsequenz betrachtet, führt diese Ansicht dazu, daß eine vertragliche Ausgestaltung eines Haftungstatbestandes, die von der gesetzlichen Regelung zulässigerweise abweicht, nicht mehr grundsätzlich als Ausnahmeregelung angesehen werden kann. Das würde bedeuten, daß dort, wo das Gesetz eine Abänderung einer gesetzlich vorgeschriebenen Haftung ausdrücklich zuläßt[311], der allgemeine Beweislastgrundsatz

[311] In § 606 HGB in Verbindung mit §§ 662, 663 HGB ist das der Zeitraum der Verfrachterhaftung für kommerzielles Verschulden bei der Behandlung der Ladung von der Annahme bis zur Ablieferung.

nicht mehr gilt, derjenige, der zu seiner Erleichterung sich eine vom Gesetz abweichende Haftung ausbedinge, sei auch für die Voraussetzungen dieser Haftungserleichterungen beweispflichtig.

Das kann nicht rechtens sein.

Beide Überlegungen, die nach Röhreke für die Zulässigkeit oder gar Selbstverständlichkeit einer verfrachterfreundlichen Beweislastverteilung sprechen, zunächst einmal der Blick in die Geschichte des § 662 HGB (Vgl. S. 7 ff.), andererseits die eben angesprochene Argumentation, haben gemeinsam, daß sie von der rechtlichen Gleichrangigkeit der §§ 662 und 663 Abs. II Ziffer 2 HGB ausgehen. Umgekehrt bauen die Gegner des DEK 1940 ihre Lehre auf das Grundsatz-Ausnahmeverhältnis der beiden Vorschriften auf.

Will man nun entscheiden, welche der beiden Auffassungen den Vorzug verdient, dann gilt es, die beiden entscheidenden Vorschriften des Gesetzes auf ihren Sinngehalt, in ihrem Zusammenhang und auf ihre Entwicklung und Zielsetzung zu prüfen und zu versuchen, daraus einen Ausgangspunkt für eine Entscheidung in die eine oder andere Richtung zu ersehen. Röhreke erkennt zwar richtig, das Gesetz sage nicht, der in § 606 HGB umrissene Haftungszeitraum sei zwingend, „es sei denn, daß für die Zeit vor der Einladung und nach der Ausladung die Haftung durch Parteivereinbarung eingeschränkt wird". In § 663 Abs. II Satz 2 heißt es vielmehr, die Haftung für den fraglichen Zeitraum sei nicht zwingend.

Der Schluß nun, diese Tatbestände seien nicht subordiniert, sondern koordiniert, ist nicht unabweislich. Gerade diese Frage jedoch hat Röhreke nicht ausführlich untersucht. Er ist lediglich von der Feststellung der Gleichwertigkeit der Haftungsspielräume für Land- und Bordschaden einerseits und Bordschaden andererseits ausgegangen.

Wenn der Gesetzgeber sagt, eine Haftung sei nicht zwingend, dann erkennt er implicite die Möglichkeit einer von der von ihm beschriebenen Haftung abweichenden Ausnahmeregelung an. Auf einen ausdrücklichen Hinweis des Wortlautes „es sei denn, die Parteien haben die Haftung vertraglich in einer bestimmten Form eingeschränkt", kann es dabei nicht ankommen. Der Wortlaut, der Röhreke in § 663 HGB vorschwebt, und die Formulierung, die das Gesetz für die Freizeichnungsmöglichkeit des Verfrachters gefunden hat, sind inhaltlich gleich, so daß aus dem Wortlaut des § 663 HGB kein Fingerzeig für die von Röhreke vertretene Ansicht zu entnehmen ist.

§ 606 HGB in der Fassung des Änderungsgesetzes 1937 stimmt wörtlich mit dem § 606 HGB alter Fassung überein. Aus der Rechtslage vor 1937 ist jedoch deshalb nichts für die zu untersuchende Frage zu entnehmen, weil es sich bei der alten Norm lediglich um dispositives Recht gehandelt hat. Gerade wegen der vielen vertraglichen Abänderungen der Verfrachterhaftung für kommerzielles Verschulden sind durch das Änderungsgesetz 1937 zwingende Vorschriften geschaffen worden.

Die neue Regelung ist jedoch nicht ganz ohne jede Tradition. Hinter ihr stehen die Haager Regeln. So spricht die amtliche Begründung zu § 606 HGB von der Übernahme des Art. III 2 der Haager Regeln in den § 606 HGB. Dieser Artikel enthält allerdings nur einen Teil des Inhalts des § 606 HGB, und zwar die Verpflichtung des Verfrachters zu sorgfältigem Einladen, Stauen und so weiter. Über die zwingende Natur dieser Vorschrift und insbesondere zur Frage der Beweislast ist in diesem Artikel nichts bestimmt.

Indes ergibt sich aus der Gesamtstruktur der Haager Regeln, daß die Frage der Beweislastverteilung bei Land- oder Bordschäden gar nicht ausdrücklich entschieden werden sollte. Die Haager Regeln haben diesen Unterschied von vornherein vermieden, indem sie die „Carriage of Goods" in Verbindung mit der Definition des „Contract of Carriage" (Art. 1 b und e Haager Regeln) auf den Zeitraum zwischen Einladung und Ausladung der Güter beschränkt und die Haager Regeln nur für diesen Zeitraum für anwendbar erklärt haben.

Die zwingende Exkulpationspflicht des Verfrachters ergibt sich aus Art. III 8 Haager Regeln, wonach jede Klausel, die die Verpflichtung des Verfrachters in irgendeiner Form beschränkt, ungültig sein soll.

Zwar haben die Haager Regeln auch an dieser Stelle die Umkehr der Beweislast nicht ausdrücklich untersagt. Wissenschaft und Rechtsprechung der Staaten, die die Haager Regeln insoweit im Wortlaut als Gesetz übernommen haben, haben an dieser Auslegung jedoch bisher keinen Zweifel aufkommen lassen. Ausgerechnet an dieser Fragestellung hat sich im amerikanischen Rechtskreis der Widerstand der Interessenten gezeigt[312]. Der Gesetzgeber in Frankreich hat zur Vermeidung möglicher Differenzen einen Zusatz aufgenommen, der ausdrücklich eine andere Beweislastverteilung zu Lasten der Ladungsbeteiligten verbietet[313]. Englische Reeder haben 1951 eine Änderung der Haager Regeln mit einem Blick auf die angestiegenen Probleme des Ladungsdiebstahls gefordert[314] und dabei auf die für die Verfrachter ungünstige Beweislage hingewiesen. Auch in Deutschland haben die betroffenen Kreise[315], insbe-

---

[312] *Wüstendörfer,* The Hague Rules 1922, S. 37.

[313] Vgl. Art. IX des Franz. Gesetzes von 1936, zitiert bei *Ripert,* Précis de Droit Maritime Nr. 439.

[314] Vgl. Jahresbericht der Liverpool Steamship Owners Association für das Jahr 1950 in Fair Play 1951, S. 725; Vgl. auch *Stödter,* Geschichte, S. 77, Anm. 66.

[315] *Wüstendörfer,* Hansa 1928, S. 895, 930; *Stödter,* a.a.O., S. 67.

sondere die Reeder, ihren Widerstand gegen die Übernahme der Haager Regeln in das deutsche Seefrachtrecht immer wieder auf die ihrer Ansicht nach untragbare und unbillige Beweissituation des Verfrachters bei kommerziellem Verschulden gestützt.

In diesem Zusammenhang sei auf Schwankungen in der Rechtsprechung des Hanseatischen Oberlandesgerichts hingewiesen. In seinem Urteil in Hans.GZ 1908 S. 284[316] bürdete das Hanseatische Oberlandesgericht dem Empfänger der Ladung die Beweislast dafür auf, daß der Ladungsschaden an Bord des Schiffes entstanden ist. Diese Entscheidung, die von der früheren Rechtsprechung des Gerichts abwich, wurde schon in der näheren Folgezeit korrigiert[317].

Namentlich wegen der Diskussionen im In- und Ausland wird man davon ausgehen müssen, daß der Deutsche Gesetzgeber dieses Problem im Sinne der Haager Regeln angefaßt hat und bei der Formulierung des Seefrachtrechtsänderungsgesetzes von der Rechtslage, wie sie mit den Haager Regeln im internationalen Bereich entstanden ist, ausgegangen ist. Wenn dennoch keine Indizien dafür zu erkennen sind, daß hinsichtlich des Bordschadens zugunsten des Verfrachters in seiner Beweisbelastung Konzessionen gemacht werden sollten, rechtfertigt sich der Schluß, daß das Deutsche Recht insoweit mit dem internationalen Recht übereinstimmen sollte. Wäre dem nicht so, dann hätte man erwarten müssen, daß der Deutsche Gesetzgeber seinen abweichenden Standpunkt deutlich umrissen hätte.

Bezeichnend sind die Empfehlungen des Seerechtsausschusses, der sich schon im Jahre 1934 mit der Frage der Eingliederung der Haager Regeln in das Handelsgesetzbuch zu befassen hatte. In der Ausschußverlautbarung wird aus der Feder Wüstendörfers der Grundsatz der präsumptiven Nichthaftung für die Fälle der Art. IV c—p Haager Regeln und die Umkehr der Beweislast zuungunsten der Verfrachter bei verspäteter Schadensanzeige empfohlen. Danach sollten die Ladungsbeteiligten einerseits die Entstehung des Schadens an Bord des Schiffes und außerdem die Verursachung des Schadens durch Verschulden der Leute des Verfrachters nachweisen[318]. Beiden Empfehlungen ist der Gesetzgeber buchstabengetreu nachgekommen, vergl. §§ 608 Abs. II und 611 Abs. III HGB.

Es ist verwunderlich, warum der Ausschuß nicht eine entsprechende Empfehlung im Zusammenhang mit der grundsätzlichen Haftung des

---

316 Urteil vom 24. VI. 1908.

317 HansOLG 4. VII. 1910, HansGZ 1910 Nr. 103, 6. VI. 1924, HansRZ 1924 Nr. 191, S. 606, 12. V. 1925, HansGZ 1925 Nr. 81.

318 Vgl. den Wortlaut der oben erwähnten Abschlußverlautbarung *Wüstendörfers*, zitiert bei *Stödter*, a.a.O., S. 69. Weitere Einzelheiten ebenda.

Verfrachters für kommerzielles Verschulden bei Bordschäden ausgesprochen hat. Das hätte doch nahegelegen.

Der Blick auf §§ 608 Abs. II und 611 Abs. III HGB ermöglicht nun die Antwort auf die Frage, in welchem Verhältnis die §§ 662 und 663 HGB zueinander stehen. § 662 HGB zählt nicht nur den § 606 HGB, sondern auch die §§ 608 und 611 HGB zu den zugunsten der Ladungsbeteiligten zwingenden Vorschriften über die Verfrachterhaftung. Das heißt, auch die in den beiden Bestimmungen zuletzt formulierte Verteilung der Beweislast darf nicht zugunsten des Verfrachters erweitert werden. Welchen Sinn hätte es, wenn § 663 Abs. II Ziffer 2 HGB auf dem Umweg über § 606 HGB mit der dazu genehmigten Freizeichnung von Landschäden § 662 HGB überspielen könnte, denn dadurch würde ja die dort ausdrücklich auf die §§ 608 und 611 HGB beschränkte Belastung der Ladungsbeteiligten mit entsprechender Beweislast wieder aufgehoben[319]. Besonders der in § 611 HGB auch bei Bordschäden ausdrücklich dem Empfänger bei verspäteter Anzeige des Schadens an den Verfrachter auferlegte Nachteil in der Beweisposition hätte jeden Sinn verloren.

§ 663 Abs. II Ziffer 2 HGB kann danach gegenüber § 662 HGB nur zweitrangige Bedeutung haben. Die zwingende Gestaltung der Pflicht des Verfrachters, sich zu exkulpieren, wird demzufolge schon in § 606 in Verbindung mit § 662 HGB festgelegt. Die Regelung des § 663 HGB enthält lediglich die Ausnahmebestimmung für den Fall eines Landschadens. Sie kann sich nur auf die materielle Haftungsfrage beziehen und berührt nicht den Problemkreis, der sich im Prozeß im Zusammenhang mit der Beweislast ergibt[320].

Hinter dem Wortlaut des Änderungsgesetzes 1937 steht der Schutzzweck der Haager Regeln, die Zwangshaftung des Verfrachters für kommerzielles Verschulden zu sichern und jede Abschwächung zu verhindern. Diesem Schutzzweck entspricht auch die Erkenntnis, die im Zusammenhang mit der Frage der Verteilung der Beweislast bei Bordschäden aus dem Zusammenspiel der §§ 606, 662, 663, 608 und 611 HGB gewonnen ist. Dieser Zweckgedanke zwingt dazu[321], die Verteilung der Beweislast hinsichtlich der Landschäden, wie sie sich aus dem Inhalt der Haager Regeln ergibt, für unabdingbar zu erklären.

---

[319] So auch *Schnitter*, S. 42 f.

[320] So *Schnitter*, S. 42 f.; *Wüstendörfer*, HansRGZ 1943, Sp. 55; *Lebuhn*, Neuzeitl. Konnossementsfragen, S. 20; *Gramm*, S. 110, 113; *Deloukas*, S. 43 f.; *Albrecht*, Hansa 1950, S. 1640; *Capelle*, HansRGZ 1943 A, Sp. 29 f.; *Jäschke*, Rechtsstellung der Kaianstalten, S. 23.

[321] *Wüstendörfer* in Seehandelsrecht, S. 279; derselbe: Schutzzweck, S. 54.

ee) Die Frage der Billigkeit

Sowohl Befürworter wie auch Gegner einer Exkulpationspflicht des Verfrachters bei Landschäden nehmen für sich Argumente der Billigkeit in Anspruch. So ist es als für den Verfrachter unbillig und untragbar hervorgehoben worden, ihm die Beweislast voll aufzubürden[322]. Andererseits führt Wüstendörfer[323] aus, der Ladungsempfänger, der weder mitreise, noch an Bord etwa durch einen Kargadeur vertreten werde und auch bei der Löschung der Ladung auf dem Kai in der Regel nicht anwesend sein könne[324], sei deshalb nur selten in der Lage, nachzuweisen, der Schaden an der Ladung sei schon entstanden, als die Ladung sich noch an Bord des Seeschiffes befunden habe.

Diese Argumentation vermag nicht zu überzeugen. Die Schwierigkeit, entsprechend seiner Exkulpationspflicht ein Negativum zu beweisen, nämlich, daß weder ihn noch seine Leute ein Verschulden treffe und daß der Ladungsschaden nicht an Bord seines Schiffes eingetreten sei, gibt auch dem Verfrachter keine andere Wahl, als sorgfältig den Zustand der Güter zum Zeitpunkt der Ausladung zu kontrollieren. Die dazu erforderlichen Vorkehrungen vermag auch der Empfänger zu treffen, zumal es heutzutage allgemeine Gepflogenheit ist, den Empfänger rechtzeitig über den genauen Zeitpunkt und Anladungsort des Schiffes zu informieren. Dabei soll allerdings nicht bezweifelt werden, daß der Verfrachter, der sein Schiff stets unter Kontrolle hat, dem Beweis aus praktischen Gründen näher steht[325], als dies beim Ladungsbeteiligten der Fall ist[326]. Entscheidend ist zunächst die Beobachtung des Zustandes der Ladung im Zeitpunkt der Ausladung. Unerheblich muß bleiben, welche Sorgfalt der Verfrachter während der Seereise auf die Ladung verwandt hat. Den Zustand der Ladung bei der Ausladung zu beobachten, dazu dürfte der Ladungsbeteiligte genau so in der Lage sein, wie der Verfrachter. Andererseits ist zu berücksichtigen, daß die Konzentration der Güter am Schiff zur ununterbrochenen Übernahme der Ladung zunächst im Interesse der Verfrachter liegt[327]. Wenn die Verfrachter aus wirtschaftlichen und technischen Gründen gezwungen sind, den Löschvorgang besonders schnell abzuwickeln, so vermag dieser Umstand doch nicht eine Belastung der Ladungsbeteiligten mit der Beweislast für das Vorliegen

---

[322] Vgl. z. B. *Röhreke*, Hansa 1952, S. 253 f.; *Kuhl*, Hansa 1937, S. 1860 (1861) und HansRZ 1926, Sp. 571 (579).

[323] Schutzzweck, HansRGZ 1943, Sp. 49 ff. (56).

[324] Vgl. auch *Möller*, Hansa 1937, S. 2092.

[325] Sachnähe, wie das Bundesarbeitsgericht 30. VI. 1960, BB 1960, S. 940, formuliert.

[326] *Lebuhn*, Linienkonnossement, S. 33; *Capelle*, HansRGZ 43, Sp. 29.

[327] *Lebuhn*, Linienkonnossement, S. 33.

eines Bordschadens zu rechtfertigen, zumal gerade die Frage der Beweislastverteilung im Bereiche des Seefrachtrechts über den Ausgang eines Rechtsstreites entscheidet. Ist dem Verfrachter daran gelegen, die Liegezeit im Hafen möglichst abzukürzen, und das überwiegende Interesse daran liegt auf seiner Seite, ist es unbillig, auf dem Umweg über die Beweislast seine tatsächliche Haftung zu verkleinern[328].

Zusammenfassend:

Das Gleichgewicht der Interessen zwischen Verfrachter und Ladungsbeteiligten läßt sich nur dann annähernd finden, wenn man dem Verfrachter bei Bordschäden den vollen Entlastungsbeweis auferlegt.

Zwar spricht die Vermutung der Billigkeit für die Regelung der Beweislast im DEK 1940 deshalb, weil es sich hierbei um allgemeine Geschäftsbedingungen handelt, bei deren Zustandekommen die Beteiligten hinreichend Gelegenheit hatten, ihre Interessen darzutun und durchzusetzen. Sie ist aber hinsichtlich der Verteilung der Beweislast bei Landschäden widerlegt[329].

4. *Ergebnis:*

a) Wirksamkeit einer Freizeichnung für Landschäden

Regel II 2 des DEK 1940 ist nichtig. Sie verstößt gegen zwingende Vorschriften des Gesetzes. Es kann nicht festgestellt werden, daß diese Rechtslage allgemein zu unbilligen Ergebnissen führt. Freilich wird der Verfrachter das Risiko zu tragen haben, in Fällen, in denen die Ladung tatsächlich einen Landschaden erlitten hat, dieser aber nicht aufzuklären ist, einen Prozeß zu verlieren. Das ist jedoch nichts besonderes. Es handelt sich um die übliche Gefahr, die jede beweisbelastete Partei im Prozeß zu tragen hat.

Diese Feststellung gilt auch für alle anderen Konnossementsbedingungen, in denen dem Ladungsbeteiligten die Beweislast für die Frage eines Bordschadens zugeschoben wird[330].

b) Beweislastverteilung

Beweislastverteilung, wenn der Verfrachter sich von der Haftung für Landschäden freigezeichnet hat:

---

[328] Vgl. *Gütschow,* HansRZ 1924, S. 931.

[329] Vgl. oben, S. 67.

[330] Nach dem auch im Seefrachtrecht geltenden Grundsatz der Vertragsfreiheit kann sich ein Gläubiger aber dem Schuldner gegenüber verpflichten, einen erst künftig entstehenden Anspruch nicht geltend zu machen (vgl. BGH 7. VII. 1960 Hansa 1960, S. 2261 — VersR 1960, S. 727). Ein derartiger Verzicht kann auch Schadensersatzansprüche betreffen.

aa) Hat sich der Verfrachter für die Zeit vor der Einladung und nach der Ausladung der Güter freigezeichnet, so ist ihm vom Ladungsbeteiligten selbstverständlich nachzuweisen, daß die Güter, die der Verfrachter übernommen hatte, unbeschädigt waren.

bb) Der Verfrachter hat dann seinerseits darzulegen, daß der Schaden

aaa) in der Zeit vor der Übernahme bis zur Anbordnahme eingetreten ist. Welche Anforderungen an diesen Beweis zu stellen sind, hat das Hanseatische Oberlandesgericht Hamburg in einem Urteil vom 15. 3. 1957[331] ausgesprochen. Danach würde es zu einer Überspannung der Beweisführungspflicht führen, wenn der Beweisbelastete die Kolli einer in Säcken verpackten Ladung einzeln öffnen müßte. Stichproben reichen aus. Man kann sich auf die im Handel überlicherweise vorgenommenen Musterziehungen beschränken.

Dieses Ergebnis entspricht beispielsweise der Rechtslage in Frankreich[332], Belgien[333] und dem Libanon[334];

bbb) daß die Güter bei der Ausladung noch vollzählig und unbeschädigt waren[335].

cc) Gelingt dem Verfrachter dieser Nachweis nicht, so ist er nach den allgemeinen Vorschriften des Seefrachtrechts beweichpflichtig.
Er kann nachweisen:

aaa) Umstände, die durch die Sorgfalt eines ordentlichen Verfrachters nicht abgewendet werden konnten, § 606 S. 2 HGB.

bbb) Ein Nichtverschulden hinsichtlich einer festgestellten Seeuntüchtigkeit.

ccc) Ein nautisches Verschulden seiner Leute, § 607 HGB.

ddd) Eine der Sondergefahren des § 608 HGB[336].

---

331 Allerdings in einem anderen Zusammenhang, Hansa 1957, S. 1327.

332 *Ripert*, Droit Maritime Bd. 2, Nr. 1801 mit Hinweisen auf die Judikatur.

333 *Wildiers*, Le Connaissement Maritime Nr. 130.

334 Cour de Cassation Beirut, 14. III. 1952 in Droit Maritime Français 1953, S. 661.

335 *Gramm*, S. 113; *Schaps-Abraham*, § 606 HGB Anm. 30; *Boyens-Lewis*, § 657 HGB Anm. 2; HanseatOLG 6. VI. 1924, HansGZ 1924, S. 156, HanseatOLG 12. V. 1925, HansGZ 1925, S. 172; *Schlegelberger-Liesecke*, Anm. 10 zu § 663 HGB; *Wüstendörfer*, Seehandelsrecht, S. 279.

336 Die Unterlassung der Anzeige des § 611 HGB bewirkt gemäß § 611 III HGB die Umkehrung der Beweislast, nicht aber den Verlust der Rechte aus § 606 HGB (BGH 12. VI. 1958 VersR, 1958, S. 478 = Hansa 1958, S. 1821).
Die Entlastungspflicht des Verfrachters entfällt, auch hinsichtlich des Bordschadens. Der Befrachter muß beweisen, daß die Beschädigung auf einem Umstand beruht, den der Verfrachter zu vertreten hat.

II. KAPITEL

Einwendungen gegen den Haftungsgrund aus dem Bereich der gesetzlichen Zwangshaftung

§ 9. Die Nichthaftung für nautischtechnisches Verschulden

I. Die gesetzliche Regelung

Gemäß § 607 Abs. II HGB hat der Verfrachter, wenn ein Schaden an der Ladung durch ein Versagen bei der Schiffsführung (nautisches Verschulden) oder bei der sonstigen Bedienung des Schiffes oder durch Feuer entstanden ist, nur sein eigenes Verschulden zu vertreten. Der Verfrachter braucht also für das Verschulden seiner Erfüllungsgehilfen oder seiner Leute nicht einzustehen. Er kann im Schadensfalle solche Umstände anführen und beweisen, die auf einen Fall zutreffen, der durch § 607 Abs. II HGB aus seinem Verantwortungsbereich genommen ist[337].

II. Die Regelung im Deutschen Einheitskonnossement 1940

§ 607 Abs. II HGB ist in Regel II Absatz 5 DEK 1940 seinem Wortlaut nach übernommen worden. Lediglich die Frage, wie ein Schadensfall behandelt werden soll, der auf Feuer im Schiff zurückzuführen ist, ist anders als in § 607 Abs. II HGB im Zusammenhang mit dem nautischen und technischen Verschulden gesondert in Regel III Absatz 4 DEK 1940 geregelt. Dieses Verfahren hat im vorliegenden Zusammenhang keinen Einfluß auf die Verteilung der Beweislast im Streit zwischen Verfrachter und Ladungsbeteiligten.

Beruft sich der Verfasser auf ein nautisches Verschulden der Schiffsführung oder auf ein technisches Verschulden seiner Leute und Erfüllungsgehilfen bei der sonstigen Bedienung des Schiffes, dann macht er Tatsachen geltend, aus denen sich seine gesetzliche Nichthaftung ergibt. Der Umstand, daß Regel II Abs. 5 DEK 1940 — wie übrigens eine Vielzahl der von deutschen Verfrachtern verwendeten Konnossementsbedingungen auch — nur den Wortlaut des Gesetzes wiederholt, ist ohne rechtliche Bedeutung.

---

[337] Die Auslegung der Begriffe „nautisches Verschulden" und „technisches Verschulden" kann nicht Gegenstand dieser Arbeit sein. Es wird in diesem Zusammenhang auf *Wüstendörfer*, Seehandelsrecht, S. 272 ff. und die einschlägigen Kommentare zu § 607 Abs. II HGB verwiesen.

III. Behauptungs- und Beweislast

Dem Schadensbeweis der Ladungsbeteiligten steht der Entlastungsbeweis des Verfrachters gegenüber. Wegen der Übereinstimmung der gesetzlichen Regelung mit Regel II Ziffer 5 DEK 1940 sind an den Entlastungsbeweis der Verfrachter, die sich der Regeln des DEK 1940 bedienen, aber auch an den der übrigen Verfrachter, die die gesetzliche Regelung dem Wortlaut nach oder mit seinem Inhalt in ihre Konnossementsbedingungen aufgenommen haben, keine besonderen Anforderungen zu stellen. Grundsätzlich muß der Verfrachter das Vorliegen eines gesetzlichen Entlastungstatbestandes dartun. Außerdem muß er beweisen, daß der Ladungsschaden durch Umstände verursacht worden ist, die durch den Entlastungstatbestand gedeckt werden. Das folgt aus den allgemeinen Grundsätzen über die Verteilung der Beweislast im Prozeß.

Bezogen auf den Entlastungsgrund des nautischen oder technischen Verschuldens hat der Verfrachter nachzuweisen:

1. daß ein nautisches oder technisches Verschulden der Schiffsführung beziehungsweise seiner Leute oder Erfüllungsgehilfen vorliegt, und

2. daß das nautische oder technische Versagen der Besatzung des Schiffes oder seiner Leute bzw. seiner Erfüllungsgehilfen für den entstandenen Schaden ursächlich war,

oder

3. daß der Schaden ohne sein oder seiner Gehilfen Verschulden eingetreten ist.

4. Außerdem kommt eine Entlastung des Verfrachters wegen mitwirkenden Verschuldens der Ladungsbeteiligten in Betracht. Auch dafür trifft den Verfrachter die volle Beweislast.

Diese Entlastung schließt praktisch die Pflicht zur vollständigen Aufklärung der Schadensursache ein. Dabei ist regelmäßig nur hinsichtlich der konkreten Schadensursache die Freiheit vom Verschulden darzutun. Von einem negativen Beweis „ins Blaue" kann keine Rede sein[338].

5. Der Verfrachter kann auch die laufende ordentliche Behandlung der Ladung, die sachgemäße Einladung, Stauung, Behandlung und Bewachung während der Reise und die einwandfreie Ausladung nachweisen und damit seiner Entlastungspflicht genügen. Immer aber wird die Frage, ob ein solcher Beweis gelingt, davon abhängen, wie lückenlos und mit welcher Überzeugungskraft der Verfrachter seine einzelnen Maßnahmen dem Gericht offenlegen kann.

---

[338] In vielen Fällen, in denen die Schadensentstehung nicht aufgeklärt werden kann, wird deshalb auch der allgemeine Entlastungsbeweis, aber auch der Nachweis, daß den Ladungsbeteiligten ein mitwirkendes Verschulden vorgeworfen werden muß, nicht erbracht werden können.

Aus dieser Erkenntnis wird die überwiegende Anzahl aller Streitfälle zu beurteilen sein, denn regelmäßig wird der Verfrachter sich im Prozeß auf fehlendes Verschulden seinerseits berufen. Hilfsweise wird er vortragen, es handele sich bei dem schadenstiftenden Ereignis um ein nautisches oder technisches Versagen, für das er nicht einzutreten habe.

6. An den Entlastungsbeweis des Verfrachters müssen jedoch dann besonders strenge Anforderungen gestellt werden, wenn der Verfrachter ein schuldhaftes Verhalten einräumt, außerdem aber behauptet, es habe ein Fehler in der nautischen oder technischen Bedienung des Schiffes vorgelegen. In einem solchen Fall muß der Verfrachter die Möglichkeit eines kommerziellen Verschuldens ausschließen, denn es ist von vornherein allein damit, daß er dieses Verschulden mit einem nautischen oder technischen Versagen seiner Leute in Beziehung setzt, nicht gesagt, das schuldhafte Verhalten könnte nicht auch eine Handlung oder eine Unterlassung im Bereiche der Ladungsfürsorge sein.

Vielmehr verlangt die Entlastungspflicht des Verfrachters in § 606 Satz 2 HGB den Nachweis, daß die Ladung nicht infolge kommerziellen Verschuldens zu Schaden gekommen ist. Insoweit wirkt die Entlastungspflicht des Verfrachters in § 606 Satz 2 HGB auch in den Bereich nautisch-technischen Verschuldens hinein.

Das bedeutet für den Verfrachter eine weitgespannte Pflicht zur Aufklärung des gesamten Schadensverlaufes.

Der Verfrachter muß im einzelnen dartun, welche Handlungen er vorgenommen hat und welche Maßnahmen er auszuführen unterlassen hat. Nur so kann das Gericht abschließend klären, ob das fragliche Verhalten im Zusammenhang mit einem kommerziellen oder einem nautisch-technischen Verschulden zu werten ist. Dabei wird insbesondere neben dem Nachweis des äußeren Geschehensablaufes das Ziel und der Zweck der einzelnen Verhaltensweise zu offenbaren sein, damit aus diesem Blickwinkel erkannt und beurteilt werden kann, ob die Grenze zum kommerziellen Verschulden überschritten worden ist und ob sich etwa hinter dem konkreten äußeren Vorgang ein Akt der Ladungsfürsorge verbirgt. Dieser Fragenkreis wird aber nur angeschnitten werden können, wenn sich nicht schon aus der Sicht auf den äußeren Geschehensablauf eine klare Feststellung ergibt[339].

[339] Vgl. hierzu aus dem Anwendungsgebiet der Haager Regeln: Herald & Weekly Times Ltd. v. New Zealand Shipping Co. (Engl. K. B. D.) (1947) 80 LL L. R. 596 (606). In dem dort entschiedenen Falle war ein Ladungsschaden infolge Seewassers entstanden, das durch einen Seehahn in das Schiff eingedrungen war. Das Schiedsgericht vermochte deshalb kein nautisch technisches Verschulden zur Entlastung des Verfrachters anzunehmen, weil nicht feststellbar war, wer den

7. Der Entlastungsbeweis des Verfrachters erfordert den Nachweis des Kausalzusammenhanges zwischen dem schadensstiftenden, aber haftungsfreien Ereignis und dem Schaden.

a) Zunächst ist die Ursächlichkeit des Entlastungsgrundes für den entstandenen Schaden zu beweisen[340 341].

Dieser Nachweis wird erschwert, wenn mehrere Ursachenreihen in Frage stehen, die sich auf mehrere und verschiedene Teilschäden beziehen.

Ist lediglich streitig, ob der Gesamtschaden überhaupt durch ein nautisch-technisches Verschulden und/oder durch Umstände verursacht worden ist, die beispielsweise unter den Katalog des § 608 HGB fallen, dann genügt der Verfrachter seiner Entlastungspflicht, wenn er einen der mehreren Ursachenverläufe in bezug auf den Gesamtschaden aufklärt. Er hat sich nicht entlastet, wenn er lediglich einen Entlastungstatbestand neben mehreren anderen, nicht haftungsbefreienden Gründen nachweisen kann. Das gilt jedoch nur, wenn der Verfrachter von vornherein lediglich die Mitursächlichkeit des Entlastungstatbestandes nachweist.

Ist er in der Lage, den Ursachenzusammenhang überzeugend auf einen Entlastungstatbestand, etwa auf nautisch-technisches Verschulden seiner Schiffsbesatzung zurückzuführen, ohne daß sich dabei Zweifel an der alleinigen Verursachung ergeben, dann müssen die Ladungsbeteiligten eine parallel laufende schadensstiftende Ursachenreihe nachweisen, weil es sich in diesem Fall um den Schadensnachweis, nicht aber um den Nachweis eines Befreiungstatbestandes handelt.

Deutsche Gerichte haben sich mit diesem Fragenkreis, soweit feststellbar, noch nicht befaßt. Jedenfalls gibt es keine veröffentlichten Entscheidungen. Die amerikanische Rechtsprechung hat richtig den Verfrachter dann für einen Schaden einstehen lassen, wenn zweifelhaft bleibt, ob zwei Haftungstatbestände wirksam waren, sofern nicht beide unter einen Entlastungstatbestand fallen[342].

Entsprechendes hat auch zu gelten, wenn verschiedene Ursachenketten zu verschiedenen Teilschäden führen, die einzelnen Ursachenketten teilweise haftungsbegründend sind, teilweise unter Befreiungstatbestände fallen. Auch in solchen Fällen hat der Verfrachter nicht mit ausreichender Sorgfalt den Entlastungsbeweis geführt, wenn offenbleibt,

---

Seehahn geöffnet hatte und aus welchem Grunde dies geschehen war. So war nicht auszuschließen, daß es sich dabei um einen Akt der Ladungsfürsorge gehandelt haben konnte.

[340] Dabei sind die Besonderheiten der Kausalitätslehre zu berücksichtigen.

[341] Vgl. für viele *Lindenmaier*, S. 237 ff. 268 f.; *Träger*, Kausalitätsbegriff, S. 38 ff., 115 ff.

[342] *Götz*, S. 160, Anm. 103.

auf welche Teilschäden sich die einzelnen Ursachenreihen beziehen. Der Verfrachter hat den Schadensbetrag zu beweisen, der durch den entlastenden Tatbestand verursacht worden ist.

Ebenfalls bei mitwirkendem Verschulden muß der Verfrachter den Schaden aussondern, der auf der Mitwirkung der Ladungsbeteiligten beruht[343].

Stehen allerdings Mängel an den Gütern fest, dann trifft die Differenzierungspflicht die Ladung.

Billigerweise kann man dem Verfrachter nicht auferlegen, den Schaden auszusondern, der dadurch entstanden ist, daß der Befrachter eine Ladung an das Schiff geliefert hat, die mit inneren Mängeln behaftet ist. Im übrigen ist dies ein Fall des Schadensnachweises, der grundsätzlich den trifft, der einen Schadensersatzanspruch erhebt.

8. Der Entlastungsbeweis des Verfrachters bei Zusammentreffen von Seeuntüchtigkeit des Schiffes und technischem Verschulden als Entlastungsgrund.

Seeuntüchtigkeit des Schiffes und technisches Verschulden stehen oft in Beziehung zueinander[344]. Für die Frage der Verteilung der Beweislast sind nur die Fälle interessant, wo nicht aufklärbar ist, ob ein Schaden ganz oder teilweise auf Seeuntüchtigkeit des Schiffes oder auf technisches Verschulden bei der Bedienung des Schiffes zurückzuführen ist. Der Verfrachter muß sich gemäß § 606 HGB entlasten. Denn wenn er die Schadensursache nicht aufklären kann, scheitert sein Versuch, sich auf Umstände zu berufen, die in den Bereich des technischen Verschuldens fallen. Sein Entlastungsbeweis nach § 606 Satz 2 HGB scheitert aber auch, weil er, ohne den genauen Ablauf der Ereignisse aufzuklären, nicht nachweisen kann, daß der Schaden auf Umständen beruht, die durch die Sorgfalt eines ordentlichen Verfrachters nicht abgewendet werden konnten.

Er bleibt daher sachfällig. Das gilt nur nicht, wenn er als einzige Schadensursache See- bzw. Ladungsuntüchtigkeit des Schiffes nachweisen kann und ihm dann der Entlastungsbeweis nach § 559 Abs. II HGB gelingt.

[343] Nicht anders ist es in den Fällen, in denen zwar die Haftung für einen Teil des Schadens feststeht, der Verfrachter sich aber für den anderen Teil damit entlasten will, der Schaden sei nicht an Bord des Schiffes entstanden und falle deshalb unter die Freizeichnung für Landschäden.

[344] Die Tatbestände, in denen nur scheinbar beides vorliegt (Ursache in Wahlstellung, Fälle der Idealkonkurrenz, Tatbestände der Realkonkurrenz) — vgl. im einzelnen dazu Müller, Seeuntüchtigkeit und technische Bedienung des Schiffes nach der Seefrachtnovelle vom 10. VIII. 1937, HansRGZ 1937 A, Sp. 371—392 — können hier nicht untersucht werden.

Denkbar ist auch, daß See- bzw. Ladungsuntüchtigkeit des Schiffes und technisches Verschulden vorliegen, der Nachweis, auf welche Teilschäden sich die beiden Schadensursachen beziehen, aber mißlingt.

Eine Ladung Südfrüchte wird teilweise beschädigt, weil die Kühlanlage, welche die Besatzung auch zur Frischhaltung ihrer Reisevorräte verwendet, infolge eines Fehlers versagt, der schon bei Reiseantritt vorhanden war, teilweise aber, weil der Fehler während der Reise nicht sachgerecht beseitigt worden ist. Das Verhältnis der beiden Teilschäden bleibt unaufgeklärt.

Die schlechte Beseitigung des Fehlers in der Kühlanlage ist ein technisches Verschulden bei der Bedienung des Schiffes und wirkt zugunsten des Verfrachters grundsätzlich entlastend. Dennoch geht der Beweis des technischen Verschuldens ins Leere, weil er für einen konkreten Teilschaden erbracht werden muß; die Verbindung zwischen schadenstiftendem technischen Verschulden und Schadensbetrag bleibt offen. Damit haftet der Verfrachter für den gesamten Schaden[345], sofern er nicht den Entlastungsbeweis hinsichtlich der anfänglichen Ladungsuntüchtigkeit des Schiffes erbringt, § 559 Abs. II HGB.

§ 10. Die Nichthaftung für typische Seegefahren und die Umkehr der Beweislast

I. Zur gesetzlichen Regelung des § 608 HGB

Neben der Einschränkung der Haftung für nautisches und technisches Verschulden hat der Gesetzgeber mit der mutmaßlichen Nichthaftung des Verfrachters[346] für bestimmte unvorhersehbare Schadensfälle in der Seeschiffahrt und die daran anschließende besondere Verteilung der Beweislast bei der Frage des Verschuldens eine weitere Vergünstigung gewährt.

Der in § 608 HGB zusammengestellte Gefahrenkatalog hat bereits eine lange geschichtliche Entwicklung hinter sich. Sein Ursprung ist im englischen Seefrachtrecht zu suchen. Die in § 608 HGB genannten typischen Seegefahren wurden schon sehr früh in Konnossementsformulare aufgenommen. So enthält der Vorgänger des Deutschen Einheitskonnossements von 1940, das Deutsche Einheitskonossement aus dem Jahre 1912 in der Regel II eine entsprechende Zusammenstellung. Art. 4 § 2 der Haager Regeln bestimmt eine ähnliche, allerdings bei weitem umfangreichere Liste typischer Seegefahren.

---

345 Vgl. hierzu die bei Müller Diss., S. 86, in Anmerkung 242 aufgeführte Rechtsprechung ausländischer Gerichte.

346 *Wüstendörfer*, Seehandelsrecht, S. 275.

1. Inhalt der gesetzlichen Regelung

Die im Gesetz genannten Fälle betreffen Gefahren und Ereignisse, bei denen ein Verschulden des Verfrachters in der Regel nicht mitspielt. Weist der Verfrachter das Vorliegen eines der genannten Fälle nach, führt er im allgemeinen den Schaden „auf Umstände" zurück, „die durch die Sorgfalt eines ordentlichen Verfrachters nicht abgewendet werden konnten", § 606 HGB. Vom Regelfall aus betrachtet befaßt sich die Aufzählung in § 608 Abs. I HGB mit Zufallsereignissen, für die der Verfrachter sowieso nicht haftet[347]. Darin liegt allerdings auch die Grenze dieser Vorschrift. Die Entlastungstatbestände können nur eingreifen, wenn ein Element des Unvorhersehbaren vorliegt. Sie müssen versagen, wo die Gefahrenlage als notwendiger oder möglicher Reisezwischenfall voraussehbar war. Die Bedeutung des § 608 HGB liegt in dem Schwergewicht der Beweislast, die dem Verfrachter den Nachweis des Ursachenzusammenhanges zwischen dem schadenstiftenden Ereignis und dem Schaden erspart.

Gemäß § 608 Abs. II HGB wird, wenn ein Schaden eingetreten ist, der nach den Umständen des Einzelfalles aus einer der in Absatz I bezeichneten Gefahren entstehen konnte, vermutet, daß der Schaden aus dieser Gefahr auch entstanden ist.

2. Beweislast

a) Der Verfrachter hat nach allgemeinen Beweislastgrundsätzen als derjenige, der sich auf einen Tatbestand des Befreiungskatalogs des § 608 Abs. I HGB beruft und daraus für sich Vorteile herleitet, nachzuweisen, daß ein Fall dieser Vorschrift gegeben ist:

Der Ablader hat die Güter selbst eingeladen, § 608 Abs. I Ziffer 5 HGB. Die verladenen Güter waren geruchempfindlich, § 608 Abs. I Ziffer 7 HGB. Eine Seegefahr hat vorgelegen, § 608 Abs. I Ziffer 1 HGB[348].

b) Außerdem muß der Verfrachter nachweisen, daß der Schaden den Umständen des Falles nach aus dieser Gefahr entstehen konnte.

Demgegenüber hat beispielsweise der Verfrachter nach Art. 468 des Niederländischen Handelsgesetzbuches die typische Seegefahr und deren Ursächlichkeit für den Schaden nachzuweisen.

Dieser Beweislast wird der Verfrachter in der Regel schon mit dem Nachweis der Gefahr im Sinne von § 608 Abs. I HGB nachgekommen sein.

---

[347] *Lebuhn*, Linienkonnossement, S. 55; *Capelle*, HansRGZ 1943 A, Sp. 25 ff. (31); *Sieg*, MDR 1956, S. 708.

[348] Der Verfrachter kann sich jedoch auf die Seegefahr nicht berufen, wenn er es an der erforderlichen Sorgfalt hat fehlen lassen.

Außerdem stehen ihm die Grundsätze über den prima-facie-Beweis zur Seite. Ganz allgemein wird man sagen können:

Ein Schaden kann den Umständen des Falles nach aus einer der Gefahren des Absatzes I entstanden sein, wenn die Wahrscheinlichkeit des Schadens bei Fehlen der Gefahr[349] außerordentlich gering gewesen wäre. Der Verfrachter kann daher auch gehalten sein, zu seiner Entlastung nach § 608 HGB die näheren Umstände der Übernahme der Ladung, der Beförderung und der Ausladung, soweit er davon Kenntnis erhalten hat, darzulegen.

Sind beide Nachweise gelungen, wird zugunsten des Verfrachters vermutet, § 608 Abs. II HGB, daß der Schaden aus einer der genannten Gefahren entstanden ist. Die Sanktion liefert § 608 Abs. I HGB, wonach der Verfrachter für die auf diese Weise verursachten Schäden nicht haftet. Der Verfrachter braucht also nicht den gesamten Kausalverlauf zwischen Verursachung und Schaden aufzuklären, sondern nur den „Beginn einer nach den Umständen denkbaren, wahrscheinlichen" Kausalkette[350]. Die Brücke von der ersten auslösenden Schadensursache zum eigentlichen Eintritt des Schadens spannt für ihn die Vermutung des § 608 Abs. II HGB. Darin liegt eine Umkehrung der Beweislast. Es geht nunmehr zu Lasten der Ladungsbeteiligten, wenn die schädigende Ursache im einzelnen unaufgeklärt bleibt, die Möglichkeit aber, daß der Schaden aus einem der in § 608 Abs. I HGB genannten Umstände entstanden ist, nicht von der Hand zu weisen ist. Mit § 608 HGB hat der deutsche Gesetzgeber eine Regelung getroffen, die zulässig von Art. IV Ziffer 2 der Haager Konvention abweicht[351].

---

[349] *Gramm*, S. 125.

[350] *Gramm*, S. 124.

[351] Dem Landesgesetzgeber war in Ziffer 1 des Zeichnungsprotokolls gestattet worden, das Übereinkommen in die innerstaatlichen Gesetze in einer diesen angeglichenen Form zu überführen. Von dieser Ermächtigung hat der deutsche Gesetzgeber bei der Gestaltung des Art. IV der Haager Regeln Gebrauch gemacht. Der Vorbehalt gestattete es, daß der Verfrachter trotz der Tatbestände der Buchstaben c—p des Art. IV haften kann, wenn außerdem eigenes Verschulden oder zurechenbares Verschulden bestimmter anderer (nicht nautisches oder technisches Verschulden) gegeben ist. Diesen weiten Schritt hat der Gesetzgeber in Deutschland jedoch nicht getan. Er hat keine grundsätzliche Verfrachterhaftung eingeführt, sondern ist im Gegenteil einer Anregung des Seerechtausschusses gefolgt (*Willner*, Hansa 1952, S. 1670 f. [1671]) und hat den Grundsatz der vermuteten Nichthaftung des Verfrachters aufgestellt, weiter aber vorgesehen, daß der Verfrachter dennoch haften müsse, wenn der Eintritt der Gefahr auf einem von ihm zu vertretenden Umstand beruht.

c) Die Ladungsbeteiligten können die Beweisvermutung mit dem Nachweis widerlegen, der Schaden beruhe nicht auf der angegebenen, unter Abs. I des § 608 HGB fallenden Gefahr.

Sie können den Gegenbeweis führen, daß das Seewasser, welches die Ladung beschädigt hat[352], durch ein bereits bei Reiseantritt vorhandenes Leck eingedrungen sei (anfängliche Seeuntüchtigkeit). Hierzu helfen ihm, gnenau wie dem Verfrachter, die Vorteile des Anscheinsbeweises. Sind etwa die Güter durch Leckage oder durch Bruch beschädigt worden, so vermag der Ladungsbeteiligte die Vermutung des § 608 Abs. II HGB zu widerlegen, indem er dem Verfrachter Fehler bei der Stauung, bei der Befestigung der Ladung durch Stützen und Streben nachweist[353].

d) Die Ladungsbeteiligten können dartun, daß neben jener Sondergefahr des § 608 Abs. I HGB auch ein vom Verfrachter zu vertretendes Verschulden mitgewirkt hat. Die Empfänger beweisen beispielsweise, die Besatzung habe die Ladeluken nur nachlässig abgedichtet, so daß Wasser eindringen konnte (kommerzielles Verschulden)[354].

e) Die Ladungsbeteiligten können schließlich einräumen, der Schaden rühre aus einer der Gefahren des § 608 HGB her, der „Eintritt der Gefahr" — um zunächst beim Wortlaut des Gesetzes zu bleiben — sei indes vom Verfrachter vertretbar verschuldet worden, § 608 Abs. III HGB. Gedacht ist in erster Linie an persönliches nautisches oder technisches Verschulden der Schiffsbesatzung oder der Leute des Verfrachters.

Welche Anforderungen an diesen Beweis der Ladungsbeteiligten zu stellen sind, wird im Schrifttum mit Rücksicht auf den Wortlaut des § 608 Abs. III HGB und im Zusammenhang mit entsprechenden Vorschriften des Binnenschiffahrtsgesetzes und der Eisenbahnverkehrsordnung verschieden beurteilt.

Wüstendörfer meint[355], die Wortfassung des § 608 HGB Abs. III, wonach die Haftungsbefreieung nicht eintrete, „wenn nachgewiesen wird, daß der Eintritt der Gefahr auf einem Umstand beruht, den der Verfrachter zu vertreten hat", sei zu eng geraten. Entscheidend sei der

---

[352] Wobei der Verfrachter sich dahin eingelassen hat, während der Reise sei sein Schiff unvorhersehbar in schweres Wetter geraten. — Die Kontrolle der Seewetterlage und ein eventuelles Ausweichen, Ändern des Kurses, um einem Unwetter aus dem Wege zu gehen, gehört zu den Aufgaben des Verfrachters, bei deren Verletzung er sich den Ladungsbeteiligten über § 606 HGB schadensersatzpflichtig machen kann.

[353] Vgl. auch HanseatOLG Hamburg, 3. VII. 1951 (1 U 88/51).

[354] Vgl. auch OLGBremen 23. III. 1959, Hansa 1959, S. 2168 (2169).

[355] In Seehandelsrecht, S. 277.

„Eintritt des Schadens“, nicht aber, wie es das Gesetz ausdrückt, der „Eintritt der Gefahr“. Dieser Ansicht hat sich auch der Kommentar von Schlegelberger-Liesecke[356], allerdings ohne Begründung, angeschlossen[357].

Demgegenüber vertritt Willner[358][359] mit ausführlicher Begründung die Ansicht, die Formulierung des Gesetzes könne nur ihrem Wortlaut nach verstanden werden. Der Verfrachter könne sich nur mit Erfolg auf § 608 Abs. I HGB berufen, wenn der „Eintritt der Gefahr“ nachgewiesenermaßen nicht auf einem Umstand beruhe, den er zu vertreten habe.

Willner greift[360] auf einen Vergleich des § 608 Abs. II HGB mit ähnlichen Vorschriften aus dem Einsenbahnfracht- und dem Binnenschiffahrtsrecht zurück.

§ 83 Abs. III EVO lautet:

Eine Befreiung von der Haftung aufgrund dieser Vorschriften[361] kann nicht geltend gemacht werden, wenn der Schaden durch Verschulden der Eisenbahn entstanden ist.

In § 59 Abs. III BSchG heißt es entsprechend:

Eine Befreiung von der Haftpflicht kann aufgrund der vorstehenden Bestimmungen nicht geltend gemacht werden, wenn nachgewiesen wird, daß der Schaden durch Verschulden des Frachtführers oder seiner Leute entstanden ist.

Demgegenüber spricht § 608 Abs. II HGB von der „Gefahr“. Genauso ist auch die maßgebende Vorschrift der Regel III Abs. II DEK 1940 formuliert.

Die Fragestellung, die sich mit dem Wortlaut des Gesetzes ergibt, kann demzufolge auch dann auftauchen, wenn die Beziehungen zwischen Verfrachter und Ladungsbeteiligten auf Grund der Regeln des DEK 1940 und gleichgefaßter anderer Konnossemente gestaltet sind.

Der deutliche Unterschied zwischen den Formulierungen im Binnenschiffahrt- und Eisenbahnfrachtrecht einerseits, und im Bereiche des Seefrachtrechts andererseits zwinge, meint Willner[362], zu unterschiedlich strengen Maßstäben für den Belastungsbeweis der Ladung im Sinne von § 608 II HGB und § 83 III EVO bzw. § 59 III BSchG. Das in § 608 II HGB gebrauchte Wort *„Gefahr“* könne nicht im Sinne von Schaden verstanden werden.

---

356 § 608 HGB Anm. 11.
357 Auch *Wüstendörfer*, a.a.O., hat seine Auffassung nicht näher begründet.
358 Hansa 1952, S. 1670 ff.
359 Ebenso *Gramm*, S. 125, allerdings ebenfalls ohne Begründung.
360 a.a.O., S. 1671.
361 Der des Absatz I.
362 *Willner*, a.a.O.

Willner hängt zu sehr am Wortlaut. Es kann nicht darauf ankommen, ob der Gesetzgeber einmal im Binnenfrachtrecht von Schaden, im Seefrachtrecht aber von Gefahr spricht. Im Grunde drückt er ein und dasselbe aus.

Willner hat sich zur Belegung seiner Ansicht auf Ausführungen bei Pfunder-Neuber bezogen. Die maßgebliche Fundstelle[363] gibt allerdings nichts für Willners Ansicht her. Insbesondere werden keine Beispiele erwähnt, die für Willners These sprechen. Auf Seite 9 zu Gruppe 55 (Seefrachtrecht) heißt es lediglich, der Gegenbeweis des Abs. III gehe über die Widerlegung der Vermutung des Abs. III hinaus.

Auch wenn diese Vermutung widerlegt werde oder wenn feststehe, daß einer der Fälle des Absatz I (§ 608 HGB) vorliege und der Schaden aus einer dieser Ursachen entstanden sei, könne dem Verfrachter entgegengehalten werden, daß sein schuldhaftes Verhalten die Schadensursache herbeigeführt habe, z. B., daß die gerichtliche Beschlagnahme, der Ausbruch des Streiks von ihm verschuldet worden sei.

Der Formulierung des § 608 Abs. II wird m. E. bei Willner zu viel Gewicht beigelegt. § 608 HGB ist, wie sich aus dem Wortlaut des Abs. I ergibt, „der Verfrachter haftet für Schäden, die entstehen ...“, nur praktisch im Schadensfalle. Er nennt bestimmte Umstände, die, wenn sie vorliegen, im ursächlichen Zusammenhang mit dem Schaden stehen, gleichwohl aber nicht zu einer Haftung führen. Wenn der Verfrachter dann haftbar bleibt, sofern er den Eintritt „der Gefahr“ zurechenbar herbeigeführt hat, kann dies nur heißen, hier komme es auf den Kausalzusammenhang zwischen Schaden und dem Verhalten des Verfrachters an. Führt der Verfrachter Umstände herbei, wie sie in Abs. I des § 608 HGB geschildert sind, dann hat er damit notwendig in der Herbeiführung der Gefahr im Sinne des Wortlautes eine conditio sine qua non für den Schaden gesetzt. § 608 HGB nennt mithin keine neuen Bedingungen einer Kausalkette, die zu einem Ladungsschaden geführt haben. Im übrigen spricht schon der Sinnzusammenhang der einzelnen Absätze des § 608 HGB zueinander gegen Willners Ansicht. Bleiben wir bei dem auf Seite 78 gezeichneten Bild der Brücke, dann wird klar: Der Gesetzgeber hat einen der vielen Bausteine der Kausalkette, die letzten Endes zum Schaden führte, nämlich den ersten, beschreibend herausgegriffen. Wie anders ist diese schadenauslösende Tatsache zu beschreiben, wenn man nicht hier von der „Gefahr“ spricht, die zur Schädigung vermuteterweise führt? Der Gesetzgeber beschreibt nur besonders anschaulich Ursachen eines Ladungsschadens. Im Grunde geht der Streit über die Frage, ob der Belastungsbeweis des Ladungsbeteilig-

[363] *Pfundner-Neuber*, Band II, Gruppe 55, S. 9.

ten sich auf die Schadensverursachung oder die Verursachung einer Gefahr beziehen soll, um Worte und ist ohne praktische Bedeutung.

Die Beispiele, die Willner[364] auf Seite 1674 (3) aufstellt, lassen sich nicht anders lösen, wenn man in der Beurteilung des § 608 HGB II von Willner abweicht[365].

Der Belastungsbeweis der Ladung im Sinne des § 608 HGB (auch im Sinne von Regel III DEK) bezieht sich also auf die Schädigung.

Was der Verfrachter zu vertreten hat, ergibt sich aus § 606 HGB in Verbindung mit § 276 BGB und § 607 HGB, nämlich eigenes Verschulden, Vorsatz und Fahrlässigkeit und dasjenige Verschulden seiner Leute und der Schiffsbesatzung bei der Behandlung der Ladung.

In diesem Zusammenhang ist noch einmal auf § 607 Abs. II Satz 2 HGB hinzuweisen, wonach jede Tätigkeit im Bereiche der Ladungsbehandlung liegt, die im überwiegenden Interesse der Ladung getroffen wird.

3. *Zwingende Regelung*

Diese Wirkungen des § 608 HGB beruhen auf dem zwingenden Charakter dieser Vorschrift, § 662 Abs. I Satz 1 HGB. Der Zwang bezieht sich jedoch nur auf den Verlust oder die Beschädigung der Ladung.

II. Zur Regelung nach dem Deutschen Einheitskonnossement 1940

Das DEK 1940 hat die gesetzliche Regelung in Regel II nahezu wörtlich übernommen. Eine kleine Abweichung findet sich in Abs. I der Regel III. Während das Gesetz in § 608 HGB im Vorsatz zur Aufzählung der einzelnen Seegefahren schlicht von *„Schäden"* spricht, wird in Regel III DEK an der vergleichbaren Stelle bestimmt, der Verfrachter hafte nicht für „Schäden und/oder Verluste".

Lebuhn geht davon aus[366], man habe das Wort „Verlust" in Regel III deshalb eingefügt, um über die Beschädigung und einen Substanz-

---

[364] a.a.O.

[365] Wenn der Verfrachter abredewidrig eine Ladung an Deck staut, die dann durch Seewasser beschädigt wird, hat er damit die Gefahr der Beschädigung her beigeführt, gleichzeitig aber auch eine Bedingung gesetzt, die nicht weggedacht werden kann, ohne daß der Schaden entfällt, und zwar eine Bedingung, die nach der im Zivilrecht herrschenden Adäquanztheorie kausal ist, es sei denn, andere gleichwertige Bedingungen haben auch zur Schädigung geführt. Das gleiche gilt, wenn der Verfrachter nach § 608 Abs. I HGB Unruhen selbst provoziert, wenn er beschlagnahmte Güter wissentlich an Bord nimmt.
In den von *Willner* angegebenen Fällen ist nicht anders zu entscheiden.

[366] Linienkonnossement, S. 57.

verlust an der Ladung hinaus auch den bei einer Vielzahl der in § 608 HGB und Regel III Abs. I DEK 1940 aufgezählten Schadensfällen mit hoher Wahrscheinlichkeit eintretenden Zeitverlust zu erfassen und damit die Vermutung des Abs. III der Regel auch auf Verzugsschäden anzuwenden. Der Begriff Schaden sei umfassender als der der Beschädigung und umfasse jeden Schaden, also auch den Verspätungsschaden. Die Fassung „Verlust und/oder Schaden" weise darauf hin, daß in diesem Zusammenhang unter Schaden auch der Verspätungsschaden verstanden werden könne. Sicherlich würde, folgt man Lebuhn, die Haftungsfreiheit des Verfrachters nach dem DEK 1940 über den Rahmen des § 608 HGB (§ 602 HGB) hinaus erweitert.

§ 608 HGB will seinem Sinn und Zweck nach nichts anderes, als genaue Ausnahmen zu der in § 606 HGB bestimmten grundsätzlichen Haftung des Verfrachters für die Behandlung und das Schicksal der ihm anvertrauten Ladung festlegen. Deshalb muß sich der in § 608 HGB gebrauchte Begriff „Schaden" mit der in § 606 HGB vorgenommenen Definition, die auch von Schaden spricht, decken. Dort aber ist lediglich von Verlust und Beschädigung die Rede. Die herrschende Meinung schließt daraus mit Recht, daß der Verzugsschaden von § 608 HGB nicht erfaßt werden soll[367]. Die abweichende Ansicht Wüstendörfers[368], der mit Rücksicht auf den allgemeinen Schutzzweck der Haager Regeln gegenüber kommerziellem Verschulden wie auch angesichts der weiten Wortfassung von HR Art. III 8[369] die Frage bejaht, ob die Haftung für Verspätungsschäden auch dem Konnossementsinhaber gegenüber zwingenden Rechts sei, ist abzulehnen.

Schon Lebuhn hat darauf hingewiesen[370], die weite Fassung des englischen Textes der Haager Regeln könne nur im Zusammenhang mit § 606 und § 607 HGB zugunsten der Ladungsbeteiligten wirken, während umgekehrt § 608 HGB dem Verfrachter Vorteile einräume.

Außerdem stimmt § 606 HGB n. F. wörtlich mit § 606 der alten Fassung überein, der sich anerkanntermaßen nur auf den durch die Verletzung der Sachsubstanz entstehenden Schaden bezog[371]. Sollte sich tatsächlich an dieser früheren Beurteilung des Schadensbegriffes etwas geändert haben, dann hätte es zumindest eines Hinweises in der amtlichen Begründung des Änderungsgesetzes 1937 bedurft.

---

367 *Schaps-Abraham,* § 606 HGB Anm. 14; *Gramm,* S. 107; *Lebuhn,* Neuzeitl. Konnossementsfragen, S. 36; *Schlegelberger-Lieseke,* § 606 HGB Rdz. 20.

368 Seehandelsrecht, S. 294.

369 "or in connection with goods".

370 a.a.O., S. 36.

371 *Schaps-Abraham,* § 606 HGB Anm. 14.

Deshalb ist die Stellungnahme Lebuhns[372] nicht überzeugend. Sicherlich dürfen die in § 608 HGB festgelegten Fälle nicht zum Nachteil des Ladungsbeteiligten erweitert werden, § 662 HGB. Sinn der Aufnahme des § 608 HGB in § 662 HGB ist, jede Einengung der grundsätzlichen Haftung des Verfrachters nach § 606 HGB auf dem Umweg über eine Ausdehnung des haftungsfreien Raumes des § 608 HGB zu Lasten des Ladungsbeteiligten zu vermeiden. Nur dann aber wird man von einem Verstoß gegen zwingendes Recht und von der Nichtigkeit einer derartigen Regelung sprechen können. Nun ist bereits festgestellt worden, daß die Frage der Verzugshaftung des Verfrachters von den zwingenden Normen des Seefrachtrechts nicht aufgegriffen worden ist. Deshalb bleibt unverständlich, worin Lebuhn in der Aufnahme der Haftung für Verzugsschaden in die dem § 608 HGB entsprechende Regelung des DEK 1940 einen Verstoß gegen § 662 HGB sehen kann. Sieht man in Regel III eine Absprache über die Haftung des Verfrachters wegen Verzugsschadens überhaupt, bestehen keine Bedenken, den Verfrachter in den Genuß der in § 608 Abs. II HGB aufgestellten Vermutung (entsprechende Regelung in Regel III Abs. II) kommen zu lassen. Denn § 607 Abs. II HGB geht weit über die Bestimmung des § 285 BGB hinaus, da er nicht nur die subjektiven, sondern auch die objektiven Haftungsvoraussetzungen erfaßt. Jedenfalls hat der Verfrachter ja auch die Möglichkeit, sich ganz allgemein für jeglichen Verzugsschaden freizuzeichnen[373], ohne daß er damit in irgendeiner Form mit dem Gesetz in Konflikt kommt. Im übrigen wird es im Rahmen des § 608 HGB Regel III, I DEK 1940 kaum zu einer Verzugshaftung des Verfrachters kommen, da angesichts der meist zufällig entstehenden haftungsfreien Ereignisse eine Verzugshaftung des Verfrachters sowieso ausgeschlossen sein dürfte.

§ 11. Schäden, verursacht durch höhere Gewalt

Das DEK 1940 hat in Regel III dem Katalog der haftungsbefreienden Sonderumstände des § 608 HGB unter Buchstabe h des ersten Absatzes den generellen Fall des Eintritts höherer Gewalt hinzugefügt.

Es heißt dort:

„Der Verfrachter haftet nicht für Schäden und/oder Verluste, die entstehen:

. . .

[372] Neuzeitliche Konnossementsfragen, S. 58, 59.

[373] Beispielsweise Regel 6 des Konnossements der Deutschen-Levante-Linie G.m.b.H.

h) überhaupt aus Fällen höherer Gewalt."

Grundsätzlich ist gegen eine solche Klausel nichts einzuwenden. Fast alle gebräuchlichen Konnossemente schließen die Haftung für Zufall entweder ausdrücklich oder durch Aufzeichnung eines umfassenden Gefahrenkatalogs aus. In englischen Konnossementen begegnet man häufig in diesem Zusammenhang der Formulierung „act of God":

Regel 2 des Konnossements der General Steam Navigation Company Ltd., London;

Regel III h des Konnossements der Hamburg-Südamerikanischen Dampfschiffahrts-Gesellschaft, Eggert & Amsinck;

Regel II 1 des Konnossements der Horn-Linie,

Regel 2 des Konnossements der Hamburg-Chicago-Line;

Règlé 2 des Konnossements der Compagnie Générale Transatlantique, Paris.

Dennoch mutet diese Regelung seltsam an. Denn die Haftung für höhere Gewalt ist im Bereiche des deutschen Haftungssystems, das vom Verschuldensprinzip beherrscht wird, die Ausnahme und greift regelmäßig nur ein, wenn sie durch eine gesetzliche Vorschrift ausdrück-eingeführt ist. Im Rahmen der Konnossementshaftung des Verfrachters fehlt eine entsprechende Bestimmung. So ist auch in § 606 HGB kein Anzeichen für eine Zufallshaftung des Verfrachters festzustellen. Im Gegenteil, es geht dem Gesetzgeber mit dieser Vorschrift darum, daß sich der Verfrachter hinsichtlich eigenen und eines Verschuldens seiner Leute (§ 607 HGB) entlastet. Auf den Eintritt eines außergewöhnlichen Ereignisses, das er bei aller für einen ordentlichen Verfrachter erforderlichen Sorgfalt nicht voraussehen konnte, braucht er sich nicht zu berufen.

Es läßt sich auch kein allgemeiner Grundsatz erkennen, der in Abweichung von dem oben wiedergegebenen Prinzip für eine Zufallshaftung des Verfrachters gegenüber den Ladungsbeteiligten spricht. Insbesondere rechtfertigen die Vorschriften der §§ 59 BSchG, § 2 des Gesetzes über die Haftpflicht der Eisen- und Straßenbahnen für Sachschäden vom 29. 4. 1940, § 1 des Reichshaftpflichtgesetzes nicht den Schluß, im Frachtrecht gelten derartig strenge Haftungsmaßstäbe, daß ohne eine entsprechende Freizeichnung der Seeverfrachter für Schäden aus höherer Gewalt einzustehen habe. Die genannten Vorschriften verstehen sich aus den in diesen Gesetzen herrschenden Haftungsmaßstäben, die nicht ohne weiteres auf das allgemeine Gebiet des Frachtgeschäfts ausgeweitet werden dürfen.

Die Zufallsklausel in Regel III Buchstabe h des DEK 1940 und auch in den oben genannten anderen Konnossementsbedingungen beruhen

---

374 *Schnitter*, S. 53; *Capelle*, HansRGZ 1943 A, Sp. 32 f.

auf der Tradition der Konnossementsklauseln, einem im wesentlichen anglo-amerikanischen Vorbild. Dort allerdings fehlt das uns Deutschen so selbstverständliche Verschuldensprinzip. Darauf war Rücksicht zu nehmen. Diesem Erfordernis sind denn auch die Haager Regeln nachgekommen[374]. Die Ergänzung in Regel III Abs. I Buchstabe h ist also überflüssig, aber auch unschädlich.

Die wesentlichen Kriterien eines unabwendbaren Ereignisses, einer Schädigung auf Grund höherer Gewalt sind deren Unvorhersehbarkeit und Unabwendbarkeit[375].

Das Ereignis der höheren Gewalt liefert einen Entlastungstatbestand für den Verfrachter. Er hat deshalb grundsätzlich die Tatbestandsmerkmale einer höheren Gewalt nachzuweisen[376].

Seine Beweislast umfaßt nicht lediglich das Vorliegen der einzelnen Umstände, die das schadensstiftende Ereignis als einen Fall höherer Gewalt charakterisiert, sondern der Verfrachter muß auch den Nachweis des Kausalzusammenhanges zwischen dem Schaden und dem Ereignis, das er als Schadensursache ansieht, erbringen.

Nun findet sich jedoch die Generalklausel für höhere Gewalt im Katalog der Befreiungstatbestände der Regel III DEK 1940 im Bezugsbereich der Beweislastregel der Regel III Absatz III. Danach hätte der Verfrachter im Falle der höheren Gewalt zu seiner Entlastung alles getan, wenn er lediglich die Fallumstände, auf denen der Schaden beruhen konnte, dartut und nachweist. Er wäre vom Nachweis des Ursachenzusammenhanges befreit.

Demgegenüber bezeichnet § 662 HGB den § 608 HGB im Zusammenhang mit der Haftungserleichterung zugunsten des Verfrachters als zwingend. Die dort geschaffene Regelung darf nicht zum Nachteil der Ladungsbeteiligten abgeändert werden. Das aber erreicht Regel III Abs. I Buchstabe h in Verbindung mit Absatz III, wenn er den Verfrachter, der gegenüber einer Inanspruchnahme wegen eines Ladungsschadens höhere Gewalt vorschützt, in den Genuß der Beweislasterleichterung des § 608 Abs. III HGB kommen läßt.

§ 608 HGB legt den Kreis der Sondergefahren abschließend fest. Er enthält insoweit einen numerus clausus[377].

Regel III Abs. I Buchstabe h DEK 1940 verstößt also, soweit sie auf die Beweislastverteilung zwischen Verfrachter und Ladungsbeteilig-

---

[375] *Enneccerus-Nipperdey*, § 219 IV; *Palandt-Danckelmann*, § 203 BGB Anm. 1, RG 3. XII. 1920, RGZ Bd. 101, S. 95; RG 3. XI. 1938, RGZ Bd. 158, S. 357 (361).

[376] *Lebuhn*, Linienkonnossement, S. 60, derselbe, Neuzeitliche Konnossementsfragen, S. 37.

[377] *Lebuhn*, Linienkonnossement, S. 60.

ten im Zusammenhang mit höherer Gewalt Einfluß nimmt, gegen zwingende gesetzliche Vorschriften und ist daher nichtig, § 134 BGB[378].

§ 12. Die Feuerklausel

I. Anwendungsfälle

Erfahrungsgemäß ereignen sich Feuerschadensfälle an Bord verhältnismäßig selten[379]. Noch weniger oft kommt die Ladung durch Brand zuschaden. Schäden, die aus einem schuldhaften Verhalten herrühren, erfassen wiederum nur einen kleinen Bereich.

Feuer an Bord bedroht Ladung, Schiff und neben der Besatzung alle übrigen an Bord befindlichen Personen. Deshalb mag eine entsprechend geringe Schadensrate nicht überraschen, handelt doch jeder bei der Beobachtung der erforderlichen Sorgfalt zur Brandverhütung auch im eigenen Interesse.

Ein Feuerschaden kann auf verschuldete anfängliche Seeuntüchtigkeit zurückzuführen sein, § 559 HGB[380]. Die Schiffsführung versäumt beispielsweise die Reparatur eines schadhaften Kühlers der Schiffsmaschine. Auch Fehler im Stromnetz, die später zu einem Brand führen, zählen dazu.

Schadensursache kann kommerzielles Verschulden sein, § 606 HGB, wenn etwa ein Besatzungsmitglied im Laderaum raucht und die Ladung durch Aschenreste Feuer fängt.

Infolge ihrer natürlichen Beschaffenheit kann die Ladung in Brand geraten sein, § 608 Nr. 7 HGB. Zu denken ist an eine Kohlenladung, an Guano in Säcken[381]. Weiter können nautisch-technisches Verschulden, schuldhafte Überlastung des Stromnetzes bei nächtlicher Einfahrt in einen Hafen, § 607 Abs. II HGB, aber auch höhere Gewalt einen Feuerschaden ausgelöst haben.

II. Gesetzliche Regelung, Auslegung des Gesetzes

Das Gesetz regelt die Haftung für Feuerschäden in § 607 Abs. II Satz 1 HGB in ganz allgemeiner Form. Ist nämlich „der Schaden durch ein Verhalten bei der Führung oder der sonstigen Bedienung des Schiffes *oder durch Feuer* entstanden, so hat der Verfrachter *nur* sein eigenes Verschul-

---

378 Der Zwang des Gesetzes bei § 608 HGB und der Ausschluß einer Beweis lastverschiebung bei Zufallsschäden entspricht auch den Haager Regeln, die in Art. IV Buchstabe g bei jeder der dort grundlegend für § 608 HGB aufgezählten Gefahren die Beweislast demjenigen aufbürden, der sich darauf beruft.

379 *Lebuhn,* Hansa 1949, S. 1146.

380 *Lebuhn,* Linienkonnossement, S. 51.

381 *Lebuhn,* Hansa 1949, S. 1146.

den zu vertreten". Die Auslegung dieser Norm ist seit Wüstendörfer[382] umstritten.

1. Die Ansicht Wüstendörfers

Nach Ansicht Wüstendörfers ist diese Vorschrift eng auszulegen, da es sich entstehungsgeschichtlich um eine „Exception clause" handele, eine vormals vertragliche Freizeichnung von Feuerschäden. Wüstendörfer kommt zu dem Ergebnis, daß namentlich für solche Feuerschadensfälle, die auf einem Verschulden bezüglich der See- und Ladungstüchtigkeit des Schiffes oder auf einem Verschulden im Zusammenhang mit dem Einladen, Stauen, Befördern, Behandeln und Ausladen der Güter beruhen, § 607 Abs. II HGB, das Wörtchen „nur" nicht für „sakrosankt" gehalten werden dürfe. Daraus folgert er, der Verfrachter sei für Feuer durch Verschulden der Besatzung „in the management" haftfrei[383]. Feuer infolge mangelnder Sorgfalt im Zusammenhang mit der anfänglichen Seetüchtigkeit des Schiffes §§ 559, 662 HGB[384] oder nachlässiger Ladungsbehandlung durch die Besatzung[385] könnten die Verfrachterhaftung auslösen[386]. Diese Auffassung zu § 607 Abs. II HGB ist nicht nur bedeutungsvoll für die materielle Seite der Haftungsfrage. Sie wirkt sich auch auf die Verteilung der Beweislast im Prozeß aus.

2. Die Gegenmeinung

Sieht man mit der Gegenmeinung[387] als der wohl herrschenden Ansicht in § 607 Abs. II HGB eine absolute und selbständige Haftungsbefreiung[388], die auf der gleichen Stufe wie nautisch-technisches Verschulden steht[389], ist der Verfrachter generell lediglich mit dem Nachweis belastet, daß ein Feuerschaden vorliegt, wobei er erforderlichenfalls den Ursachenzusammenhang zwischen dem Feuer und dem Ladungs-

---

[382] Seehandelsrecht, S. 274; derselbe in MDR 1949, S. 450, 454, 515 f.

[383] Wenn etwa ein Kessel überheizt wird und demzufolge platzt.

[384] Versäumte Meldung eines entdeckten Kesselrisses.

[385] Kommerzielles Verschulden im Sinne des § 606 HGB Satz 1, etwa Staufehler.

[386] Seehandelsrecht, S. 274 c gamma.

[387] *Lebuhn*, Linienkonnossement, S. 51 f.; *Gramm*, S. 121; *Schaps-Abraham*, § 607 HGB Anm. 24; *Schlegelberger-Liesecke*, § 607 HGB Rdz. 12.

[388] Der Verfrachter ist auch von der Haftung für nur mittelbaren Feuerschaden befreit, etwa bei Beschädigung der Ladung durch Rauch oder Löschwasser (*Gramm*, S. 121; *Schaps-Abraham*, § 606 HGB Anm. 53), nicht aber, wenn die Ladung nur durch Erhitzung Schaden genommen hat, ohne daß ein Brand aufgeflammt ist (*Scrutton*, S. 267, Anm. S).

[389] *Gramm*, a.a.O.

schaden aufzudecken und insoweit den Nachteil der Unaufklärbarkeit zu tragen hat.

Damit ist die Beweisposition des Verfrachters zwar rechtlich verbessert. Ob er damit praktisch aus allen Schwierigkeiten entlassen ist, hängt davon ab, wieweit er in der Lage ist, den Kausalzusammenhang zwischen dem schadenstiftenden, aber haftungsfreien Tatbestand des Brandes an Bord und dem Schaden aufzuklären. In zahlreichen Fällen liegt hier das Schwergewicht der Entlastung. Selbstverständlich reicht es nicht aus, wenn nur die Möglichkeit eines Ursachenzusammenhanges zwischen dem Feuer und dem Schaden dargetan wird. Für die Kausalität muß vielmehr der volle Beweis erbracht werden.

Infolgedessen genügt der Verfrachter seiner Beweislast nicht, wenn der Gesamtladungsschaden auf mehrere Entlastungsgründe zurückgeht, er jedoch nur nachweisen kann, daß ein Entlastungsgrund neben anderen, nicht haftungsbefreienden Gründen den Schaden verursacht hat. Stehen mehrere Ursachenreihen in Frage, muß der Verfrachter den Umfang des durch das haftungsfreie Ereignis eingetretenen Schadens nachweisen. Er vermag sich nicht zu entlasten, wenn ihm lediglich der allgemeine Nachweis gelingt, daß ein Teil des Schadens im haftungsfreien Bereich entstanden ist. Erforderlich ist die Differenzierung der einzelnen Schadensbeträge im Hinblick auf den jeweiligen Ursachenzusammenhang. Gelingt dies nicht, bleibt der Verfrachter für den Gesamtschaden haftbar.

Steht fest, daß der Schaden durch Feuer verursacht ist, fallen zunächst alle Gegenbeweise dem Ladungsbeteiligten zu. Da nach dem Wortlaut des § 606 Abs. II Satz 1 HGB die Haftung entfällt, sofern ein Eigenverschulden vorliegt, muß dem Verfrachter ein eigenes Verschulden nachgewiesen werden. Dieser Nachweis umfaßt einmal das Vorliegen des Eigenverschuldens, andererseits aber auch, daß das Feuer durch das Eigenverschulden des Verfrachters verursacht worden ist. Ähnlich wie auf Seiten des Verfrachters muß der Ladungsbeteiligte, der sich auf mitursächliche Haftungsgründe beruft, den schuldhaft verursachten Feuerschaden aus dem Schaden aussondern, der im haftungsfreien Raum entstanden ist. Daß der Ladungsbeteiligte dem Nachweis eines Feuerschadens durch den Verfrachter den Boden beispielsweise mit der Behauptung anfänglicher Seeuntüchtigkeit des Schiffes entziehen kann, ist schon im Zusammenhang mit § 608 HGB und den entsprechenden Konnossementsklauseln erörtert worden und soll hier lediglich erwähnt werden. Im Streitfall ergibt sich dann allerdings auch wieder die Beweislast der Ladung für die Seeuntüchtigkeit, wobei der Nachweis der Kausalität zwischen Seeuntüchtigkeit und Schaden eingeschlossen ist.

Das gleiche gilt allgemein für den Nachweis mitwirkenden Verschuldens.

3. Stellungnahme

Mit Wüstendörfer sind als Folge eines Feuerschadens vom Verfrachter umfangreiche Maßnahmen für den Nachweis seiner Schuldlosigkeit durchzuführen, um seine Rechte auch im Hinblick auf solche Schadensfälle zu sichern, die sich grundsätzlich unter die Vorschriften der §§ 559, 606, 607 HGB subsumieren lassen, eine Entlastungspflicht, die ihm entsprechend der Grundregeln der §§ 282 BGB, 606 HGB auferlegt wäre.

Da § 607 HGB gemäß § 662 HGB zu den zwingenden Vorschriften des Seefrachtrechts gehört, ist die Ansicht Wüstendörfers nicht ohne Einfluß auf die Wirksamkeit der Feuerklauseln, soweit sie Eingang in die Konnossemente gefunden haben. Insbesondere stellt sich im Zusammenhang mit Regel III Abs. 4 DEK 1940 die Frage einer darin möglicherweise enthaltenen Beweislastregelung[390]. Die Prüfung bietet sich nicht nur unter dem Blickwinkel der Vorschriften der §§ 607 HGB, 662 HGB an, sondern es ist dann auch das Verhältnis dieser Regelung zu § 606, 559 HGB zu untersuchen.

Zweifel an der Argumentation Wüstendörfers[391] ergeben sich schon aus seiner Stellungnahme selbst. Nach Wüstendörfer war Grund der Freistellung des Verfrachters von der Haftung für Feuerschäden die Tatsache[392], daß Großfeuer durch Brandstiftung an Bord großer Schiffe sich häufig ereignet und die volle Aufklärung der Ursache solcher Katastrophen Schwierigkeiten bereitet hätte. Gerade aber diesem Zweck läuft die Ansicht Wüstendörfers zuwider, denn die Entlastung würde weitgehend sinnlos werden, wenn der Verfrachter dartun müßte, daß der Schaden weder auf kommerziellem noch nautisch-technischem Verschulden der Besatzung beruht.

Das ausgerechnet würde zu einer sorgfältigen Aufklärung des Schadensherganges zwingen, einer Belastung, von der der Verfrachter befreit werden sollte.

Im übrigen ist schon der Ausgangspunkt von Wüstendörfers Argumentation nicht unangreifbar.

Die Berufung auf den allgemeinen, anerkannten Grundsatz, jede Art der Ausnahme von einer generellen Haftungsnorm sei eng auszulegen und dementsprechend im Zweifel zu Lasten der Haftungsbefreiung zu entscheiden, kann allerdings nicht mit dem Hinweis abgetan werden, ein derartiges Verfahren komme nur in Betracht, wenn die Ausnahme-

---

390 *Lebuhn,* a.a.O., S. 51 f.; *Wollny,* S. 142, 143.

391 In diesem Zusammenhang sei auf die zutreffende Widerlegung seiner Thesen durch *Lebuhn* a.a.O. hingewiesen.

392 *Wüstendörfer,* Seehandelsrecht, S. 274.

bestimmung ihrem Wortlaut und Sinne nach Raum für irgendwelche Zweifel läßt[393].

Darauf kommt es letzten Endes nicht an, denn die Auffassung Wüstendörfers könnte auch im Wege einer einschränkenden Auslegung des § 607 Abs. II HGB gerechtfertigt sein. Eine derartige Restriktion, die eigentlich zu einer abändernden Rechtsfindung führt, ist mit der Bindung des Richters an das Gesetz und dem Grundsatz der Trennung der Gewalten vereinbar, mithin verfassungsmäßig, Art. 20, Abs. III, Art. 97 Abs. I GG, denn der Richter ist nach Art. 20 Abs. III GG an „Gesetz und Recht" gebunden. Diese Bindung an das Gesetz besteht insoweit, als es sich als Teil in das Sinnganze des Rechts mit Einschluß seiner ungeschriebenen Grundsätze und immanenten Wirkungsprinzipien einfügen läßt[394].

Zu diesen Regeln gehört auch der Satz, daß der Richter nicht Diener am Worte, sondern am Sinn und Zweck des Gesetzes ist. Die Gerichte haben, wie Enneccerus-Nipperdey[395] ausführt, Befehle und Aufträge nicht nur nach den vom Gesetz erteilten Weisungen auszuführen, sondern sind berechtigt und verpflichtet, bei eintretenden, *nicht* vorgesehenen Fällen und Folgen von diesen Weisungen abzuweichen und das auszuführen, was den erstrebten Zwecken und der Denkweise des Gesetzgebers entspricht und bei Kenntnis der jetzigen Sachlage vermutlich und auch verständlicherweise von ihm angeordnet sein würde. Darin liegt aber zugleich die Grenze dieses Verfahrens. Eine Auslegung von Gesetzen mit eindeutigem Wortlaut kommt nur dann in Frage, wenn es sich um Einzelfälle handelt. Es muß sich um eine Fortbildung des Rechts, nicht aber darf es sich um eine generelle Umgestaltung handeln. Nur in diesem Bereich vermag der klare Wortlaut eine Entscheidung über die Anwendbarkeit eines Gesetzes zu tragen.

Dazu würde aber die Ansicht Wüstendörfers führen, wenn er Feuerschäden, die auf kommerziellem oder nautisch-technischem Verschulden, anfänglicher Seeuntüchtigkeit beruhen, unter Umgehung des klaren Wortlautes des § 607 Abs. II HGB aus der Haftungsbefreiung entlassen will. Gilt sonach die Regelung des § 607 Abs. II HGB ganz allgemein[396] [397], das heißt, sie ist in diesem weiten Umfang zwingend,

---

[393] So etwa *Schnitter*, S. 56 f.

[394] Vergl. *König* bei *Reinhardt-König*, S. 39 ff.; *Larenz*, Methodenlehre, S. 277; *Reinicke*, NJW 1952, S. 1034.

[395] Halbband I, S. 345.

[396] *Gramm*, S. 121; *Schaps Abraham*, § 607 HGB Anm. 24; *Schlegelberger-Liesecke*, § 607 HGB Rdz. 12.

[397] Für den Bereich der Haager Regeln bietet Art. IV Ziffer 2 (b) die entsprechende Bestimmung. Vgl. im übrigen für die amerikanische Rechtsprechung, für das australische, englische Recht, kanadische Recht *Götz*, S. 158.

§ 662 HGB, muß die Feuerklausel des DEK 1940 aus solcher Sicht auf ihre Wirksamkeit geprüft werden.

III. Regel III Abs. 4 Deutsches Einheitskonnossement 1940

Im DEK 1940 findet sich die Regelung der Verfrachterhaftung bei Feuerschäden in Regel III unter Absatz 4:

Ist der Schaden oder Verlust durch Feuer entstanden, so hat der Verfrachter nur sein eigenes Verschulden zu vertreten.

Entsprechend alter Konnossementspraxis[398] [399] ist die Feuerklausel im unmittelbaren Zusammenhang mit dem Befreiungskatalog typischer Seegefahren in das Konnossement aufgenommen worden. Damit sind die Schöpfer des DEK 1940 einer Tradition gefolgt, die auch auf den Aufbau der Haager Regeln (Art. IV 2 b) Einfluß hatte, gleichzeitig aber vom Gesetz abgewichen. Denn in § 607 Abs. II HGB ist die Feuerklausel als Ausnahme von der Gehilfenhaftung normiert.

Ihrem Wortlaut nach stimmt die Feuerklausel des DEK 1940 mit der gesetzlichen Regelung überein. Deshalb können wegen des Umfanges der Freizeichnung und der damit zusammenhängenden Beweislast des Verfrachters[400] keine Zweifel aufkommen. Indes könnte die Stellung der Feuerklausel in Regel III DEK 1940 zu dem Schluß führen[401], hiermit werde der Versuch unternommen, den zwingend begrenzten Befreiungskatalog des § 608 HGB zu erweitern und die in § 608 HGB enthaltene bessere Beweisstellung des Verfrachters durch die Aufnahme der Feuerklausel in die dem § 608 HGB entsprechende Regel III DEK 1940 auch auf den Nachweis von Feuerschäden auszudehnen.

Dieses Verfahren haben die Schöpfer des DEK 1940, wie wir bereits gesehen haben, schon im Zusammenhang mit Schäden angewandt, die auf Grund höherer Gewalt im allgemeinen an der Ladung eingetreten sind (DEK 1940 Regel III Abs. I Buchstabe h).

Für die Feuerklausel würde auf diesem Wege die Vermutung der Regel III Abs. II DEK 1940 gelten:

---

[398] *Schnitter*, S. 56 f.

[399] *Beispiele:*
Regel C 1 des Konnossements des Joint Service der Dampfschiffahrtsgesellschaft „Neptun" Bremen und Rob. Sloman jr. Hamburg und der Vereinigten Sloman Mittelmeerlinie.
Regel II des Konnossements der Atlas-Levante-Linie, Argo-Nahost-Linie und der Atlas-Levante-Linie.
Regel II des Konnossements der Hamburg-Chicago-Linie.

[400] Vgl. S. 172 ff.

[401] So *Lebuhn*, Neuzeitliche Konnossementsfragen, S. 33. Soweit feststellbar, ist diese Ansicht bisher allein von *Lebuhn* vertreten worden.

„Ist der Schaden oder Verlust eingetreten, der nach den Umständen des Falles durch Feuer entstehen konnte, so wird vermutet, daß der Schaden oder Verlust daraus entstanden ist."

Danach hätte der Verfrachter im Falle eines Brandes an Bord des Schiffes alles getan, wenn er nur den Ausbruch des Feuers und dessen mögliche Beeinträchtigung der Ladung nachweist. Er wäre von dem Beweis des Ursachenzusammenhanges zwischen Feuer und Ladungsschaden befreit. Hierin läge in der Tat ein Verstoß gegen zwingendes Recht, §§ 608, 662 HGB.

Lebuhn leitet seine Ablehnung der Regel III Abs. 4 DEK 1940 allein aus der Stellung der Feuerklausel ab.

Dieser Umstand vermag die Ansicht Lebuhns jedoch für sich nicht zu stützen. Wie bereits dargestellt, sind die Schöpfer des DEK 1940 dem Aufbauprinzip der Haager Regeln gefolgt (Art. IV 2 b) und damit einem verständlichen Wunsche nachgekommen[402], die Regel des DEK möglichst weitgehend an die der in der übrigen Welt üblichen Systematik der Konnossemente anzugleichen. Aus dieser Sicht ist der Aufbau der Regel III DEK 1940 schon im Interesse der Praxis zu begrüßen. Besteht aber im Bereich der Haager Regeln kein Zweifel an der vollen Beweislast des Verfrachters bei Feuerschäden[403], müßte sich ein Hinweis auf die von Lebuhn vertretene Ansicht aus dem Wortlaut und der Systematik des DEK 1940 selbst ergeben. Beispielsweise müßte die Beweisvermutung der Regel III Abs. 2 DEK 1940 erkennbar auch für die unter Abs. 4 geregelte Feuerklausel gelten.

Gegen eine entsprechende Beziehung zwischen Absatz 4 und Abs. 2 der Regel III DEK 1940 spricht jedoch einerseits der Wortlaut des Abs. 2, andererseits der Aufbau der Regel.

Denn Absatz 2 wendet ausdrücklich die dort formulierte Vermutung auf den Befreiungskatalog des Abs. I an, ohne Abs. 4 mit einzubeziehen. Außerdem aber folgt die Regelung der Verfrachterhaftung bei Feuerschäden an der Ladung der Formulierung der Vermutung im Aufbau der Regel III nach. Hätte man die Vermutung auch für die Feuerklausel gelten lassen wollen, hätte nichts näher gelegen, als dies entweder ausdrücklich auszusprechen oder aber die Feuerklausel der Vermutung voranzustellen. So aber müssen die Absätze 1 bis 3 der Regel III DEK 1940 in gleicher Weise als Einheit betrachtet werden, wie dies in § 608 HGB der Fall ist, zumal beide Bestimmungen, mit Ausnahme des Buchstaben h des Absatzes 1 der Regel III DEK 1940, wörtlich übereinstimmen.

402 *Schnitter*, S. 53.

403 Soweit feststellbar, ist auch im internationalen Bereich in der Rechtsprechung kein Fall bekannt geworden, der abweichend entschieden worden ist.

Zu erwägen ist schließlich, ob Abs. 3 Regel III DEK 1940 gegenüber den Absätzen 1 und 2 nicht eigenständig ist, die darin enthaltene Beweisregelung auf Absatz 4 auszudehnen wäre.

Die Richtigkeit dieser Überlegung unterstellt, würde dies indes einmal nicht zur Anwendung der Vermutung des Abs. 2 Regel III auf die Feuerklausel führen können, des weiteren aber eine vom Gesetz nicht gebilligte Umkehr der Beweislast zum Nachteil der Ladungsbeteiligten herbeiführen.

Abs. 3 der Regel III DEK 1940 darf nur im Zusammenhang mit den vorangestellten Absätzen verstanden werden.

Wie in § 606 HGB haben auch die Schöpfer des DEK 1940 die Verfrachterhaftung allgemein mit der dazugehörigen Verteilung der Beweislast in einer besonderen Vorschrift, nämlich Regel II, normiert. Hier hat auch die entgegen zwingenden Gesetzesvorschriften in das DEK 1940 aufgenommene Ausnahme von der allgemeingültigen Exkulpationspflicht des Verfrachters systematisch ihren richtigen Platz. Mit Rücksicht darauf kann die besondere Beweislastregelung in Abs. 3 der Regel III des DEK 1940 nur im Hinblick auf Abs. 1 und 2 verständlich und sinnvoll sein.

Die Vermutung des Abs. 2 könnte, für sich allein betrachtet, eine widerlegliche, aber auch eine unwiderlegliche sein. Um ein für allemal einer Interpretation im Sinne einer unwiderleglichen Vermutung zugunsten des Verfrachters die Argumentation abzuschneiden, hat der Gesetzgeber in Absatz III des § 608 HGB den Ladungsbeteiligten die Mittel in die Hand gegeben, die Wirkung der Vermutung des Abs. II des § 608 HGB abzuwehren. Nicht anders aber kann es bei Abs. 3 der Regel III des DEK 1940 sein, der den Gesetzeswortlaut vollständig übernommen hat.

Es sind demgemäß keinerlei Merkmale vorhanden, die für Abs. 3 der Regel III DEK 1940 auf eine umfassendere rechtliche Wirkung deuten als dies in § 608 Abs. III HGB der Fall ist.

So gesehen bilden die ersten drei Absätze der Regel III des DEK 1940 eine Einheit, während Abs. 4 als rechtlich selbständige Norm nachgestellt ist.

Daraus erhellt, daß Regel III DEK 1940 auf die Beweislast im Falle eines Feuerschadens keinen Einfluß nimmt. Auch von dieser Sicht aus ist demzufolge ein Bedenken gegen die Wirksamkeit dieser Regel nicht zu rechtfertigen, so daß es unter der Geltung des DEK 1940 bei der Beweislastverteilung als Folge der gesetzlichen Bestimmung des § 603 BGB[404] bleibt.

---

404 Vgl. oben, S. 99 f., 101.

§ 13. Die spezielle Gefahrenfreizeichnung nach Regel IV des Deutschen Einheitskonnossements 1940

I. Inhalt der Klausel

In Regel IV haben die Schöpfer des DEK 1940 einen Katalog besonderer Gefahren für die Ladung zusammengestellt und die Verantwortlichkeit des Verfrachters im Zusammenhang damit auf eigenes Verschulden und Verschulden seiner Leute einschließlich der Schiffsbesatzung beschränkt:

Für Schäden, Verluste und Kürzungen, die verursacht worden sind durch Verderb, Fäulnis, Wurmfraß, Ungeziefer, Verbiegung, Leckage oder deren Folgen oder durch Berühren mit oder Ausdünstungen von anderen Gütern, ist der Verfrachter nur dann verantwortlich, wenn eigenes Verschulden oder Verschulden seiner Leute einschließlich der Schiffsbesatzung vorliegt[405].

Unter Leckage ist grundsätzlich die Leckage der Ladung zu verstehen[406].

Damit wird zwar der Katalog besonderer Gefahren, für die der Verfrachter nicht haften will, erweitert. Dennoch geht das DEK 1940 nicht über den Freizeichnungsbereich des Deutschen Seefrachtrechts und der Haager Regeln hinaus. Denn der Haftungsumfang, für den nach Regel IV die Haftung des Verfrachters aufrechterhalten bleiben soll, ist schon in §§ 606, 607 HGB festgesetzt. Regel IV enthält im Hinblick auf die dort beschriebenen Gefahren nur eine spezifizierte Wiedergabe des gesetzlichen Haftungsspielraumes.

II. Sinn, Zweck, Wirksamkeit der Klausel

Aus der Existenz der Regel IV überhaupt[407] und aus ihrem Wortlaut[408], nämlich im Anschluß an die Aufzählung: „ist der Verfrachter nur verantwortlich, wenn eigenes Verschulden“ ... „... vorliegt“, hat man als den eigentlichen Sinn der Regel IV[409] den Versuch erkennen wollen, den Ladungsbeteiligten insoweit entgegen §§ 606, 607 HGB den Inkulpationsbeweis gegenüber dem Verfrachter zuzuschieben.

Ein derartiger Versuch würde beim DEK 1940 allerdings keineswegs überraschen. Angesichts der verschiedenen bereits festgestellten offenen

[405] Diesen Katalog als enumerative Aufzählung besonderer Seegefahren zu beschreiben (*Schnitter*, S. 60), erscheint verfehlt.

[406] *Gramm*, S. 126, 131; *Lebuhn*, Linienkonnossement, S. 61 Anm. 33.

[407] *Lebuhn*, Linienkonnossement, S. 61, Neuzeitliche Konnossementsfragen, S. 38.

[408] *Capelle*, HansRGZ 1943 A, Sp. 43.

[409] *Lebuhn*, *Capelle*, a.a.O.

und versteckten Versuche der Schöpfer dieses Konnossementes, die Beweislast entgegen zwingender gesetzlicher Regelung zum Nachteil der Ladungsinteressenten zu verändern, ist sicherlich auch bei der Beurteilung der Regel IV besondere Aufmerksamkeit durchaus angebracht. Dennoch sollte sich der Kritiker des DEK 1940 nicht verleiten lassen, in der Aufzählung bestimmter Gefahren, die sich ohne weiteres unter gesetzliche Vorschriften subsumieren lassen, sogleich eine Einflußnahme auf die Beweislastverteilung im Prozeß zu erblicken.

Freilich würde sich unter solcher Voraussetzung ebenso wie in den Regeln II und III h DEK 1940 ein Verstoß gegen die gemäß §§ 662, 663 HGB zwingende Haftung und Beweislastregelung der §§ 606, 608 HGB nicht bestreiten lassen und zur Nichtigkeit, evtl. Teilnichtigkeit, der Regel IV führen.

Schadensursachen wie Verderb, Fäulnis, Wurmfraß und Leckage dürften zu den Ursachen gehören, die sich aus der natürlichen Art und Beschaffenheit der Güter erklären lassen, damit unter § 608 Abs. 1 Ziffer 7 HGB fallen und von der in § 608 Abs. II HGB vorgeschriebenen Umkehr der Beweislast begünstigt werden. Schäden aber, die infolge Verbiegens oder Ausdünstungen (anderer Güter) entstanden sind, dürfen andererseits gemeinhin als durch kommerzielles Verschulden verursacht zu betrachten sein, für das der Verfrachter ohne weiteres haftet, § 606 HGB.

Aus dieser Erkenntnis aber kurz und bündig[410] zu folgern[411], Regel IV sei, soweit sie § 608 Abs. I Ziffer 7 HGB unterfalle, überflüssig, im übrigen ungültig, kann allerdings nicht überzeugen.

Denn damit ist noch nicht belegt, daß in Regel IV tatsächlich Einfluß auf die Verteilung der Beweislast zwischen Verfrachtern und Ladungsbeteiligten genommen werden sollte.

Regel IV DEK 1940 ist keine Neuschöpfung. Diese Klausel war früher regelmäßig Gegenstand von Reedereifreizeichnungen[412]. Sie findet sich heute noch in einer Vielzahl deutscher und internationaler Konnossemente:

Regel II des Durchfrachtkonnossements der Schweden-Finnland Linie der Reederei H. M. Gehrkens,

Regel III DEK 1912,

Regel 3 des Konnossements für den Hanseatischen Afrikadienst der Reedereien H. M. Gehrkens und Frank L. Nimtz,

---

[410] *Capelle*, a.a.O.

[411] *Lebuhn*, Linienkonnossement, S. 62, Neuzeitliche Konnossementsfragen, S. 39; *Moltmann*, Verkehrsrechtl. Rundschau 1936, Gruppe 3 a, Bl. 7.

[412] Unter der Geltung des § 657 HGB alter Fassung.

Abs. 2,4 des Bremen-Hollandkonnossements der Neptunreederei,

Regel II des Konnossements der Deutschen Levantelinie,

Regel 5 des Konnossements der Hamburg-London-Linie A. Kirsten & Co.,

Regel 13 des Konnossements der Ice-Land Steamship Co. Ltd. Reykjavik,

Regel 15 des Westküstenkonnossements der Companie Sud-Americana de Vapores,

Regel II des Konnossements der Hamburg-Chicago-Line;

Regel 4 des Konnossements der Rotterdam-Bremen-Hamburg-Lijn,

Regel 5 des Konnossements der Holland-Afrika-Lijn der N. V. Vereenigte Neederlandsche Scheepvaart-Maatschappij.

Gerade dieser Umstand mag bestätigen, wie sehr auch im DEK 1940 das in Reedereikreisen stark entwickelte Traditionsbewußtsein zur Bewahrung dieser langbewährten Regel beigetragen hat.

Ist dies aber der Fall, dann bedarf es anderer Beweise, wenn man in Regel IV mehr als eine an sich überflüssige und harmlose Einzelaufzählung besonderer Gefahren für die Ladung erblicken will, zumal die Frage der Beweislast im Zusammenhang mit Regel IV DEK und den übrigen gleichwertigen Klauseln anderer Konnossemente bisher, soweit ersichtlich, nicht strittig geworden ist. Mit ihrem Wortlaut ähnelt die Regel IV weitgehend dem Absatz II des § 607 HGB. In beiden Bestimmungen wird die Haftung des Verfrachters von dem in eine Nebensatz vorausgesetzten Verschulden des Verfrachters abhängig gemacht[413]. Dennoch ist für § 607 Abs. II HGB die Beweislast des Verfrachters für das Fehlen seines Verschuldens niemals bezweifelt worden[414].

Wenn es gegenüber der gesetzlichen Regelung in Regel IV heißt, der Verfrachter hafte nur „dann", sofern eigenes Verschulden etc. vorliege, gewinnt dieser Satzteil im Vergleich zum Gesetz mehr Nachdruck. Die Klausel erlangt äußerlich mehr Gewicht. Diesem Wörtchen darüber hinaus eine weitere Bedeutung beizumessen, etwa in Richtung einer Einflußnahme auf die Verteilung der Beweislast zwischen Verfrachter und Ladungsbeteiligten, hieße dem Wortlaut der Regel IV DEK 1940 Gewalt antun. Überdies wird eine Auslegung der Regel ohnehin dazu führen, daß mit ihr keine Beweislastregelung zulasten der Ladungsbeteiligten getroffen worden ist, so daß sich die Frage der Vereinbarkeit der Regel mit den zwingenden Normen des deutschen Seefrachtrechts in dieser

---

413 *Schnitter*, S. 61.

414 *Gramm*, S. 123.

Hinsicht gar nicht erst stellt. Es ist heute allgemeine Meinung[415], daß Gültigkeit und Auslegung allgemeiner Geschäftsbedingungen nach anderen Maßstäben zu beurteilen sind als Vertragsbedingungen in Einzelverträgen[416].

Für die Anwendung strengerer Maßstäbe werden mehrere Gründe angeführt.

Es wird erstens die Auffassung vertreten, mit der Aufstellung von Geschäftsbedingungen mache der eine Partner von seiner Vertragsfreiheit Gebrauch, beeinträchtige aber die Vertragsfreiheit des anderen. Denn dieser könne sich nur den Geschäftsbedingungen unterwerfen oder den Vertragsschluß ablehnen. Auf den Vertragsinhalt aber habe er keinen Einfluß[417].

Das müsse durch strengere Prüfung der Geschäftsbedingungen ausgeglichen werden.

Es wird zweitens darauf hingewiesen, Geschäftsbedingungen würden auch demjenigen gegenüber gelten, der sich ohne Kenntnis ihres Inhalts ihnen unterworfen habe[418]. Deshalb, so wird gefolgert, müsse überraschenden und unbilligen Bedingungen die Wirksamkeit versagt werden[419].

Drittens läßt sich ausführen, derjenige, der die Geschäftsbedingungen aufstellt, hat ihre Fassung in der Hand. Es muß deshalb den Nachteilen begegnet werden, die dem anderen Teil durch unklare oder irreführende Formulierungen entstehen[420]. Dem entspricht der Grundsatz, daß Unklarheiten zu Lasten dessen gehen, der die Geschäftsbedingungen aufgestellt hat[421].

---

[415] *Larenz*, Schuldrecht, S. 95; *Soergel-Siebert*, § 157 BGB Rdz. 19, 20; *Staudinger-Coing*, § 133 BGB Rdz. 42 ff., RGRKomm. § 157 BGB Anm. 38, 39, *Flume*, Das Rechtsgeschäft § 37; *Esser*, Schuldrecht. § 12 Nr. 7; RG 13. XII. 1912, RGZ Bd. 81, S. 117; RG 18. X. 1935, RGZ Bd. 149, S. 96 (100); RG 6. IV. 1937, RGZ Bd. 155, S. 26 (28); BGH 25. X. 1952, BGHZ Bd. 7, S. 365 (368).

[416] Vgl. z. B. BGH 29. IX. 1960, NJW 1961, S. 212; BGH 25. X. 1952, BGHZ Bd. 7, S. 365 (367); OLG Hamburg 9. III. 1954, BB 1957, S. 392; Fischer BB 1957, S. 481; *Schlegelberger*, HGB Anm. 73, 77, 86. Zu § 346 HGB; *Krause*, BB 1955, S. 265.

[417] Dazu insbesondere *Schlegelberger*, a.a.O. Anm. 70 ff.; *Fischer*, a.a.O.; *Krause*, a.a.O.

[418] BGH 17. II. 1964, JZ 1965, S. 26 f.

[419] BGH 8. III. 1955, BGHZ Bd. 17, S. 1; BGH 29. X. 1956, BGHZ Bd. 22, S. 90.

[420] Siehe dazu insbesondere *Lüpke* in BB 1956, S. 609, und in BB 1957, S. 169, sowie a.a.O., S. 595.

[421] BGH 12. II. 1952, BGHZ Bd. 5, S. 111; UGH 19. III. 1957, BGHZ Bd. 24, S. 39 (45); BGH 17. XII. 1959, NJW 1960, S. 667.

Sicher müssen diese Grundsätze auf alle diejenigen Konnossemente angewendet werden, die die Verfrachter einseitig ohne Beteiligung der Ladung aufgestellt haben. Insoweit erledigt sich die Frage, ob die Freizeichnungsklauseln, die der Regel IV DEK 1940 entsprechen, eine Beweislastregelung enthalten, schon bei der Auslegung der Klausel.

Ob dies aber auch bei Regel IV des DEK 1940 selbst der Fall ist, könnte zweifelhaft sein, denn immerhin haben an seiner Abfassung Verfrachter *und* Ladungsbeteiligte mitgewirkt. Möglicherweise bedürfen infolgedessen die Ladungsbeteiligten keines besonderen Schutzes.

Ein derartiges Ergebnis erscheint jedoch unvertretbar. Es ist nicht zu übersehen, daß die Klausel in Regel IV des DEK 1940 auf eine alte Verfrachtertradition zurückgeht. So gesehen darf es keinen Unterschied machen, ob die Klausel von den Verfrachtern einseitig in die Konnossementsbedingungen aufgenommen worden ist, oder ob den Ladungsbeteiligten, wie dies beim DEK 1940 geschehen ist, ein Mitspracherecht eingeräumt war. Hinzu kommt, daß keiner der am Seefrachtgeschäft Beteiligten von vornherein an die Regeln des Deutsche Einheitskonnossements gebunden war. Mit ihm wurde den Verfrachtern lediglich eine Empfehlung zur Abfassung ihrer Konnosementsbedingungen in die Hand gegeben. Es blieb ihnen überlassen, ob sie die Seeverfrachtung von Gütern nach diesen Bedingungen vornehmen wollten, oder ob sie sich ein eigenes Klauselsystem entsprechend alter Verfrachtertradition schaffen wollten. Handelt es sich aber bei Regel IV inhaltlich um eine alte, von den Verfrachtern einseitig geschaffene Klausel, deren Anwendung auf die Frachtgeschäfte eines bestimmten Verfrachters in dessen Belieben steht, ist eine weniger strenge Auslegung im Vergleich zu anderen Konnossementsbedingungen nicht gerechtfertigt[422].

III. Ergebnis

Somit läßt sich in der Freizeichnung nach Regel IV DEK 1940 keine Einflußnahme auf die Verteilung der Beweislast zwischen Verfrachtern und Ladungsbeteiligten feststellen.

Die Beweislast bei Schadensfällen, die aus den hier genannten Gefahren herrühren, bleibt entsprechend der gesetzlichen Regelung der §§ 606, 607 HGB zwischen Verfrachter und Ladungsbeteiligten verteilt: Der Verfrachter hat also darzutun und notfalls zu beweisen, daß der Schaden auf den genannten Umständen beruht[423] und er für diese Schadensursache „nicht verantwortlich“ (Regel IV DEK 1940) ist.

[422] Der Streit, der sich an dem Wort „einschließlich“ in Regel IV DEK 1940 entzündet hat — *Lebuhn*, Linienkonnossement, S. 62 — ist in der vorliegenden Untersuchung nicht zu erörtern. Er betrifft lediglich den materiellrechtlichen Umfang der Klausel, berührt aber nicht Fragen der Verteilung der Beweislast.

[423] Er muß mithin die Schadensursache positiv aufklären (*Wüstendörfer*, Seehandelsrecht, S. 270.

§ 14. Freizeichnung für Decksverladung, bei Beförderung lebender Tiere und Pflanzen und besondere Dispositionsrechte des Verfrachters

I. Allgemeines

Die Wirkung von Klauseln, die den Verfrachter von der Haftung bei Decksverladung[424], Beförderung lebender Tiere und Pflanzen befreien sollen, beziehungsweise ihm besondere Dispositionsrechte einräumen, ist nur mit dem Blick auf die Regelungsfunktion des deutschen Seefrachtrechts voll auszumessen. Das deutsche Seefrachtrecht gilt grundsätzlich allen Fällen des Seefrachtvertrages.

II. Die Freizeichnung in der Praxis

Gemäß § 663 Abs. II Ziffer 1 HGB kann sich der Verfrachter von der Haftung freizeichnen, wenn sich der Frachtvertrag auf lebende Tiere oder eine Ladung bezieht, die im Konnossement als Decksladung bezeichnet und tatsächlich so befördert wird.

Die Praxis hat von diesem Freizeichnungsrecht weitgehend Gebrauch gemacht[425].

Regel V Abs. III DEK 1940:

1. Bei Beförderung von Gütern, die mit Zustimmung des Befrachters oder Abladers an Deck gefahren werden und im Konnossement als Decksladung bezeichnet sind, haftet der Verfrachter nicht für die dem Gut durch die Decksverladung entstehende Gefahr.

2. Norddeutscher Lloyd Bremen, North-Pacific Westbound Service, Cuba Mexico Service, Southamerica-Westcoast-Service, Centralamerica-Westcoast-Service, Australian Service, Far East and Indonesia Service in Klausel Nr. 8: Live animals (including birds and fish) and cargo carried on deck and stated herein to be so carried are carried on shipper's or at consignee's risk and the carrier shall not be liable for any loss or damage thereto arising or resulting from any cause whatsoever.

3. Norddeutscher Lloyd Bremen, North Atlantic Westbound Service, Klausel 7: In respect of goods carried on deck and stated herein to be so carried, all risks of loss or damage by perils inherent in such carriage shall be borne by the consignee, but in all other respect the custody and carriage of such goods shall be guaranteed by terms of this Bill of Lading.
Currie Line Ltd. (Bugsier-, Reederei- und Bergungs-Akt. Ges.), Klausel 6: Live animals, plants and deck cargo shall be carried subject to the Hague Rules as referred to the clause II hereof with the exception that the carrier

---

[424] Decksladungen unterliegen einer ungünstigeren Rechtsbehandlung bei großer Haverei, § 708 Ziff. 1 HGB und hinsichtlich des Versicherungsschutzes, §§ 62, 85 ADS.

[425] Vgl. die bei *Lebuhn,* Linienkonnossement, S. 64, 65 wiedergegebenen Klauseln.

shall not be liable for any loss or damage resulting from any act, neglect or default of his servants in the management of the ship or of such animals, plants and deck cargo.

Ebenso Konnossement der Hallands Angbats A. B. Göteborg, Klausel 15, Regel 6 der Conlinebill der Baltic and International Maritime Conference (teilweise in deutscher Übersetzung), Regel 6 des Konnossements der Hugo Stinnes Transozean Schiffahrt GmbH., Mühlheim-Ruhr, Konnossement der Hamburg-Bremen-London Conference, Argo Reederei Bremen, Hamburg-London Linie A. Kirsten & Co., Hamburg, The General Steam Navigation Co. Ltd., London, Regel 6.

4. Deutsche Afrika-Linien — Woermann Linie, Rule 20: The carrier is at liberty to carry goods on deck. Cargo on deck and live stock are received, handled, stowed, carried, kept and discharged at shipper's risk and the carrier shall not be liable for loss thereof, damage thereto or delay whichsoever and howsoever occurring even though resulting from unseaworthness of the ship or from negligence of the carrier, its servants or agents or in case of deviation of the ship.

Ebenso, allerdings ohne die klauselmäßige ausdrückliche Zustimmung des Ladungsbeteiligten mit der Verladung an Deck: Regel 10 des Hanseatischen Afrikadienstes Joint Service H. M. Gehrckens, Hamburg, Franz L. Nimtz, Hamburg. Mit klauselmäßiger Zustimmung des Ladungsbeteiligten in die Decksverladung, allerdings in deutscher Übersetzung: Regel 5 des Konnossements der Deutschen Levantelinie G.m.b.H., Hamburg.

5. Konnossement der Hamburg-Chikago-Line, Regel 24: In relation to live animals, plants and deck cargo the Carrier shall not be liable for any loss or damage resulting from any akt, neglect or default of his servants in the management of such animals, plants and deck cargo.

6. Vergleiche im übrigen die Konnossemente der Horn-Linie, Regel 5, der Atlas Levante-Linie Bremen, Regel 10, der Vereinigte Sloman Mittelmeerlinie Hamburg, Regel D in der es heißt:

Der Verfrachter darf Güter an Deck fahren und haftet, wenn solche Güter im Konnossement als Decksladung bezeichnet sind, nicht für die den Gütern durch die Decksladung entstehende Gefahr. Die Haftung des Verfrachters ist ferner ausgeschlossen für Übernahme, Beförderung und Ablieferung von lebenden Tieren und Pflanzen.

Von ausländischen Konnossementen seien erwähnt: Regel VII Aktiebolaget Transmarin Helsingborg. Regel 11 N. V. Vereenigde Nederlandsche Scheepvaartmaatschappij, Regel 8 Nippon Yusen Kaisha[426].

Soweit es sich materiell um die Freizeichnung wegen dieser Gefahren handelt, bestehen aus der Sicht der Haager Regeln, die diese Tatbestände nicht erfaßt haben[427] [428], und des Deutschen Seefrachtrechts keine Bedenken gegen die Gültigkeit der entsprechenden Klauseln.

---

[426] Vgl. auch die Beispiele bei *Schaps-Abraham,* § 566 HGB Anm. 3.

[427] Vgl. aber die Definition des Begriffes „Güter" in Art. I c HR.

[428] *Lebuhn,* Linienkonnossement, S. 63.

III. Freizeichnung beim Transport lebender Tiere

Lebende Tiere sind beim Seetransport besonders gefährdet[429]. Um das erhöhte Risiko eines solchen Transports, das seinen Ursprung nicht im Seetransport, sondern in der Natur des Frachtgutes hat, zu mindern, hat der Befrachter die Möglichkeit[430], zur Versorgung der Tiere einen Begleiter zu stellen.

Als Folge der Freizeichnung entfällt die zwingende Mindesthaftung des Verfrachters. Das heißt jedoch nicht, der Verfrachter ist damit von seiner Pflicht zur ordnungsgemäßen Plazierung, Befestigung der Behältnisse, Versorgung mit Frischluft und zur sonstigen ordnungsmäßigen Behandlung der Ladung entbunden[431]. Man wird seinen Pflichtenkreis so umschreiben müssen, daß er sein Verhalten dieser besonderen Ladung gegenüber so einzurichten hat, wie wenn es sich um ein Frachtgut handelte, das nicht zur Freizeichnung berechtigt.

Weitere Folge der Freizeichnung ist eine Verschiebung der Beweislast. Es obliegt den Ladungsbeteiligten, ein schuldhaftes Verhalten des Verfrachters im Streitfalle nachzuweisen[432].

Der Satz Pappenheims[433], die Abwälzung der Beweislast habe häufig die gleiche Wirkung wie die Ausschaltung der Haftung, darf nicht lediglich zugunsten der Ladungsbeteiligten beachtet werden. Dort dient er, fraglos zu Recht, um einer praktischen Verwässerung der Verfrachterhaftung Einhalt zu gebieten. Hier muß er den Verfrachter unterstützen, sein Freizeichnungsrecht wirklich ausnutzen zu können.

Auch bei der Verschiffung lebender Tiere steht der Verfrachter, geht es um den Nachweis eines Verschuldens bei Schäden, die der Ladung während der Bordzeit entstanden sind, näher am Beweise als die Ladungsbeteiligten. Darauf kann es m. E. jedoch nicht ankommen. Denn die besondere Anfälligkeit der Ladung hat nichts mit dem Seetransport an sich zu tun. Es kommt zu der besonderen Gefährdung der Ladung an Bord eines seegehenden Schiffes ein besonderes Moment hinzu, welches

---

[429] Für den Begriff „lebende Tiere" im Sinne der hier behandelten Bestimmungen ist es einerlei, ob die Tiere einen gewissen Bewegungsspielraum haben oder ob sie in Kisten bzw. Körben oder dergleichen verpackt sind, *Schaps-Abraham,* § 663 HGB Anm. 3.

[430] *Schaps-Abraham,* a.a.O.; *Schlegelberger-Lieseke,* § 663 HGB Rdz. 3.

[431] Etwa beim Löschen.

[432] Soweit feststellbar, hat sich das Schrifttum nur im Zusammenhang mit der Freizeichnung des Verfrachters bei Decksladung mit dieser Frage befaßt. Welche Folgen nach einer Freizeichnung beim Seetransport lebender Tiere für die Verteilung der Beweislast zwischen Verfrachter und Ladungsbeteiligten eintreten, ist bisher noch nicht untersucht worden.

[433] *Pappenheim,* Handbuch des Seerechts Band III, 1918, S. 493, 494.

die Ladung schadensbereit macht. Wollte man dem Verfrachter den Entlastungsbeweis dafür aufbürden, er habe die Verletzung der Tiere nicht verschuldet, würde man von ihm praktisch einen negativen Beweis ins Blaue unter den besonderen Verhältnissen gerade dieser von der Natur der Sache schadensanfälligen Ladung verlangen. Er müßte dartun und beweisen, daß er und seine Leute für deren Verschulden er einzustehen hat, sich in keiner Weise schadensverursachend verhalten haben. Denn anders ist die Überzeugung des Gerichts nicht zu schaffen, es handele sich bei dem Schaden um einen solchen, der nur auf die besondere Anfälligkeit der Tiere beruht. Entscheidend ist, daß der Verfrachter einen solchen Beweis nur führen kann, wenn er in der Lage ist, den Schadenshergang positiv aufzuklären[434].

Die Interessenlage ist bei der Verladung lebender Tiere, einer Ausnahmeverladung mit besonderer gesetzlicher Regelung, eine andere als bei der Verfrachtung sonstiger Ladung.

Die Verschiebung der Beweislast zu Lasten der Ladungsbeteiligten kann nicht generell geschehen. Grundsätzlich haftet der Verfrachter für Ladungsschäden im Zusammenhang mit seiner Haftung für See- und Ladungstüchtigkeit seines Schiffes und kommerziellem Verschulden zwingend mit Entlastungspflicht (§§ 559, 606, 607, 662, 663 HGB). Diese Beweislast trägt er weiterhin trotz seiner Freizeichnung beim Tiertransport. So wird er nicht von der Anwendung der nötigen Sorgfalt befreit, ob Umstände einer solchen Verladung an Bord seines Schiffes überhaupt oder an der vorgesehenen Stelle des Schiffes entgegenstehen. Eine Freizeichnung von dieser Pflicht ist gemäß §§ 606, 607, 662, 663 HGB unzulässig.

Um aus seiner trotz der Freizeichnung weitergeltenden grundsätzlichen Haftung entlassen zu werden, genügt es, wenn der Verfrachter den Bereich absteckt, in dem seine Freizeichnung in bezug auf die Ladung wirkt. Er hat also vorzutragen, daß es sich bei dem Ladungsschaden um eine Verletzung oder um den Tod eines lebenden Tieres handelt. Meist wird sich dies allerdings schon aus dem Klagvortrag der Ladungsbeteiligten ergeben, die einen entsprechenden Schaden geltend machen, indem sie die Ladung zunächst beschreiben. Behaupten die Ladungsbeteiligten nun, der Schaden sei außerhalb des haftungsfreien Raumes entstanden, der Verfrachter oder dessen Leute hätten den Tieren nicht den

[434] Ein Pferd hat beim Läuten einer Glocke gescheut und sich dabei verletzt. Der Begleiter hat verladene Rinder bei Seegang nicht ausreichend gesichert. Die Tiere sind eingegangen, weil der Begleiter die Frischluftzufuhr versperrte, in der irrigen Ansicht, durch die Luftschächte könne Seewasser in die Ställe eindringen.

zugewiesenen Platz überlassen dürfen, bleibt es bei der grundsätzlichen Entlastungspflicht des Verfrachters.

Sind die Ladungsbeteiligten aber dazu nicht in der Lage, können sie überhaupt nichts über den Schadenshergang vortragen, wirkt die Freizeichnung des Verfrachters so, wie wenn die Ladungbeteiligten dem Seetransport auf eigene Gefahr zugestimmt hätten.

Es handelt sich bei dieser Freizeichnung sicherlich um eine abweichende Regelung vom gesetzlich normierten Normalfall. Die Vorschrift des § 663 Abs. I Ziffer 1 HGB enthält eine Ausnahmeregelung von der zwingenden Haftung des Verfrachters.

Der sich aus dem Verhältnis von der Regel zur Ausnahme ergebende Grundsatz über die Verteilung der Beweislast im Prozeß gilt zwar auch hier. Nach ihm muß der Ladungsbeteiligte jedoch lediglich seine Freizeichnung nachweisen und daß es sich um eine Ladung handelt, wegen der er sich freigezeichnet hat. Beiden Erfordernissen wird er mit der Vorlage der Konnossementsbedingungen und ihres Freizeichnungskatalogs zusammen mit dem Nachweis gerecht, daß es sich bei der Ladung um lebende Tiere handelt. Letzteres wird aber in der Regel beim Schadensersatzprozeß immer unstreitig sein (s. o.).

Es geht also in Wirklichkeit darum, ob die Ladungsbeteiligten in den haftungsfreien Raum des Verfrachters eindringen können, nurmehr also um die Voraussetzungen des Anspruches der Ladung in diesem Bereich. Dies ist keine Frage mehr, ob ein Schuldner, der in einem bestehenden Schuldverhältnis für eine Forderungsverletzung verantwortlich gemacht wird[435], sich exkulpieren oder beweisen muß, seine Pflichtwidrigkeit habe keinen Schaden oder jedenfalls nicht den geltendgemachten verursacht[436]. Diese Entlastungspflicht hat der Verfrachter mit seiner Freizeichnung bereits umgangen.

Hier ist das „Trotzdem“ entscheidend. Die Ladungsbeteiligten begehren Schadensersatz unbeschadet der Freizeichnung seitens des Verfrachters, weil ihren Behauptungen nach ein Verhalten des Verfrachters oder der Leute vorliegt, für die er einstehen muß, das nicht nur deshalb schadensursächlich geworden ist, weil es sich um eine Ladung lebender Tiere handelt[437]. Diese Anspruchsvoraussetzungen der Verfrachterhaftung im an sich haftungsfreien Raum hat aber der Kläger nach allgemeinen Regeln zu beweisen.

---

[435] *Rosenberg*, Beweislast, S. 367.

[436] RG 18. II. 1919, RGZ Bd. 95, S. 116 (119); RG 20. VI. 1922, RGZ Bd. 104, S. 420 (421).

[437] Beispiel: Ein Besatzungsmitglied verursacht schuldhaft Kurzschluß. Infolge der Dunkelheit in den Ställen scheuen Pferde und kommen zu Schaden.

IV. Die Freizeichnung wegen Decksladung

Die in den Konnossementen üblichen Freizeichnungsklauseln[438] sind in zweifacher Hinsicht bedeutsam:

1. Die Befugnis, überhaupt Decksladung zu stauen

Die Freizeichnungsklauseln, die der Verladung von Gütern an Deck des Schiffes gelten, können einmal nur bedeuten, der Verfrachter hat das Recht, anderweitige Decksladung aufzunehmen. Beispielsweise:

„with liberty to carry deckload . . .“

Solche Klauseln enthalten nur die Freizeichnung des Verfrachters gegenüber der Verantwortlichkeit aus der Übernahme einer Decksladung schlechthin[439].

Die Verladung an Deck bringt Gefahren mit sich. Abgesehen von der Gefährdung der Decksladung selbst führt sie bei Überlastung des Schiffes, Anhebung des Schwerpunktes des Schiffes und Hinderung der Bewegungsfreiheit der Besatzung zu besonderen Gefahren für Schiff und Ladung. Daß ein derartiger Fall zu einer Beeinträchtigung der See- bzw. Ladungstüchtigkeit führt und auf diesem Wege zwingend die Verfrachterhaftung auslöst mit zwingend festgelegter Beweislastregelung[440], braucht hier nicht besonders erörtert zu werden.

§§ 566, 663 HGB wollen jedoch nur die Ladungsbeteiligten vor den Gefahren schützen, die den auf Deck verladenen Gütern selbst drohen. Darin wirkt die Zustimmung des Abladers in die Verladung auf Deck, § 566 HGB. Und nur soweit ist dem Verfrachter das Recht der Freizeichnung gestattet. Die Ladung im übrigen ist durch die Regeln über die Haftung des Verfrachters für See- und Ladungstüchtigkeit ausreichend zwingend geschützt.

2. Die Erklärung nach § 566 Abs. I HGB

Andererseits können die Freizeichnungsklauseln die Erklärung des Abladers nach § 566 Abs. I HGB enthalten, wonach dieser mit der Verladung *seiner* Güter an Deck einverstanden ist. Diesem Fall allein gilt § 663 Abs. II Ziffer 1 HGB, der insoweit den zwingenden Geltungsbereich des deutschen Seefrachtrechts öffnet.

Regel V Abs. III DEK[441] ist in dieser Form nicht geeignet, die Zustimmung des Abladers zu ersetzen[442]. Die Klausel wiederholt den

---

[438] Vgl. S. 111 ff.

[439] *Schaps-Abraham,* § 566 HGB Anm. 4, HansOLG 23. II. 1901, HansGZ 1901, Nr. 6; BGH 20. V. 1952, BGHZ Bd. 6, S. 127.

[440] HansOLG Hamburg 7. II. 1962, Hansa 1962, S. 840.

[441] Vgl. S. 111.

[442] So auch *Schnitter,* S. 89; *Schlegelberger-Liesecke,* § 566 HGB Anm. 4 a. E.

Inhalt des Gesetzes, enthält aber keine Erklärung des Inhaltes, wonach der Befrachter mit der Verladung seiner Güter an Deck einverstanden ist. Vielleicht waren die Schöpfer des DEK 1940 noch der Ansicht — im Gegensatz zu der wohl jetzt herrschenden Meinung[443] —, die Zustimmung des Abladers könne nur für den Einzelfall und daher nicht formularmäßig erklärt werden. Anders die übrigen in der auf Seiten 111 bis 112 genannten Decksklauseln, die zwar dem Wortlaut der Haager Regeln oder des Deutschen Seefrachtrechts angelehnt sind, aber nicht besonders die Zustimmung der Ladungsbeteiligten in die Decksverladung als Voraussetzung für ihre Decksverladung nennen, sondern sogleich auf die Folge der Decksverladung, nämlich die Haftungsbefreiung des Verfrachters, übergehen[444]. Eine Auslegung dieser Klauseln nach den bereits dargestellten Grundsätzen[445], im Zweifel also zum Nachteil des sich freizeichnenden Verfrachters, führt zu dem Ergebnis, daß der Ablader mit der Verladung seiner Güter an Deck des Schiffes ebenso einverstanden ist, wie mit der Stauung fremder Ladung auf Deck[446]. Die auf Seite 111 ff. unter den Buchstaben 4 und 6 genannten Klauseln lassen in diesem Sinne von vornherein keine Zweifel aufkommen, denn dort wird dem Verfrachter generell die Befugnis eingeräumt, Güter an Deck zu transportieren.

Alle diese Klauseln führen jedoch nur dann zur Enthaftung des Verfrachters, wenn im Einzelfall die an Deck verschiffte Ladung als Decksladung im Konnossement bezeichnet ist, § 663 Abs. I Ziffer 1 HGB[447].

Die Frage, ob eine solche Bezeichnung auch formularmäßig erfolgen kann, ist, soweit ersichtlich, noch nicht aufgeworfen worden. Ich habe auch keine Verfrachterkonnossemente feststellen können, in denen die Verfrachter allgemein das verladene Gut als Decksladung bezeichnen.

---

[443] *Gramm*, S. 184; *Wüstendörfer*, Seehandelsrecht, S. 247; *Hasche* in Hansa 1951, S. 1185; *Kokkinopoulos* in HansRGZ 1931 A, Sp. 260; *Schaps-Abraham*, Anm. 7 zu § 566 HGB; *Boyens-Lewis*, Bd. II Anm. 1 zu § 566 HGB; *Schlegelberger-Liesecke*, Rdz. 4 zu § 566 HGB.

[444] Vgl. S. 111, 2, 3, 5.

[445] Vgl. S. 109—110.

[446] OLG Hamburg 3. VII. 1951, BB 51, S. 625; Die Zustimmung des Abladers zu einer Verladung auf Deck kann formlos gegeben werden, so z. B. durch Annahme eines Konnossements mit der Klausel „on deck at shipper's risk". Die Zustimmung gilt durch widerspruchslose Entgegennahme der Konnossementsbedingungen als stillschweigend erteilt. BGH 20. V. 1952, NJW 1952, S. 1134; OLG Hamburg 7. I. 1958, MDR 1958, S. 923 = VersR 1958, S. 844.

[447] Wer auf Linienkonnossementen verschifft, muß sich mit den Bedingungen des Konnossements vertraut machen und kann sich nicht darauf berufen, daß er einer bestimmten Klausel keine hinreichende Bedeutung beigemessen hat (OLG Hamburg 3. VII. 1951, BB 1951, S. 625).

Ein Fall der Decksverladung tritt im Verhältnis zur Verladung im Schiff überhaupt sehr selten ein, so daß es deshalb sicherlich einer entsprechenden Klausel nicht bedarf. Sie würde auch das Konossement untauglich machen, weil eben der größte Teil der Ablader auf Streichung einer entsprechenden Bestimmung drängen würde. Davon abgesehen ist nicht zu ersehen, warum eine derartige Bezeichnung der Ladung als Decksladung nicht formularmäßig in die Konnossementsbedingungen aufgenommen werden könnte. Aus dem Gesetz jedenfalls ergibt sich kein weitergehender Formzwang, außer daß die Bezeichnung „Decksladung" im Konnossement enthalten sein muß.

3. Folgen für die Verteilung der Beweislast

Bei Zustimmung des Abladers und Bezeichnung der Güter als Decksladung im Konnossement braucht der Verfrachter für keinen Schaden einzustehen, der den Gütern aus der Decksverladung speziell entsteht[448]. Die Klausel bezieht sich allein auf diese besonderen Risiken, entbindet den Verfrachter aber nicht von der Verpflichtung und Haftung für ordnungsgemäße Stauung[449]. Ein weitergehender Haftungsausschluß wäre nach § 662 HGB unwirksam[450]. Im übrigen läßt er sich auch aus den gebräuchlichen Konossementen deutscher Linienreedereien nicht ablesen. Als Beispiel sei die Klausel „für die Güter durch die Decksladung entstehende Gefahr" genannt, mit der sich das Oberlandesgericht Bremen[451] befaßt hat[452]. Dementsprechend muß die Ansicht Hasches[453] abgelehnt werden, die Zustimmung des Abladers zur Verladung an Deck als solche befreie den Verfrachter und die Schiffsbesatzung nicht davon, die Ladung an Deck ordnungsgemäß zu verstauen und während der Reise ordnungsgemäß zu behandeln. Von dieser Verpflichtung und der sich daraus ergebenden Haftung könne sich der Verfrachter vielmehr nur dann befreien, wenn neben der Zustimmung zur Verladung an Deck auch die Bezeichnung der Güter als Decksladung erfolgte. Entgegen Hasche ergibt sich gerade das Verbot der generellen Freizeichnung bei Decksladungen aus den §§ 662, 663 HGB.

---

[448] *Kokkinopoulos,* a.a.O., Sp. 261; *Schaps-Abraham,* § 566 HGB Anm. 3–10; *Schlegelberger-Liesecke* § 566 HGB Anm. 6.

[449] HanseatOLG Bremen 23. III. 1959, Hansa 1959, S. 2168; BGH 20. V. 1952, BGHZ Bd. 6, S. 127 (135, 136); OLG Bremen 5. IV. 1957, Hansa 1957, S. 1656 und vom 3. V. 1960 a.a.O., 1961, S. 997.

[450] OLG Bremen, a.a.O.

[451] Hansa 1959, S. 2168.

[452] Vergleiche auch HG Hamburg HansGZ 1869 Nr. 97; für das französische Recht, Bericht in Hansa 1956, S. 2066; für das amerikanische Recht *Götz,* a.a.O., S. 57 Anm. 58.

[453] Hansa 1951, S. 1184.

In gleicher Weise wie bei der Verladung lebender Tiere bewirkt die Freizeichnung die Umkehr der Beweislast zum Nachteil der Ladungsinteressenten. Diese Folge ist in Rechtsprechung und Schrifttum nicht umstritten[454].

Der Ablader, Befrachter, Ladungsinteressent muß beweisen, daß der Schaden nicht durch die besondere Natur der Decksladung entstanden ist, sondern auf Umständen beruht, die der Verfrachter zu vertreten hat. Nachzuweisen ist das Verschulden des Verfrachters oder der Schiffsbesatzung bei der Decksgüterbehandlung[455].

Die Umkehr der Beweislast wird[456] gegenüber dem Fall des § 606 HGB allerdings ohne Begründung als Folge der Zustimmung des Abladers erklärt. Kokkinopoulos allein meint, sie ergebe sich aus einer tatsächlichen Vermutung, die im Einzelfall zugunsten des Verfrachters spreche[457]. An der Richtigkeit dieser Begründung, die im übrigen ebenfalls nicht näher ausgeführt wird, bestehen m. E. erhebliche Zweifel.

Der Begriff der sogenannten tatsächlichen Vermutung ist in sich widersprüchlich. Er erweckt den Anschein, als handele es sich dabei um einen Satz, der das Vorliegen eines als Tatbestandsmerkmal einer Rechtswirkung erforderlichen Tatsache aus einem tatbestandsfremden Umstande erschließt. Selbstverständlich ist der Begriff der tatsächlichen Vermutung an dieser Umschreibung der gesetzlichen Vermutung zu messen. Das würde bedeuten, daß die vermutete Tatsache eines Schadens aus zulässiger Decksverladung schon deshalb als feststehend anzusehen ist, weil es sich um eine Decksverladung gehandelt hat: Mit der Konsequenz, daß dagegen der *Beweis des Gegenteils* in Frage kommt, der, da er Hauptbeweis ist, die volle Überzeugung des Richters von der Unwahrheit der vermuteten Tatsache begründen muß, wobei das Mittel der Parteivernehmung zur Verfügung steht, § 455 Abs. II ZPO.

Dieser Schluß ist, soweit ersichtlich, aus den Tatsachen der Freizeichnung des Verfrachters bei Decksladungen, der Zustimmung des Abladers und der Bezeichnung der Güter im Konnossement als Decksladung, bisher noch nicht gezogen worden.

Andererseits wird der Begriff der tatsächlichen Vermutung im Bereich des Beweises des ersten Anscheines verwandt[458]. So scheint Kokkino-

---

[454] *Kokkinopoulos,* a.a.O., Sp. 261; *Schaps-Abraham,* § 566 HGB Anm. 3; *Schlegelberger-Liesecke,* § 566 Rdz. 6; *Capelle,* Frachtcharter, S. 256.

[455] Vgl. *Kokkinopoulos,* a.a.O., und die in Anmerkung, S. 206 Genannten, auch *Schmid-Lossberg,* in Transportdienst 1955, S. 2699.

[456] Vgl. den Hinweis bei *Kokkinopoulos,* Sp. 261.

[457] *Kokkinopoulos,* a.a.O., Sp. 261; *Schaps-Abraham,* § 566 HGB Anm. 3 läßt diese Frage offen. Ebenso *Schlegelberger-Liesecke,* § 566 HGB Rdz. 6.

[458] Brauer, S. 89.

poulos diesen Begriff der tatsächlichen Vermutung zu verstehen, denn er nimmt ausdrücklich Bezug auf den Einzelfall des Schadensereignisses.

Unterstellt, es gäbe für die Decksverladung Erfahrungssätze, die den sogenannten Beweis des ersten Anscheines zu tragen vermöchten, dann würde mit der Decksverladung ein Sachverhalt feststehen, der nach den Erfahrungen des Lebens auf eine bestimmte Ursache, nämlich auf eine Schädigung der Ladung ohne Verschulden des Verfrachters oder der Schiffsbesatzung hinweist. Die Ladung müßte dann im Wege des *Gegenbeweises* darlegen, daß die eingetretene Wirkung nicht auf der Tatsache der Verladung der Güter an Deck des Schiffes zurückzuführen sei. Dieser Gegenbeweis ist aber geführt, wenn die Möglichkeit eines anderen Herganges aufgezeigt und damit der typische Geschehensablauf in Frage gestellt ist.

Dafür aber besteht keine Beweislast, denn die Überzeugung des Richters aus dem ersten Anschein braucht nur erschüttert zu werden. Mithin kann von einer Umkehr der Beweislast als Folge einer tatsächlichen Vermutung keine Rede sein[459]. Vielmehr ist die Begründung der Umkehr der Beweislast ähnlich abzuleiten wie bei der Freizeichnung des Verfrachters wegen Transportes lebender Tiere, nur daß hier nicht der Umstand der Freizeichnung allein, sondern außerdem noch die Zustimmung des Abladers in die Decksverladung und die Bezeichnung der Güter als Decksladung hinzukommt[460].

V. Freizeichnung wegen lebender Pflanzen

Im DEK 1940 findet sich keine Klausel, die den Verfrachter von der Haftung bei der Verschiffung lebender Pflanzen befreien soll. Sie wäre auch unwirksam, weil die Freizeichnungsmöglichkeit in § 663 Abs. II HGB nur lebenden Tieren gilt[461]. Desgleichen sind auch im Geltungsbereich der Haager Regeln, Art. I Buchstabe c HR „Güter“ alle Gegenstände, Waren und Artikel jeglicher Art, mit Ausnahme lebender Tiere und der im Frachtvertrage als Decksladung bezeichneten und tatsächlich so beförderten Ladung. Auch dort ist also keine Freizeichnung beim Trans-

---

[459] Vgl. namentlich RG 7. XI. 1931, RGZ Bd. 134, S. 237 (241 f.); BGH 17. IV. 1951, BGHZ Bd. 2, S. 5; BGH 16. I. 1951, NJW 1951, S. 26 (4); BGH 25. X. 1951, NJW 1952, S. 217 (1).

[460] Vgl. im übrigen S. 115.

[461] Ausnahmen von der zwingenden Mindesthaftung: 1. Große Haverei § 663 Abs. I HGB; 2. Lebende Tiere § 663 Abs. II Nr. 1 HGB; 3. Decksverladung § 663 Abs. II Nr. 1 HGB; 4. Land- und Leichterschäden, § 663 Abs. II Nr. 2 HGB; 5. Nicht handelsübliche Verschiffung, § 663 Abs. II Nr. 3 HGB; 6. Bei Charterpartien, § 663 Abs. II Nr. 4 HGB.

port von Pflanzen wie etwa bei lebenden Tieren möglich. Entsprechende Klauseln in den Konnossementsbedingungen[462] sind wirkungslos.

Die Verteilung der Beweislast bei Verladung lebender Pflanzen richtet sich mithin nach den Haager Regeln und den Normen des deutschen Seefrachtrechts (§§ 606, 607 HGB).

VI. Sonstige Freizeichnungen

Jede Freizeichnung des Verfrachters steht unter dem Schatten der zwingenden Geltung der Haager Regeln und des Deutschen Seefrachtrechts. Wenn sich dennoch in fast allen Konnossementen über die Freizeichnungsmöglichkeit bei Verladung an Deck oder bei Verschiffung lebender Tiere hinaus noch weitere Klauseln finden, wirkt das Traditionsbewußtsein der Schiffahrt. Klauselinhalte, die noch unter der Geltung weitgehender Vertragsfreiheit[463] beim Seefrachtgeschäft zu Beginn des 20. Jahrhunderts entwickelt worden sind und sinnvoll waren, wurden beibehalten. So mag folgende Klausel III des Konossements der Atlas-Levante-Linie AG — Bremen als Beispiel für viele gelten:

„Das Schiff hat die Freiheit, irgendwelche Häfen, ob in geographischer Reihenfolge oder nicht, vor- oder rückwärts, einmal oder öfter, und von der direkten Route abweichend, auch über den Bestimmungshafen hinausgehend, für welche Zwecke es auch sei, anzulaufen, ohne Lotsen zu fahren, in Seenot befindliche Schiffe zu schleppen und denselben Beistand zu leisten und von seiner Reise abzuweichen, um Menschenleben und Eigentum zu retten; auch hat das Schiff die Freiheit, die Güter umzuladen und dieselben durch andere Schiffe ihrem Bestimmungshafen zuzuführen, sie zu diesem Zwecke zu landen und zu lagern, sei es am Lande oder in Leichtern, auf Gefahr des Verschiffers und mit der Ladung oder einem Teil derselben ein- und auszudocken. Ferner hat das Schiff das Recht, die Güter in Leichter zu löschen, sowie dieselben auf Gefahr des Verschiffers in Leichtern nach und von dem Schiff zu befördern. Die Haftpflicht des Schiffes erlischt in jedem Falle mit deren Entlöschung auf Deck. Das Schiff trifft keine Verantwortung für eine Verzögerung der Beförderung, was immer auch die Ursache derselben sei . . ."

Derartige Dispositionsrechte des Verfrachters auf Grund des Konnossements können den Verfrachter aus seiner zwingenden Haftung gegenüber der Ladung nicht entlasten. Grundsätzlich ist der Verfrachter verpflichtet, den üblichen Reiseweg einzuhalten[464]. Ein Abweichen enthält eine

---

[462] Vgl. S. 111.
[463] Vgl. S. 7 ff.
[464] *Lebuhn*, Linienkonnossement, S. 70.

Verletzung des Frachtvertrages, die über § 606, 607 HGB zum Schadensersatz verpflichtet. Davon ausgenommen sind die Fälle des § 636 a HGB, zufällige Behinderung des Schiffes, die Reise anzutreten oder fortzusetzen, § 635, § 636 HGB, ein sonst gerechtigfertigtes Abweichen, § 636 a HGB, dritte Alternative.

Wegen der zwingenden Natur der Haftungsregeln sind die Parteien rechtlich nicht in der Lage, dem Verfrachter eine umfassendere Dispositionsmöglichkeit einzuräumen[465]. Sie können insbesondere nicht den Rahmen der gesetzlichen Haftung in der Weise sprengen, wie es im Atlas-Levante-Konnossement versucht wird. Sie haben nicht die Möglichkeit, frei zu vereinbaren, was unter „sonst gerechtfertigter Weise" im Sinne des § 636 a HGB zu verstehen ist. Damit ist gleichzeitig die Möglichkeit ausgeschlossen, die Einhaltung des Reiseweges dem Verfrachter ganz allgemein ohne Rücksicht auf die Interessen der Ladung zu überlassen[466]. Infolgedessen ist im Einzelfall ohne Rücksicht auf eine allgemeine Regelung in den Konnossementsbedingungen zu entscheiden, ob eine gerechtfertigte Deviation vorliegt.

Dazu muß sich der Verfrachter entlasten (§ 606 Satz 2 HGB). Auf diese Verteilung der Beweislast können Konnossementsklauseln keinen Einfluß nehmen, denn mit der zwingenden Haftung ist auch die Beweislastverteilung unnachgiebig geregelt. Diese Grundsätze gelten auch für Freizeichnungen, Güter aller Art zu laden, zu docken mit Gütern, andere Schiffe zu schleppen oder sich schleppen zu lassen oder zu leichtern, sofern ein kommerzielles Verschulden mitspielt.

---

[465] *Lebuhn*, a.a.O.

[466] *Wüstendörfer*, Seehandelsrecht, S. 256 f.; *Capelle*, HansGZ 1952, S. 135; *Gramm*, S. 147.

III. KAPITEL

Der Ladungsschaden, seine Feststellung und Geltendmachung

Die bisherigen Untersuchungen wurden vor dem Hintergrund der Durchsetzbarkeit der Verfrachterhaftung im Seefrachtgeschäft entwickelt.

Wir haben gesehen, daß die Verfrachter bestrebt sind, im Wege der Veränderung der Beweislast Einfluß auf ihre Haftung gegenüber den Ladungsbeteiligten zu nehmen. Diese Einflußnahme haben wir überprüft im Zusammenhang mit der Feststellung der haftungsbegründenden Umstände. Auch im Zusammenhang mit dem Schadensnachweis ist eine Einflußnahme auf die Haftung möglich.

§ 15. Die Einflußnahme auf die Beweislast bei der Schadensermittlung

1. Die gesetzliche Regelung

Gemäß den allgemeinen Grundsätzen über die Verteilung der Beweislast hat der Ladungsinteressent nachzuweisen, daß der geltendgemachte Schaden beim Verfrachter entstanden ist.

Das gleiche gilt auch für die Höhe des Schadens. Bei Totalverlust, Teilverlust oder Beschädigung stehen regelmäßig Übergabe und Ablieferung der Güter im Vordergrund des Prozeßgeschehens. Der Vortrag der Parteien wird sich im wesentlichen damit befassen, ob die Güter in gutem Zustand übergeben oder eingeladen und gar nicht oder nur in schlechter Verfassung ausgeliefert worden sind.

Regelmäßiges Beweismittel der Ladung ist die im Konnossement erklärte Empfangsbestätigung des Verfrachters, denn Konnossementsinhalt und Abladungstatsachen zusammengenommen bestimmen den Inhalt und Umfang des Auslieferungsanspruches[467]. Sie sind demnach auch Ausgangspunkt jeder Untersuchung, die sich die Berechnung der Höhe eines Schadens an der Ladung zum Ziele macht. Gemäß § 645 Abs. II HGB (vgl. Art. III Ziffer 3 b, c Haager Regeln) müssen auf Verlangen des Abladers der Verfrachter, der Kapitän oder Agent des Verfrachters bestimmte Abladetatsachen, nämlich Angaben über Maß, Zahl, Gewicht, Merkzeichen und äußere Beschaffenheit der Güter im Konnosse-

---

[467] *Wüstendörfer*, Seehandelsrecht, S. 309.

ment schriftlich festhalten. Nach § 656 Abs. II HGB begründet das Konnossement sodann die Vermutung, der Verfrachter habe die Güter so übernommen, wie sie nach §§ 643 Ziffer 8 (§ 645 Abs. I) und 660 HGB (bei Angaben über den Wert und Art der Ladung im Konnossement) beschrieben sind. Die Art der Ladung braucht der Verfrachter allerdings nicht so im Konnossement zu verlautbaren, wie der Ablader dies verlangt. Geschieht dies dennoch, so unterliegen auch die Angaben darüber der Konnossementsvermutung. Es handelt sich um eine widerlegliche Vermutung, die von dem am Seefrachtgeschäft Beteiligten nicht im voraus ausgeschlossen oder eingeschränkt werden kann, § 662 Abs. I HGB. Sie entspricht der „prima-facie-evidence" der Haager Regeln, Art. III § 4 HR[468] [469] [470].

In diesem Zusammenhang sei bemerkt, daß das DEK 1940 in Regel IX diese Vermutungswirkung ausdrücklich zum Inhalt des Frachtvertrages macht.

II. Die Wirkung der Vermutung des Konnossements

Nach § 656 Abs. II HGB wird die Richtigkeit der Angaben im Konnossement so lange vermutet, bis diese Vermutung widerlegt ist[471].

Die Vermutung erstreckt sich zunächst auf die positiven Angaben im Konnossement. Erfaßt werden Angaben über Maß, Zahl, Gewicht, Merkzeichen und äußerliche Beschaffenheit der Güter, § 643 Ziffer 8 HGB, sowie Art und Wert der Ladung, § 660 HGB. Das Konnossement bringt lediglich in einer Richtung Beweis, wenn es entsprechend den Vorschriften der §§ 643, 645, 662 HGB (oder Art. III § 3 HR) nur eine Angabe enthält.

Es gilt ausdrücklich nur für die erkennbare Beschaffenheit und Verfassung der Güter. Ist die Ladung verpackt, wird lediglich die Verfassung und Beschaffenheit der Verpackung gemeint. Der Inhalt der Kollis steht außerhalb der Beweisvermutung, es sei denn, das Konnossement enthält auch darüber ausdrückliche Angaben[472]. Etwas anderes ist nur anzunehmen, wenn die Beschaffenheit des Inhalts mit der Verpackung übereinstimmt[473].

---

[468] § 622 Abs. III HGB gestattet, die Beweiskraft des Konnossements durch besondere Vereinbarung zu einer unwiderlegbaren Vermutung zu steigern, so auch *Deloukas,* S. 89 f.; *Capelle,* Frachtcharter S. 277.

[469] *Capelle,* a.a.O.; BGH 26. IX. 1957, BGHZ Bd. 25, S. 250 ff., 260 ff,; *Gramm,* S. 169; OLG Hamburg 13. XII. 1955, in Hansa 1956, S. 2336; *Lebuhn,* Linienkonnossement, S. 23, 24, 74; *Schlegelberger-Liesecke,* § 656 HGB Rdz. 6; *Schaps-Abraham,* § 656 HGB Anm. 3.

[470] Zur Geschichte dieser Regelung vgl. oben, S. 7 ff.; *Wüstendörfer,* Seehandelsrecht, S. 317; BGHZ 25, S. 250 ff., 260 ff.; *Liesecke,* Hansa 1961, S. 345 ff.; *Deloukas,* S. 41.

Enthält das Konnossement keine Angaben über die äußere Beschaffenheit der Güter, so fragt es sich, ob der Empfänger sich darauf berufen kann, daß damit stillschweigend die Übernahme der Güter ohne äußerlich erkennbare Mängel bescheinigt wird.

Ausgangspunkt der Überlegungen hierzu ist die Übernahme der Haager Regeln in das Deutsche Seefrachtrecht mit dem Änderungsgesetz von 1937. Der deutsche Gesetzgeber hat sich mit dem Problem, ob ein reines Konnossement ohne Angaben über die Beschaffenheit der Güter überhaupt die Vermutung trägt, die Güter seien äußerlich einwandfrei übernommen worden, nicht ausdrücklich befaßt.

Diese Frage ist auch, soweit ersichtlich, im Gesetzgebungsverfahren nicht zur Sprache gekommen. Deshalb wird insoweit der Umfang der Vermutungswirkung des Konnossements nach den Regeln zu messen sein, die im internationalen Seefrachtrecht gelten. So besteht[474] seit langem ein internationales Gewohnheitsrecht, daß ein Konnossement, in dem keine Angaben über Mängel des Gutes und auch der Verpackung enthalten sind, die Vermutung für ordnungsgemäße Beschaffenheit begründet, und zwar auch dann, wenn eine dahingehende positive Angabe fehlt[475].

Allerdings wird man das nicht allgemein unterstützen können. Entscheidend dürfte die Beschaffenheit, Herkunft und Eigenart der Ladung sein. Die Vermutung des § 656 Abs. II HGB hinsichtlich des Zustandes der Güter stellt auf deren äußere Beschaffenheit ab. Nur dann kann das reine Konnossement für die einwandfreie Beschaffenheit der Güter sprechen, wenn nach der Art der Güter Schäden in Frage kommen, die schon

---

[471] Im englischen Rechtskreis ist das Konnossement als Folge der Haager Regeln Beweispapier dafür, daß Güter vollständig und unbeschädigt vom Schiff übernommen worden sind. Werden beim Löschen Ladungsschäden festgestellt, so wirkt sich das englische Estoppelprinzip dahingehend aus, daß der Verfrachter jedem rechtmäßigen Konnossementsinhaber gegenüber die sich aus dem Konnossement ergebende Vermutung über den einwandfreien Zustand der Güter bei der Einladung zu widerlegen hat. Etwas anderes gilt, wenn dem Konnossementsinhaber bekannt ist, daß die Beweiswirkung des Konnossements sich z. B. auf unrichtige Angaben des Abladers bezieht. Vgl. *Lebuhn* in ITZ 1957, S. 173. In dieser allgemeinen Form kann *Lebuhn* jedoch nicht zugestimmt werden. Dem Konnossementsinhaber schadet diese Kenntnis dann nicht, wenn er erst nach Erwerb des Konnossements davon erfährt.

[472] Ein Fall, der erfahrungsgemäß selten eintritt.

[473] Das gleiche gilt auch für den Bereich der Haager Regeln, *Götz*, S. 141 f. US District-Court „Southern District of New York" vom 2. VII. 1954, AMC 1954, S. 1617 und vom 3. IV. 1957 in AMC 1956, S. 1152.

[474] Zufolge einer Mitteilung der Handelskammer Hamburg, abgedruckt in „Recht der Schiffahrt" 1957, Heft 9/10, S. 35, 25—27.

vor der Übernahme vorhanden gewesen sein konnten. Liegen derartige Umstände vor, wird sich der Ladungsbeteiligte nicht auf das Konnossement berufen können, sondern nachzuweisen haben, daß die Güter bei Übernahme tatsächlich in gutem Zustand waren[476].

In diesem Rahmen ist die Vermutung des Konnossements zwingend, § 656 Abs. II HGB in Verbindung mit § 662 Abs. I Satz 1 HGB. Sie ist umgangen, wenn das Konnossement entsprechend § 643 Ziffer 8 HGB die äußere Beschaffenheit der Ladung beschreibt. Unbekanntklauseln, die dem Konnossement auch insoweit die Vermutung des § 656 Abs. II HGB entziehen wollen, sind unwirksam, § 134 BGB, § 666 HGB. Deshalb ist Satz 2 Regel XIV des Konnossements der Atlas-Levante-Linie[477], wollte man ihm über § 645 HGB hinaus eine Bedeutung beimessen, unwirksam.

III. Schadensnachweise

Auf dieser Rechtslage fußt der einzelne Schadensnachweis.

1. Der Identitätsnachweis der Ladung

Die Ladungsgüter müssen im Konnossement so beschrieben sein, daß es mit Hilfe der gesetzlichen Vermutung und der zulässigen Beweismittel möglich ist, die Güter zu identifizieren[478]. Die Vermutung des § 656 Abs. II HGB kann nur wirken, wenn die Güter, auf die sie sich beziehen soll, bereits eindeutig gekennzeichnet sind. Dafür finden sich im Seefrachtrecht keine besonderen Beweislastregelungen[479]. Es bleibt sonach bei dem allgemeinen Grundsatz, daß der Ladungsinteressent die Güter, deren Auslieferung er begehrt oder an denen er Schäden festgestellt haben will, vorab identifiziert. Gelingt ihm das nicht, hat er den prozessualen Nachteil dafür zu tragen. Diese Gefahr ist leicht zu umgehen, wenn er bei der Abladung der Güter Merkzeichen an den Gütern selbst oder derart anbringt, daß sie nicht nur bei gewöhnlichen Umständen bis zum Ende der Reise lesbar bleiben.

---

[475] So auch wohl *Wüstendörfer*, Seehandelsrecht, S. 331 B 3. A. A.; *Gramm*, S. 171, der meint, in solchem Falle habe der Ladungsinteressent nachzuweisen, daß der Verfrachter die Güter ohne Mängel übernommen habe; *Haage* im Abladungsgeschäft, S. 99; *Schaps-Abraham*, § 656 HGB Anm. 9; *Schlegelberger-Liesecke*, § 656 HGB Rdz. 10.

[476] Vgl. auch *Götz*, S. 142 (Verschiffung von Stahl, der längere Zeit im Seehafen lagerte und Rost angesetzt hat).

[477] Vgl. unten S. 130.

[478] Corte d'Appello di Genova v. 31. VII. 1956, R.d.S. 35-25-62, DM 1958, S. 198.

[479] Soweit ersichtlich, haben auch die Verfrachter für den Fall des Streites um die Identität der Güter keine Klausel formuliert.

2. *Der indirekte Schadensnachweis der Ladung*

Dieser Beweis führt im Gegensatz zum direkten Schadensbeweis nicht zur unmittelbaren Feststellung der gesetzlichen Tatbestandsmerkmale des Anspruches der Ladung gegen den Verfrachter auf Ersatz des Ladungsschadens. Er bedient sich vielmehr des Nachweises anderer tatbestandsfremder Tatsachen, die erst den Schluß auf das Vorliegen eines Ladungsschadens im Haftungsbereich des Verfrachters rechtfertigen.

a) Der Nachweis der ordnungsgemäßen Übergabe der Güter

In Betracht kommt zunächst der Beweis der ordnungsgemäßen Übergabe der Güter, für die der Ladungsbeteiligte beweisbelastet ist. Bei diesem Beweis steht das Konnossement im Vordergrund. Er wird durch die Vorlage eines Konnossements geführt, das positiv die Güter als einwandfrei beschreibt. Die gleiche Wirkung hat auch ein reines Konnossement, das sich nicht über die Beschaffenheit der Ladung ausläßt[480]. Der Ladungsinteressent erbringt damit in Verbindung mit der Vermutung des § 656 Abs. II HGB (Art. III § 4 HR) den Hauptbeweis für seine anspruchsbegründenden Tatsachen. Als Beweismittel sind in diesem Zusammenhang auch Qualitäts-, Stauungs- und Garnierungszeugnisse geeignet[481].

Versucht der Verfrachter demgegenüber nachzuweisen, die Güter seien schon bei der Abladung beschädigt gewesen, will er nicht den Gegenbeweis. Der Gegenbeweis ist Beweis der anderen Partei für die Nichtwahrheit der Klagbehauptungen oder dient deren Widerlegung[482]. Darum geht es dem Verfrachter nicht. Er will nicht Tatsachen widerlegen, er wendet sich vielmehr gegen die Wirkung der Vermutung des Konnossements. Dieser Beweis des Gegenteils ist Hauptbeweis und muß die volle Überzeugung des Richters von der Unwahrheit der vermuteten Tatsache begründen[483] [484].

Gelingt ihm dieser Nachweis, obwohl das Konnossement positiv den mangelfreien Zustand der Ladung bei der Übernahme bescheinigt, setzt sich der Verfrachter möglicherweise einem Schadensersatzanspruch wegen unrichtiger Konnossementserklärung aus. Die Klausel „in apparent good condition“ bescheinigt allerdings nur, daß die Ladung nicht auf-

---

480 S. o. S. 125 f.

481 Vgl. *Hofs's* Gravenhage vom 18. XI. 1960, Hansa 1963, S. 1668.

482 Der Gegenbeweis ist schon dann geführt, wenn die Klagbehauptung zweifelhaft geworden ist RG 7. XI. 1931, RGZ Bd. 134, S. 237 (242).

483 *Götz*, S. 141.

484 Deshalb muß die Ansicht *Wüstendörfers* abgelehnt werden, (Seehandelsrecht, S. 302), den Verfrachter treffe der Gegenbeweis für die Unrichtigkeit des Konnossements.

fällig von der Normalbeschaffenheit abweicht[485] [486]. Anderenfalls wird er seine Schuldlosigkeit bei der Ladungsbehandlung während der Reise beweisen müssen. Erst damit kann der Nachweis eines Ladungsschadens aus der Zeit vor der Verschiffung geführt sein. Aber auch dann muß der Verfrachter der Haftung wegen falscher Angaben im Konnossement gewärtig sein.

Zu diesem Anspruch können die Ladungsbeteiligten von vornherein greifen, indem sie die Angaben des Konnossements bestreiten und den Beweis für deren Unrichtigkeit führen[487].

b) Der Nachweis der nicht ordnungsgemäßen Ablieferung der Güter

Zwischen Übernahme und Ablieferung ist die Ladung in der Obhut des Verfrachters oder seiner Leute. Die Ablieferung ist vor der Löschung noch an Bord des Schiffes möglich, sie kann auch als letzter Teilakt[488] eines einheitlichen Gesamtvorganges unmittelbar nach der Löschung geschehen, wenn der Empfänger sich rechtzeitig zur Abnahme am Kai einfindet. Sie ist schließlich später als die Löschung von Bord möglich, sofern die Warenpartie einer Kaianstalt übergeben worden ist und vom Kai oder aus dem Schuppen abgeholt wird[489].

Die tatsächliche Sachherrschaft des Verfrachters über die Ladung ist für den Anspruch der Ladungsinteressenten gegen den Verfrachter auf Schadensersatz wegen Verlustes oder Beschädigung der Ladung haftungsbegründende Tatsache. Demzufolge ist die Ladung nach allgemeinen Grundsätzen für den Eintritt des Vermögensschadens vor der Ablieferung der Güter an den Empfänger oder an einen für ihn handelnden Dritten, möglicherweise die Kaianstalt, beweispflichtig[490].

3. Der direkte Schadensnachweis der Ladung

Überall dort, wo Ladungsinteressenten mit dem Nachweis oder der Vermutung der Übernahmetatsache den Ladungsschaden nicht indirekt nachweisen können, werden sie den Schadensbeweis unmittelbar führen müssen. Dieser Beweis geht nicht von dem Zustand der Ladung bei der Verschiffung aus, kann sich mithin nicht auf die Vermutung des § 656 Abs. II HGB (bzw. auf Art. III § 4 HR) stützen. Die Ladungsinteres-

---

[485] *Hof's* Gravenhage v. 11. V. 1961 Hansa 1961, S. 530, so auch BGH 28. V. 1962, Hansa 1962, S. 2122.

[486] Vgl. im einzelnen unten S. 153 ff.

[487] S. u., a.a.O.

[488] *Wüstendörfer*, Seehandelsrecht, S. 262.

[489] Als Ablieferung ist der Vorgang anzusehen, der laut Frachtvertrag die Erfüllung der dem Verfrachter obliegenden Beförderungspflicht bedeutet.

[490] *Götz*, S. 148; *Lebuhn*, Neuzeitliche Konnossementsfragen, Hansa 1949, S. 407.

senten haben mit Beweislast insoweit Schadensgrund und Schadenshöhe voll zur Überzeugung des Gerichts aufzuklären[491]. Ihre Rechtstellung gegenüber dem Verfrachter ist mithin schlechter. Ein derartiger Beweis scheitert nicht selten. Die Ladungsbeteiligten werden also regelmäßig versuchen, die anspruchsbegründenden Tatsachen des Schadensersatzanspruches gegenüber den Verfrachtern indirekt nachzuweisen.

Sie sind jedoch auf den direkten Schadensbeweis angewiesen, wenn sie[492] gegen den Verfrachter Schadensersatzansprüche wegen schuldhaft unrichtiger Angaben im Konnossement geltend machen.

Sie werden den direkten Schadensbeweis auch vorziehen, wenn der Nachweis aus der Natur des Schadens leichter zu führen ist, ohne daß es auf die Frage der Beschaffenheit der Güter bei Übernahme durch den Verfrachter ankommt. So etwa, wenn Salzwasserschäden festzustellen sind.

Handelt es sich um innere Schäden an der Ladung, haben die Ladungsinteressenten das Schadensereignis ebenfalls direkt aufzuklären. Hier wirkt sich die Vermutung des Konnossements nicht aus, § 656 Abs. II, § 643 HGB.

4. Der Unrichtigkeitsbeweis des Verfrachters

Dieser Beweis richtet sich gegen die Vermutungswirkung des Konnossements[493]. Gelingt dem Verfrachter nicht der Nachweis, daß die Konnossementsangaben falsch sind[494], wird vermutet[495], daß der Schaden während des Transportes eingetreten ist. Der Verfrachter kann sich sodann allein noch von der Haftung befreien, wenn er den Entlastungsbeweis nach §§ 606—608 HGB führt[496].

Dieser Beweis ist nicht ein Gegenbeweis, § 282 ZPO. Er richtet sich gegen vermutete, nicht bewiesene Tatsachen und gilt dem Nachweis des Gegenteils, § 292 ZPO, ist mithin Hauptbeweis. Daraus folgt, daß beim Streit über das Gewicht der Ladung die Vermutung nicht durch Schätzung an Hand des Tiefganges des Seeschiffes widerlegt werden kann, wobei es nicht darauf ankommt, ob diese Schätzungen vom Kapitän oder einem Sachverständigen vorgenommen worden sind. Ein derartiges Verfahren

---

[491] *Götz*, S. 153.

[492] Siehe unten S. 153 ff.

[493] *Deloukas*, Verfrachterhaftung, S. 41; *Schlegelberger-Liesecke*, § 656 HGB Rdz. 4; *Schaps-Abraham*, § 656 HGB Anm. 11.

[494] Mit dem Risiko der Haftbarmachung wegen schuldhaft unrichtiger Konnossementsangaben.

[495] *Gramm*, S. 172.

[496] US Court of Appeals, Ninth Circuit. vom 21. VIII. 1962, Hansa 1963, S. 1738 (39).

könnte allenfalls einen bereits geführten Hauptbeweis erschüttern, mithin zum Gegenbeweis geeignet sein. Er vermittelt aber nicht die im Sinne eines Hauptbeweises für die Erzeugung eines Gerichtes erforderliche Sicherheit[497].

IV. Der vertragliche Ausschluß der Vermutung des Konnossements

1. Allgemeines

Es gehört zur Tradition der Konnossementsbedingungen, wenn die Verfrachter versuchen, ihre als Folge der Beweisvermutung des Konnossements grundsätzlich schwierige Prozeßsituation beim Nachweis des Schadens zu verbessern. Die Beweisvermutung des Konnossements wird wegen der besonderen Beweisschwierigkeiten[498] im Seefrachtrecht oftmals die einzige Möglichkeit für den Ladungsbeteiligten sein, bei Schadensersatzansprüchen die Hürde des Nachweises der Übernahmetatsachen zu überspringen.

Nach dem Gesetz kann der Verfrachter die Beweisvermutung von vornherein abwehren, wenn die Güter verpackt sind und das Konnossement den Zusatz „Inhalt unbekannt" oder einen gleichbedeutenden Zusatz enthält, § 656 Abs. II Satz 2 Ziffer 2 HGB.

Diese Möglichkeit haben alle von mir untersuchten Linienkonnossemente aufgegriffen. Vgl. z. B.:

Norddeutscher Lloyd, Bill of Lading, Regel 6, alle Dienste;
Hamburg-Amerika-Linie, Bill of Lading, Regel 6, alle Dienste;
Currie Line Ltd.-Bugsier-Reederei- und Bergungsaktiengesellschaft, Konnossement, Regel 8 e;
Hugo Stinnes Treans-Ozean Schiffahrt GmbH., Regel 10 e;
Hamburg-Chicago-Line, Konnossement, Regel 2;
Hornlinie, Westindienkonnossement, Regel XIV;
Hamburg-Bremen-London Conference, Joint Service der Argo-Reederei Bremen, Hamburg-London-Linie A. Kirsten & Co. und General Steam Navigation Co. Ltd., Regel 8 e;
Atlas-Levante-Linie, Konnossement, Regel XIV:
Gewicht, Maß, Qualität, Marken, Inhalt und Wert, wenngleich im Konnossement erwähnt, gelten als dem Kapitän unbekannt, es sei denn, daß ausdrücklich das Gegenteil anerkannt und vereinbart worden ist. Die Zeichnung des Konnossements gilt nicht als solche Vereinbarung.

Auch Regel XV des DEK 1940 hat nicht versäumt, den Verfrachter insoweit zu schützen:

„1. Inhalt, Beschaffenheit, Qualität, Wert, Maß, Menge oder Gewicht gelten als dem Verfrachter unbekannt, wenn die Güter in Verpackung oder in geschlossenen Gefäßen übergeben worden sind."

---

[497] Vgl. auch Landesgericht Kopenhagen, 12. II. 1956, in Hansa 1957, S. 538; vgl. auch Trib. de Genova 17. VII. 1958 R. d., S. 35-25-60, Bd. IV, Heft 2, 1960.

[498] *Schnitter*, S. 154, 158.

Die Beweisvermutung entfällt außerdem, wenn das Konnossement, wie § 656 Abs. II Satz 2 Ziffer 1 HGB sagt, „einen Zusatz nach § 646" HGB enthält. § 646 HGB verweist auf § 645 Abs. II HGB, der dem Verfrachter in zwei Fällen ein Freizeichnungsrecht gewährt.

Der Verfrachter braucht die Angaben des Abladers über Merkzeichen, die nicht auf den Gütern selbst oder im Falle der Verpackung auf den Behältnissen oder Umhüllungen aufgedruckt oder in anderer Weise derart angebracht sind, daß sie unter gewöhnlichen Umständen bis zum Ende der Reise lesbar bleiben, nicht in das Konnossement aufzunehmen.

Das gleiche gilt für die Merkzeichen, aber auch für Angaben des Abladers über Maß, Zahl, Gewicht, äußerlich erkennbare Verfassung und Beschaffenheit der Güter, wenn der Verfrachter Grund zur Annahme hatte, daß die Angaben des Abladers ungenau sind oder wenn er keine ausreichende Gelegenheit hatte, diese Angaben nachzuprüfen.

Ein Schweigen des Konnossements über diese Tatsachen würde die Beziehungen der Urkunde[499] zur individuellen Warenpartie[500] auf Kosten ihrer Umlauffähigkeit lockern. Dem vorbeugend nehmen die Verfrachter die Angaben des Abladers regelmäßig ohne Rücksicht auf ihre Pflicht, sie unverändert im Konnossement festzuhalten, in die Konnossemente auf. Sie machen aber gleichzeitig von den Möglichkeiten des § 646 HGB Gebrauch, indem sie den im Konnossement vorgedruckten Klauseln einen „besonderen Zusatz" hinzufügen.

Folgend dem bisher bewährten Wege, mit von vornherein festgelegten Klauseln, die, weit gefaßt, stereotyp allen denkbaren und vom Gesetz der Dispositivgewalt der Verfrachter freigegebenen Verladefällen gleichermaßen gerecht werden sollen, sind in den Konnossementsbedingungen solche „besonderen Zusätze" formuliert worden.

Die Regelung, wie sie die Verfasser des DEK 1940 gefunden haben, steht nicht für sich:

Regel XV Ziffer 2 und 3

1. Merkzeichen (Marken, Nummern usw.) gelten als unbekannt, die nicht auf den Gütern selbst oder im Falle der Verpackung auf deren Behältnissen oder Umhüllungen aufgedruckt oder in anderer Weise derart angebracht sind, daß sie unter gewöhnlichen Umständen bis zum Ende der Reise lesbar bleiben.

2. Inhalt, Beschaffenheit, Qualität, Wert, Maß, Menge oder Gewicht sowie Merkzeichen gelten als unbekannt, wenn der Verfrachter Grund zu der Annahme hat, daß die Angaben des Abladers ungenau sind,

---

[499] Als wertpapierrechtliches Traditionspapier.

[500] *Wüstendörfer*, Seehandelsrecht, S. 303.

oder wenn er keine ausreichende Gelegenheit hat, diese Angaben nachzuprüfen.

Während jedoch Absatz 1 der Regel XV DEK 1940 eine von § 656 Abs. II Ziffer 2 HGB ausdrücklich gestattete Konnossementsklausel enthält — die Freizeichnung hinsichtlich Qualität, Beschaffenheit, Menge, Wert, Maß oder Gewicht in der Verpackung stellt lediglich eine zulässige Interpretation des Gesetzes dar[501] — sind die Absätze 2 und 3 von Anfang an Gegenstand heftiger Kritik gewesen.

Angesichts der herrschenden Meinung, die sich gegen diese Klauseln zusammengefunden hat[502], hat sich diese Untersuchung damit abzufinden, daß ein schlichter Unbekanntzusatz im Zusammenhang mit solchen Eigentümlichkeiten der Ladung, denen die Freizeichnungsmöglichkeit des § 646 HGB gilt, die Wirkung der Vermutung des Konnossements (§ 656 Abs. II Satz 1 HGB) nicht aufhebt.

Derartige Klauseln sind in anderer Fassung in der Praxis sehr verbreitet, „weight, quality, condition, value and contents unknown"[503].

Auf eine allgemeine in den gedruckten Konnossementsbedingungen enthaltene Klausel, das Gewicht der Ladung sei nicht nachgeprüft worden, kann sich der Verfrachter aber nicht berufen, wenn sich ergibt, daß die nach der Abladung in das Konnossement aufgenommenen Gewichtsangaben unrichtig sind[504].

Sie können nur wirksam sein, wenn das Konnossement einen weiteren Zusatz enthält, der erkennen läßt, welcher Grund zu der Unbekanntklausel Veranlassung gegeben hat.

Voraussetzung für den Wegfall der Beweisvermutung ist sonach, daß der Verfrachter im Sinne des § 646 Abs. II Ziffer 2

a) wegen begründeten Verdachts der Ungenauigkeit oder mangelnder Nachprüfbarkeit der Angaben des Abladers an sich nicht verpflichtet war, die Angaben des Abladers in das Konnossement aufzunehmen,

---

[501] *Schnitter, S. 153.*

[502] *Wüstendörfer*, Seehandelsrecht, S. 303; *Gramm*, S. 164; *Lebuhn*, Neuzeitl. Konnossementsfragen, S. 45, 46; Linienkonnossement, S. 75; *Röhrecke*, Hansa 1951, S. 1465 f.; *Capelle*, HansRGZ 1943 A, Sp. 28; *Kuhl*, Hansa 1937, S. 1861; *Albrecht*, Hansa 1950, S. 1631; *Deloukas*, S. 51 ff.; *Ehlers*, HansRGZ 1938 A, Sp. 264 (265); *Schnitter*, S. 157 f.

[503] OLG Hamburg 23. VI. 1959, Hansa 1959, S. 2258, OLG Hamburg 13. XII. 1955, Hansa 1956, S. 2336,

[504] Cour de Cassation Frankreich Rds 35-25-46 (DMF 1959, S. 86): „Gewicht nicht nachgeprüft" (Cour d'Appel d'Aix-en-Provence MDR 56/711); (Cour d'Appel de Bruxelles, Hansa 1960, S. 2505, Rechtsprechungsbericht); „as declared by the shipper" (Skin Co v. The M. S. Ferngulf (US DC 1956, 143, 143 F Supp 345 (349), zitiert bei *Götz*, S. 143, BGH 26. IX. 1957, Betrieb 1957, S. 1019 = Vers. R 57, S. 705 = NJW 1957, S. 183 = Hansa 57, S. 2477 (79).

b) daß er dennoch, um ein handelbares[505] Konnossement zu schaffen, die Angaben aufgenommen hat und daß

c) im Konnossement unter Berücksichtigung der Verhältnisse des Einzelfalles wenigstens andeutungsweise auf seinen Verdacht und die fehlende Nachprüfbarkeit hinweist[506], damit jeder Erwerber des Konnossements erkennen kann, hier lag ein Fall vor, der die Pflicht des Verfrachters wegfallen ließ, die Angaben des Abladers im Konnossement aufzunehmen[507].

2. *Die Verteilung der Beweislast beim Streit um die Voraussetzungen der Unbekanntklauseln*

Die Frage, ob der Verfrachter oder der Empfänger der Ladung die Voraussetzungen des Zusatzes nach § 646 HGB zu beweisen hat, kann nicht vom Wortlaut der jeweiligen Konnossementsklausel her beurteilt werden. Der Verfasser hat keine Klausel feststellen können, die wörtlich auf die Verteilung der Beweislast in diesem Zusammenhang Einfluß nehmen will. Die gebräuchlichen Formulierungen „gelten als unbekannt" wie im Deutschen Einheitskonnossement, oder „weight etc ... unknown", „Gewicht nicht nachgeprüft ..." sind im Hinblick auf die Verteilung der Beweislast neutral. Sie rechtfertigen keinen Schluß in der einen oder der anderen Richtung.

Dennoch ist zu untersuchen, ob die Verfrachter eine entsprechende Regelung klauselmäßig treffen können.

Angesichts des Fehlens einer entsprechenden ausdrücklichen gesetzlichen Regelung ist diese Frage im Schrifttum umstritten. Capelle[508], Deloukas[509], Gramm[510], Gütschow[511], Lebuhn[512], Wüstendörfer[513], Röhreke[514] wollen dem Verfrachter die Beweislast für die Richtigkeit des Zusatzes auferlegen.

---

505 Vgl. *Hermann*, Abladegeschäft, S. 140 ff.

506 BGH 26. VI. 1951, BGHZ Bd. 25, S. 250; BGH 26. IX. 1957, Betrieb 1957, S. 1019; Tribunal Civil Phillippville 26. VI. 1951, Hansa 1952, S. 614.

507 *Wüstendörfer*, Hague Rules 1922, S. 26; *Mittelstein*, HRZ 1922, Sp. 37; *Schlegelberger-Liesecke*, § 646 HGB Anm. 3, vgl. im übrigen die Zusammenstellung bei *Hermann*, Abladegeschäft, S. 147 ff.; *Schaps-Abraham*, § 646 HGB, Anm. 1; Judical Commitee of the Privy Council of Clylm, Hansa 1962, S. 69.

508 HansRGZ 1943 A, Sp. 28.

509 S. 54.

510 S. 164.

511 HansRZ 1924, Sp. 897.

512 Neuzeitliche Konnossementsfragen, S. 46, Linienkonnossement, S. 76.

513 Seehandelsrecht, S. 303 f.

514 Hansa 1951, S. 1464 ff. (1466).

Zu den Gegnern dieser Ansicht zählen Ehlers[515], von Laun[516]. Im Schrifttum[517] wird außerdem Wüstendörfer[518] im Falle vorbehaltloser Annahme eines Konnossements mit Zusatzklauseln zu dieser Gruppe gerechnet. Indes hat Wüstendörfer a. a. O. nicht zu diesem Problem Stellung genommen. Er hat lediglich ausgeführt, bei vorbehaltloser Annahme eines Konnossements spreche eine tatsächliche Vermutung für einen wirklichen Ausnahmefall fehlender Kontrollmöglichkeit. Damit ist der Frage nach der Beweislast vorgegriffen worden. Besteht die tatsächliche Vermutung[519], dann wäre der Beweis für die Wirksamkeit der Zusatzklauseln bereits durch die vorbehaltlose Entgegennahme des Konnossements erbracht. Es wäre Sache der Ladung, die „tatsächliche Vermutung" zu erschüttern.

Auszugehen haben die Überlegungen von dem Zusammenspiel der §§ 643, 650, 656 HGB.

Die Funktion des Konnossements als handelsrechtliches Traditionspapier wird nur erhalten, wenn grundsätzlich gewährleistet ist, daß der Empfänger ein Papier in die Hand bekommt, welches ihm nicht nur eine richtige Vorstellung von der Beschaffenheit der Ware[520] vermittelt, sondern materiell die Möglichkeit bietet, im Sinne der herrschenden, von Otto von Gierke entwickelten[521] Repräsentationstheorie[522] den mittelbaren Besitz an der Ladung zu verkörpern[523]. Dieser Theorie zufolge ist die Übergabe des Konnossements die Übertragung des mittelbaren Besitzes an der Ladung in spezifisch handelsrechtlicher Form.

Es spielen rechtliche Natur und Verkehrsfähigkeit des Konnossements zusammen. Steht von vornherein fest, daß der Erwerber des Konnossements sich wegen der Unbekanntklauseln in Zusammenhang mit der Beschreibung der Ladung keine bestimmte Vorstellung von dem Gut machen kann, verliert das Konnossement seine praktische Verwertbarkeit. Diese Folge wäre nicht zu vermeiden, wenn man die Ladungs-

---

515 Ladungsbezeichnung HansRGZ 1938, A, Sp. 249 ff.

516 § 646 Hansa 1953, S. 1078.

517 *Wüstendörfer*, Seehandelsrecht, S. 304; Lebuhn, Linienkonnossement, S. 76.

518 Hague Rules, S. 26.

519 Ein Begriff, der im übrigen im Zusammenhang mit den Regeln über den Beweis des ersten Anscheins gebraucht wird und eine Rechtsfigur ist, die nach einhelliger Ansicht ohne Einfluß auf die Verteilung der Beweislast bleibt.

520 *Lebuhn*, Linienkonnossement, S. 76.

521 *Von Gierke*, Wertpapierrecht, S. 116.

522 RG 25. X. 1916, RGZ Bd. 89, S. 40; RG 8. XII. 1927, RGZ Bd. 119, S. 215; *Schaps-Abraham*, § 650 HGB Anm. 11; *Wüstendörfer*, Seehandelsrecht, S. 323; *Schlegelberger-Liesecke*, § 650 HGB Rdz. 2.

523 *Hermann*, Abladegeschäft, S. 69, 72.

beteiligten die Voraussetzungen nachweisen ließe, die zur Unwirksamkeit der Zusatzklauseln zur Beschreibung der Ladung führen.

Dieser Beweis ist um nichts leichter als der Nachweis des Schadensgrundes, auf den die Ladung ihren Ersatzanspruch gegen den Verfrachter stützt. Die Verfrachter jedenfalls haben von der Freizeichnungsmöglichkeit der §§ 645, 646 HGB ausnahmslos Gebrauch gemacht.

Von Laun hält der herrschenden Meinung entgegen, der Verfrachter gerate beim Nachweis der Gründe des Zusatzes nicht in die gleichen Schwierigkeiten wie die Ladungsbeteiligten. Unbestreitbar aber steht der Verfrachter näher am Beweise als die Ladungsbeteiligten, insbesondere der Empfänger, der oftmals mit den Verhältnissen der Abladung keinerlei Verbindung hat.

Auch soweit von Laun die herrschende Meinung vom Sinn des Gesetzes und der Haager Regeln her angreift, muß ihm widersprochen werden. Sicherlich ist es Zweck der Beweisvermutung des Konnosements nach § 656 Abs. II HGB bzw. der Beweiswirkung des Konnossements nach den Haager Regeln, die Interessen der Ladungsbeteiligten gegenüber den übersteigerten Freizeichnungsklauseln der Reeder zu schützen. Dieser Satz führt jedoch ebensowenig weiter im Sinne der hier angegriffenen Ansicht von Launs wie der Hinweis, Zweck der §§ 645, 646 HGB sei es, den Reeder bei ungerechtfertigtem Verlangen auf Ausstellung eines Konnossements mit bestimmten Inhalt zu schützen. Denn beide Vorschriften können nicht für sich betrachtet werden. Wesentlich ist das Ineinandergreifen der §§ 645, 646 mit § 656 HGB, nämlich daß die Vermutungswirkung des Konnossements in den in den §§ 645, 646 HGB genannten Fällen aufgehoben werden soll. Es geht nicht darum, von den Ladungsbeteiligten im Falle einer Unbekanntklausel den Nachweis der Richtigkeit der Angaben des Konnossements zu verlangen. Vielmehr ist Sinn der Unbekanntklauseln, daß die Ladungsbeteiligten zu diesem Beweise unter Ausschaltung der Vermutung des § 656 Abs. II HGB gezwungen werden sollen. Streiten sich Ladungsbeteiligte und Verfrachter darum, ob der im Konnossement vermerkte Zusatz wirksam, also begründet, ist, bezwecken beide, jeweils dem Gegner diesen letzten, erwiesenermaßen schwierigen Beweis zuzuschieben.

§ 646 HGB durchbricht, das sieht von Laun richtig, die für den Regelfall zwingende Beweislastverteilung im Zusammenhang mit der Vermutung des § 656 Abs. II HGB. Er übersieht jedoch, daß diese Einflußnahme auf die Beweislast nicht automatisch vollzogen wird. Wenn die Voraussetzungen des Zusatzes nach § 646 HGB bewiesen werden sollen, wird die Ausnahme gesucht, als deren Folge die Beweislast vom Verfrachter genommen wird.

Die Rechtslage ist mithin genau umgekehrt, als von Laun sie darstellt. Es herrscht mangels besonderer gesetzlicher Regelung der allgemeine Grundsatz, wonach derjenige, der aus einer Ausnahme rechtliche Vorteile herleiten will, die Voraussetzungen der Ausnahme zu beweisen hat.

Keineswegs darf die Vermutung herangezogen werden, daß der Inhalt einer von beiden Parteien unterzeichneten Erklärung richtig ist. Unterstellt, diese Vermutung könne auch zugunsten des Inhalts eines Konnossements gelten — ich möchte das schon deshalb bezweifeln, weil der Empfänger der Ladung und Inhaber des Konnossements nicht notwendig den Inhalt dieser Urkunde bescheinigt hat —, so darf nicht übersehen werden, daß der Inhalt der Vermutung des § 656 Abs. II HGB nachgerade der von von Laun angezogenen Vermutung entspricht. Auch § 656 Abs. II HGB geht von der Richtigkeit des Konnossementsinhalts aus. Allerdings ist die Vermutung auf die Angaben über die Art, Maß, Zahl, Gewicht, Merkzeichen, äußere Beschaffenheit und Verfassung, § 643 Ziffer 8, den Wert des Gutes. § 660 HGB, beschränkt. Wollte man die Vermutung für die Richtigkeit und Vollständigkeit der Vertragsurkunde[524] neben § 656 HGB im Sinne von Launs auf das Konnossement anwenden, würde die Vermutungswirkung des Konnossements je nach Inhalt der Klauseln und Zusätze ins Uferlose ausgeweitet werden. Auf diese Weise könnte der Verfrachter, der beliebige Zusätze im Konnossement aufnimmt, in jedem Fall sich von einer Haftung ohne Schwierigkeiten entlasten, indem er der Ladung die Beweislast für die Unrichtigkeit der Konnossementsangaben zuschiebt.

Mit den Zusatzklauseln würde ein Eingriff in die zwingende Haftung des Verfrachters für Ladungsschäden, §§ 606, 662 HGB heraufbeschworen.

Was von Laun offenbar übersieht:

Die Vermutung für die Richtigkeit und Vollständigkeit der Vertragsurkunde beschränkt sich auf den Inhalt der Urkunde. Sie wirkt nicht nach außen in den rechtsgeschäftlichen Bereich, in dem die Vertragsurkunde geschaffen worden ist. Vermutet wird lediglich, daß die Parteierklärungen in der Vertragsurkunde richtig und vollständig wiedergegeben werden[525]. Übertragen auf die Voraussetzungen eines Konnossementszusatzes nach § 646 HGB kann mithin diese Vermutung den am Seefrachtgeschäft Beteiligten nicht helfen.

Die Parallelen, die von Laun[526] zwischen einer Quittung und einem Konnossement zieht, werden den Verhältnissen im Seefrachtgeschäft

---

[524] *Rosenberg*, Beweislast, S. 185.

[525] RG 13. VI. 1902, RGZ Bd. 52, S. 27; RG 4. II. 1908, RGZ Bd. 68, S. 15; RG 4. VII. 1916, RGZ Bd. 88, S. 370; *Rosenberg*, Beweislast, S. 185.

[526] a. a. O., S. 1079.

nicht gerecht. Die Quittung ist ein vom Gläubiger hergestelltes Beweismittel der Erfüllung[527]. Bei den Zusatzklauseln gemäß § 646 HGB geht es demgegenüber nicht um die Tatsache der Erfüllung, sondern, wie bereits dargestellt, um besondere Wirksamkeitsvoraussetzungen des Zusatzes, die mit der Hingabe der Ladung an den Verfrachter nichts gemein haben. Quittung und Konnossement haben aus dieser Sicht verschiedene Beweisziele, die eine Übernahme der Beweiswirkung der Quittung auf das Konnossement nicht zulassen.

Wie Ehlers[528] richtig erkannt hat, gilt die Vermutung des § 656 Abs. II HGB nicht den Voraussetzungen des Zusatzes nach § 646 HGB, der im Gegensatz zu § 643 Ziffer 8 nicht der Beschreibung der Ladung dient, diese vielmehr unverbindlich machen soll.

Der Schluß allerdings, weil der Zusatz nicht Gegenstand der Konnossementsvermutung sei, treffe den Empfänger die Beweislast für die objektive Unrichtigkeit des Zusatzes, überzeugt nicht.

Geht nämlich der Streit um die Wirksamkeit des Zusatzes, also um das Vorliegen seiner tatsächlichen Voraussetzungen, dann ist es nicht Sache der Ladungsbeteiligten, das Nichtvorhandensein dieser Voraussetzungen zu beweisen. Vielmehr haben die Ladungsbeteiligten die Behauptungen des Verfrachters, der mit seinem Vorbringen dem Zusatz im Konnossement die Wirksamkeit verleihen und erhalten will, um die Vermutung des Konnossements auszuschalten und den Ladungsbeteiligten letzten Endes den Schadensbeweis ohne Hilfe des Konnossements zuschieben möchte, zu bestreiten. Die Folge für den Verfrachter, für seine Behauptungen Beweis führen zu müssen, ergibt sich aus allgemeinen Prinzipien des Prozeßrechts und den Regeln über die Beweislast.

Der Verfrachter führt damit einen Entlastungsbeweis, indem er sich gegenüber der Vermutung des Konnossements nach § 656 Abs. II HGB auf einen ihm günstigen Ausnahmetatbestand zurückzieht[529], für den er die Beweislast trägt.

Diese Ansicht vertritt generell auch Wüstendörfer[530], meint aber[531], bei vorbehaltloser Annahme des Konnossements seitens des Abladers spreche eine tatsächliche Vermutung für die Wahrheit des Zusatzes. Ob allerdings der Zusatz nach § 646 HGB im Konnossement und außerdem

---

[527] *Palandt-Danckelmann,* § 368 BGB Anm. 1; RG 16. IV. 1924, RGZ Bd. 108, S. 50 (56), st. Rspr.

[528] Hans RGZ 1938 A, Sp. 249 (265).

[529] *Schlegelberger-Liesecke,* § 646 HGB Anm. 3; *Schaps-Abraham,* § 646 HGB Anm. 2; *Gütschow,* Hans RZ 1924, S. 897; *Deloukas,* a. a. O., S. 3; *Gramm,* S. 164.

[530] Seehandelsrecht, S. 303.

der fehlende Vorbehalt des Abladers gegen diesen Zusatz damit Tatsachen nachweist, die nach dem durch die Erfahrungen des täglichen Lebens erkannten gewöhnlichen Gang der Dinge den Schluß tragen, die Angaben des Verfrachters seien richtig, dürfte zweifelhaft sein. Zwar ist der Ablader nicht gehindert, sich auf dem Konnossement urkundlich gegenüber dem Vorbehalt des Verfrachters gegen die Angaben im Konnossement zu verwahren. Aus dem Schweigen des Abladers jedoch einen Erfahrungssatz für tatsächliche Voraussetzungen des Zusatzes abzuleiten, hieße m. E. dem Verhalten des Abladers allgemein mehr abgewinnen zu wollen, als tatsächlich beabsichtigt. Es darf nicht übersehen werden, daß Schweigen im Rechtsverkehr grundsätzlich nichts bedeutet. Soll das Verhalten des Abladers nachteilige Folgen für ihn und jeden Erwerber des Konnossements auslösen, müssen weitere Umstände hinzukommen, die das Schweigen nicht länger tatsächlich neutral erscheinen lassen[532].

Nur im Verein damit wird man von einer prima-facie-Beweiskraft des Konnossements im Sinne Wüstendörfers sprechen können.

Die Beweislast für die Voraussetzungen des Zusatzes nach § 646 HGB belasten den Verfrachter auch nicht unbillig.

Der Verfrachter kann natürlich den Beweisnachteil von vornherein vermeiden, indem er sich weigert, die streitigen Angaben in das Konnossement aufzunehmen. Diese Möglichkeit folgt aus dem klaren Wortlaut des § 645: „... sind *auf Verlangen* des Abladers ... anzugeben ... Das gilt nicht ...“ und des § 646 HGB: „... *kann* das Konnossement die Angaben des Abladers wiedergeben ...“[533]. Ein solches Verhalten würde zwar die Absatzfähigkeit des Konnossements einschränken, unbillig ist diese Folge jedoch nicht. Der Verfrachter ist lediglich vor ein kaufmännisches Risiko gestellt, ob er Konnossemente ausgeben will, bei denen die Beziehung zur Warenpartie mangels weitergehender Angaben verwischt sind. Die Praxis zeigt, wie hoch die Verfrachter dieses Risiko einschätzen, werden sie doch der Konkurrenz anderer ausgesetzt, die sich mit dem Beweisnachteil abfinden und attraktivere Konnossemente anbieten. Regelmäßig werden die Angaben der Ablader in das Konnossement zusammen mit einem besonderen Zusatz aufgenommen, wenn die Voraussetzungen der §§ 645, 646 HGB vorliegen.

Andererseits hat aber auch der Zusatz nach § 646 HGB nachteilige Auswirkungen auf die Absatzfähigkeit des Konnossements. Eben weil

---

[531] *Wüstendörfer*, Hague Rules, S. 26 f.

[532] Etwa: Der Abladehafen ist dafür bekannt, daß nicht ausreichend kontrolliert werden kann. Der Ablader hat schon mehrmals in anderen Konnossementen, die der Verfrachter vorlegen kann, erweislich ungenaue Angaben gemacht.

[533] *Wüstendörfer*, Seehandelsrecht, S. 303.

das Konnossement erkennen läßt, daß die Angaben über die verladene Ware nicht zuverlässig sind, ein Umstand, der beim Verdacht ungenauer Angaben auf den Ablader, beim Fehlen ausreichender Kontrollmöglichkeit in der Regel auf Verfrachter und Ablader zurückfällt. Verfrachter wie Ablader werden deshalb bestrebt sein, bei der Verladung alle Vorsorge für präzise und verbindliche Angaben in dem Konnossement zu treffen. Damit dürften Fälle, die den Verfrachter zu einem Zusatz nach § 646 HGB zwingen, die Ausnahme sein. Die Verfrachter sind also nicht über die Gebühr belastet.

Andererseits erscheint die Zulässigkeit der Zusatzklauseln mit Rücksicht auf den modernen Massengüterverkehr geradezu geboten. Wird dem Verfrachter, der davon ja seinen besonderen wirtschaftlichen Vorteil zieht, zunächst die Beweislast für die Voraussetzungen solcher Zusätze zugeschoben, so ist dies nur ausgewogen, weil die Massenabfertigung bei Wirksamkeit der Zusätze der Ladung den Schadensnachweis ohne Hilfe der Vermutung des Konnossements noch weiter erschwert, als dies ohnehin schon der Fall ist.

Auch hier spielt der Vorteil größerer Sachnähe des Verfrachters hinein, durch dessen Kontrolle die verladenen Güter ja gehen. Der Verfrachter kann deshalb viel eher den Beweis für die Voraussetzungen der Zusätze, etwa durch den Bericht des Ladungsoffiziers, sicherstellen[534].

3. Zusammenfassung

Der Verfrachter hat im Streitfall die Voraussetzungen der Zusätze nach § 646 HGB zu beweisen[535].

§ 16. Einflußnahme auf die Beweislast bei der Geltendmachung des Ladungsschadens

I. Abgrenzung des Problems

Wie bereits erörtert, braucht der Ladungsempfänger für die Haftung des Verfrachters nach § 606 HGB im Regelfall lediglich den Eintritt des Schadens an den verschifften Gütern und deren einwandfreie Abladung zu behaupten und gegebenenfalls zu beweisen, während nach der gleichen Vorschrift dem Verfrachter eine Entlastungspflicht obliegt. Der Verfrachter wird aber von seiner Entlastungspflicht befreit, wenn für ihn die Vermutung des § 611 Abs. III HGB spricht:

„Ist ein Verlust oder eine Beschädigung der Güter weder angezeigt noch festgestellt worden,so wird vermutet, daß der Verfrachter die

[534] *Schlegelberger-Liesecke,* § 646 HGB Anm. 3.

[535] So auch die Rechtsprechung ägyptischer Gerichte, vgl. *Trappe,* Hansa 1963, S. 1083 (85).

Güter so abgeliefert hat, wie sie im Konnossement beschrieben sind, und daß, falls ein Verlust oder eine Beschädigung der Güter nachgewiesen ist, dieser Schaden auf einem Umstand beruht, den der Verfrachter nicht zu vertreten hat."

In diesem Fall ist es wiederum Sache der Ladungsbeteiligten auch darzutun, daß die Schadensursache vom Verfrachter zu vertreten ist[536].

Diese Folge tritt ein, wenn die Ladung die nach § 611 Abs. I HGB erforderliche Schadensanzeige nicht ordnungsgemäß[537] im Sinne dieser Vorschrift abgegeben hat oder wenn der Schaden nicht entsprechend § 611 Abs. II HGB amtlich festgestellt worden ist. Umstritten in Literatur und Rechtsprechung ist die Frage, von welchem Zeitpunkt an die Reklamationsfrist des § 611 HGB läuft. In der Praxis der Konnossementsklauseln hat sich verständlicherweise die Tendenz durchgesetzt, diesen Zeitpunkt möglichst frühzeitig eintreten zu lassen.

So heißt es in Regel IX Abs. I Buchstabe a DEK 1940, die Vermutung zugunsten des Verfrachters komme nur in Betracht,

„... es sei denn, daß entweder

a) dem Verfrachter oder seinem Vertreter im Löschhafen spätestens bei der A u s l i e f e r u n g der Güter an den Empfangsberechtigten, als welcher auch die Zoll-, Hafen- oder Kaiverwaltung oder eine ähnliche Behörde gilt ..."..

---

[536] Im internationalen Bereich sind übrigens begrüßenswerte Bestrebungen im Gange, die Folgen der verspäteten Schadensanzeige abzuschwächen. Die zweite den Verfrachter exkulpierende Vermutung in § 611 Abs. III HGB findet sich nicht in Art. III § 6 der Haager Regeln. Dort heißt es — vergleichbar mit der ersten Vermutung des §611 Abs. III HGB, — es müsse bewiesen werden, der Unternehmer habe die Güter, wie im Konnossement beschrieben, abgeliefert. Diese Fassung der Haager Regeln hat zu Verschiedenheiten der Rechtsprechung in den einzelnen Vertragsstaaten geführt. Eine internationale Kommission des Comité Maritime International erwägt eine Neuformulierung der Haager Regeln in dem Sinne, daß eine verspätete Schadensanzeige keinen Einfluß auf die Beweislage hinsichtlich des Verschuldens des Verfrachters haben kann: Comité Maritime International (Draft) Report of Sub-Commitee on Bill of Lading clauses, Page 5e, Positive Recommendations.

The majority of the Sub-Commitee regards the present position as unfortunate and recommends that to Article III (6) first paragraph should be added the words underlined below:

"Unless (no change) within three days, such removal shall be prima facie evidence of the delivery by the carrier of the goods as described in the bill of lading *but shall have no effect on the relation between the parties*".

Nach einer solchen Regelung würde der Verfrachter seine Nichtschuld an einem festgestellten Mangel nachzuweisen haben.

[537] Vgl. Cour de Cassation, Frankreich, 10. XII. 1962, in Hansa 1963, S. 1962.

Entsprechende Klauseln finden sich in einer Vielzahl anderer Konnossementsbedingungen, wobei die Verfrachter teilweise über den Wortlaut des § 611 Abs. III HGB noch hinausgehen.

So etwa Regel 18 der Konnossemente der Hamburg-Amerika-Linie und des Norddeutschen Lloyd, Bremen. Dort heißt es:

„Notice of loss or damage and the general nature thereof must be given in writing to the carrier or his agent at the port of discharge before or at the time of the removal of the goods. If loss or damage is not apparent, the notice must be given within three days of delivery. Unless notice is given as above provided, claim shall be deemed to have been waived."

Diese Regelung gebraucht mit „removal" eine Formulierung ohne klaren Gehalt im Sinne des Deutschen Seefrachtrechts. Gemeint sein kann „Ablieferung", aber auch „Auslieferung". Statthaft ist auch die Übersetzung, die amtlich die Haager Regeln, Art. III § 6 Abs. I und II HR, für ihre Geltung in Deutschland gefunden haben. Dort wird von „Ablieferung" und „Überführung ... in den Gewahrsam" gesprochen (vgl. im einzelnen unten Seite 145 f.). Bei versteckten Mängeln stellt dieses Konnossement sogar auf den Zeitpunkt der „delivery", der Löschung, ab, eines Vorganges, der weder Ablieferung noch Auslieferung zu sein braucht. Zweifel an der Gültigkeit der Klausel drängen sich im Hinblick auf §§ 611, 662 HGB geradezu auf. Sie werden durch den letzten Satz noch verstärkt, mit dem nicht etwa nur auf Vermutung des Konnossements, § 656 Abs. II HGB, Einfluß genommen wird. Vielmehr soll es so gehalten sein, als habe die Ladung auf ihren Schadensersatzanspruch verzichtet, wenn die Schadensanzeige nicht ordnungsgemäß abgegeben worden ist.

In Regel 7 e des Konnossements der Hugo Stinnes Transozean Schiffahrt GmbH. ist folgende andere Regelung vorgesehen:

„Unless notice of loss or damage and the general nature of such loss or damage be given in writing to the carrier or his agent at the port of discharge before or at the time of removal of the goods into the custody of a person entitled to delivery thereof under the contract of carriage, such removal shall be prima facie evidence of the delivery by the carrier of the goods as discribed in the bill of lading. If loss or damage ist not apparent the notice must be given within three days of delivery."

Das Konnossement der Deutschen Afrika Linien regelt die Folgen der Schadensanzeige in Rule 17 folgendermaßen:

„The removal of the goods shall be considered as effected by the dicharge."

Hier fällt die höchst angreifbare Gleichstellung von Ablieferung bzw. Auslieferung und Löschung auf. Im übrigen besteht inhaltlich kein Unterschied zum Konnossement der Transozean Schiffahrt GmbH.

Das Konnossement der Atlas-Levantelinie Bremen spricht unter XVIII davon, daß

„Reklamationen nur berücksichtigt werden ...“ können ... „wenn dieselben innerhalb 24 Stunden nach Entlöschung schriftlich beim Reeder, Kapitän oder der Agentur erhoben werden ...“

Vergleiche auch das Konnossement der Atlas Levante Linie-Argo Nah-Ost-Linie, Joint Service, Regel XVIII in englischer Sprache.

Demgegenüber geht das Gesetz von dem Zeitpunkt „spätestens bei Auslieferung der Güter an den ... der nach dem Frachtvertrage zum Empfänger der Güter berechtigt ist ...“ aus.

Für die Frage der Beweislast ist sonach die Bedeutung des Wortes Auslieferung entscheidend. Insbesondere stehen und fallen mit dem Ergebnis der Auslegung dieses Begriffes die Konnossementsklauseln, die entgegen § 611 HGB den Fristbeginn für die Schadensanzeige auf den Zeitpunkt vorverlegen, in dem die Ladung einer Kaianstalt angedient worden ist, da der Inhalt des § 611 HGB gemäß § 662 HGB für zwingend erklärt worden ist, § 134 BGB.

II. Stellungnahme

Bisher vertrat Wüstendörfer[538] *gegen* Capelle[539], Gramm[540], Krieger[541], Lebuhn[542], Schlegelberger-Liesecke[543], Stödter[544], die amtliche Begründung zum Änderungsgesetz 1937[547] die Ansicht, als Empfangsberechtigter im Sinne des § 611 HGB könne die Zoll-, Hafen- oder Kaiverwaltung nicht angesehen werden. Die „Auslieferung“ in § 611 HGB sei wie die „Ablieferung“, § 606 HGB, ein zweiseitiger Rechtsakt, der ohne Mitwirkung des Empfängers oder des von ihm bestellten Empfangsvertreters nicht durchführbar sei. Die Rechtsprechung

---

538 Hans RGZ 1943 A, Sp. 58 f., Seehandelsrecht S. 291.

539 Hans RGZ 1943, S. 25 ff.

540 S. 137.

541 bei *Pfundtner-Neubert* Nr. 59 zu § 611, Fußnote 1.

542 Neuzeitliche Konnossementsfragen, S. 25 f., derselbe, Linienkonnossement, S. 37 f.

543 § 611 HGB Anm. 3.

544 Hansa 1943, S. 449, 482 f.

545 Zeitcharter, S. 51 Anm. 44.

546 a. a. O., S. 130 ff.

547 abgedruckt im Deutschen Reichsanzeiger und preußischen Staatsanzeiger vom 14. August 1937, Nr. 186.

hat zu dieser Frage bisher noch nicht höchstrichterlich Stellung genommen. Der Bundesgerichtshof brauchte in einem Urteil vom 12. 6. 1958[548] nur zu entscheiden, daß die Unterlassung der Anzeige nach § 611 HGB die Umkehr der Beweislast bewirke.

Das OLG Bremen ist[549] zu dem Ergebnis gekommen, das Wörtchen „an" in § 611 Abs. I HGB sei durch die Wörter „zugunsten des Empfängers" zu ersetzen, womit die Auslieferung in § 611 HGB nicht als zweiseitiger Akt wie die „Ablieferung" in § 606 HGB zu beurteilen sei. Dagegen hat sich das Hanseatische Oberlandesgericht Hamburg in einer Entscheidung vom 10. 12. 1964[550] zu Wüstendörfer bekannt[551]. Der Vorsitzende des erkennenden Gerichts hat es bei dieser Gelegenheit nicht versäumt, seine Stellungnahme gegen Wüstendörfer[552] ausdrücklich aufzugeben. Die Entscheidung des Hanseatischen Oberlandesgerichts ist bisher nicht rechtskräftig geworden, so daß eine Entscheidung des Bundesgerichtshofes im Interesse der Konnossementspraxis für den Geltungsbereich des Deutschen Seefrachtrechts klare Verhältnisse schaffen dürfte.

Auf den Wortlaut des § 611 HGB läßt sich die hier angegriffene, vorherrschende Meinung im Schrifttum nicht gründen.

Wie bereits Wüstendörfer festgestellt hat, wurden die Ausdrücke „Auslieferung" und „Ablieferung" im alten Seefrachtrecht als gleichbedeutend behandelt[553].

Der rechtliche Gehalt des Begriffes „Ablieferung" ist unstreitig.
Ablieferung bedeutet einen zweiseitigen Rechtsakt, der ohne Mitwirkung des Empfängers oder eines von diesem bestellten Empfangsvertreters nicht vollzogen werden kann und die Erfüllung der vertraglichen Verpflichtung des Verfrachters gegenüber dem Ablader und dem Empfänger, als eines durch Vertrag zugunsten Dritter berechtigten Gläubigers, bewirkt. Daß der Begriff „Auslieferung" in § 611 Abs. I HGB etwas anderes bedeutet, angesichts des Wortsinnes der §§ 623 II, 625, 624 I, II HGB a. F., ist aus § 611 HGB n. F. nicht zu entnehmen. Lediglich die amtliche Begründung zum Seefrachtrechtsgesetz[554] enthält in einem Satz einen Hinweis, der auf Verschiedenheit der Begriffe hindeutet:

„... Diese Regelung entspricht dem Art. III § 6 Abs. I HR (Haager Regeln). Danach ist auch die Auslieferung der Güter an die Zoll-,

---

548 Vers. R. 1958, S. 478.
549 Urteil vom 7. VI. 1960, in Hansa 1961, S. 1485.
550 Hansa 1965, S. 2 f.
551 Ebenso *Schaps-Abraham*, § 611 HGB Anm. 5.
552 *Gramm*, a. a. O.
553 *Wüstendörfer*, Schutzzweck, S. 58.
554 Vgl. Anm. 547, S. 145.

Hafen- oder Kaiverwaltung oder an einen Dritten als maßgebender Zeitpunkt anzusehen, wenn der Verfrachter nach dem Konnossement zu einer solchen Auslieferung berechtigt ist ..."

Der weitausholenden Untersuchung Lebuhns[555] zum Trotz vermag diese amtliche Begründung den Begriff „Auslieferung" im Sinne der hier abgelehnten Ansicht nicht zu differenzieren. Es mag richtig sein, daß die amtliche Begründung übergeordnete Auslegungskraft hat[556].

Sicherlich darf sie nicht ohne weiteres zur Seite geschoben werden, vornehmlich mit Begründungen aus dem Bereich der Billigkeit und der Praktikabilität, wie Wüstendörfer dies unternommen hat, denn es besteht durchaus nicht die Vermutung, daß der Gesetzgeber in § 611 HGB die verwertbarste und billigste Lösung eines Beweislastproblems zwischen Verfrachter und Ladung gefunden hat. Der amtlichen Begründung kann jedoch erst dann in einer oder der anderen Hinsicht Gewicht beigemessen werden, wenn der Wortlaut des Gesetzes und die Systematik, in welche die strittige Vorschrift eingearbeitet ist, noch Zweifel an der Bedeutung des § 611 HGB offenlassen.

Die amtliche Begründung muß ihrem Inhalte nach zweifelsfrei den gesetzgeberischen Willen ausdrücken. Läßt sich dies nicht feststellen, wird man ihr nur wenig, möglicherweise überhaupt keine Bedeutung abgewinnen dürfen.

Nach ihr ist die amtliche Besichtigung der Güter bei der Auslieferung der Güter an den, der nach dem Frachtvertrage zum Empfang der Güter berechtigt ist, vorzunehmen. Vom gleichen Zeitpunkt laufe die Anzeigepflicht. Weiter wird ausgeführt, diese Regelung entspreche wörtlich dem Artikel III § 6 Abs. 1 HR. Es ist unschwer festzustellen, daß diese Behauptung nicht zutrifft, denn Art. III § 6 Abs. I HR spricht von einer Anzeige des Empfangsberechtigten und von der Beweiswirkung des Konnossements. Von einer Auslieferung der Ladung an Kaianstalten ist keine Rede. Im Gegenteil läßt die Formulierung „... auf Grund des Frachtvertrages zum Empfange Berechtigten ..." ebenso wie im Geltungsbereich des Deutschen Seefrachtrechts Zweifel daran aufkommen, ob Ablader und Verfrachter im vornherein zur Entlastung des Verfrachters einen Dritten, die Kaianstalt, zum Empfangsberechtigten erklären können, ohne mit übergeordneten zwingenden Normen zu kollidieren, § 662 HGB.

Mit ihrer Bezugnahme auf die Haager Regeln zieht die amtliche Begründung notwendig auch die amtliche Übersetzung der Haager Regeln zur Rechtfertigung des Gesetzes heran. Dort aber steht anstelle des

---

555 Linienkonnossement, S. 38 ff.

556 *Lebuhn*, a. a. O.

Begriffes „Auslieferung“ das Wort „Gewahrsam“. Auch ohne sich auf die strafrechtliche Definition dieses Begriffes berufen zu wollen, ist damit ausgedrückt, daß der Empfänger in der Lage sein soll, die Sachherrschaft über die verschifften Güter auszuüben. Nur so kann er auch die erforderlichen Kontrollen durchführen und sich vergewissern, ob die Ladung einwandfrei ist. Es ist also ein Widerspruch in der amtlichen Begründung nicht zu übersehen. Der Zeitpunkt der „Überführung der Güter in den Gewahrsam des auf Grund des Frachtvertrages zum Empfange Berechtigten“ ist ein anderer als der, in dem die Güter einer Kaianstalt vom Verfrachter angedient werden. Jedenfalls rechtfertigen die hier maßgeblichen Vorschriften der Haager Regeln entgegen dem Wortlaut der amtlichen Begründung nicht die Gleichsetzung beider Zeitpunkte[557].

Der Hinweis der amtlichen Begründung auf eine Auslieferung der Güter an die Zoll-, Hafen- oder Kaiverwaltung mag im Sinne Lebuhns[558] die Tendenz des Gesetzgebers charakterisieren. Angesichts der Zweifel, die der Wortlaut der amtlichen Begründung aufkommen läßt, wird ihr keineswegs aber mehr Gewicht beizulegen sein als dem Wortlaut und der Systematik des Gesetzes selbst. Demgemäß erscheint das Ergebnis Wüstendörfers[559], die amtliche Begründung könne unmaßgeblich sein, durchaus vertretbar.

Die Maxime, der Richter sei nicht Diener am Worte des Gesetzes, sondern an seinem Sinn und Zweck[560], gilt auch bei der Prüfung der amtlichen Begründung eines Gesetzes[561]. Nun heißt es zwar weiter in der amtlichen Begründung, die Möglichkeit der Auslieferung an eine Kaianstalt wahre auch das begründete Interesse des Verfrachters. Das ist an sich deutlich gesagt im Sinne der hier angegriffenen vorherrschenden Lehre. Jedoch darf man auch im Zusammenhang mit dieser Bemerkung nicht die Zweifel unberücksichtigt lassen, welche die amtliche Begründung im übrigen erweckt. Zumal, wie noch festzustellen sein wird, die Ansicht Wüstendörfers den Verfrachter nicht über Gebühr benachteiligt.

Das Änderungsgesetz 1937 hat in § 611 Abs. III HGB eine zweifache Vermutung aufgestellt. Vermutet wird die Ablieferung entsprechend den Angaben im Konnossement und daß ferner ein dennoch

---

557 Vgl. OLG Hamburg 10. XII. 1964, Hansa 1965, S. 2 ff.

558 Linienkonnossement, S. 49.

559 Hans RGZ 1943 A, Sp. 56.

560 BAG 16. III. 1962, BAG Bd. 13, S. 1 (16), *König* bei *Reinhardt-König* Recht und Rechtsfindung, S. 39 ff.; *Larenz* Methodenlehre der Rechtswissenschaft, S. 277.

561 Vgl. oben S. 145.

nachgewiesener Schaden auf Umständen beruht, die der Verfrachter nicht zu vertreten hat.

Das Gesetz ist damit in zweifacher Weise vom Inhalt der Haager Regeln abgewichen.

Die Vermutungen in § 611 Abs. III HGB im Gegensatz zu der Beweisregelung in Art. III § 6 HR sind nicht entscheidend, denn der Deutsche Gesetzgeber hat sich in Abweichung von den Haager Regeln auch für eine Vermutung des Konnossements entschieden, § 656 Abs. II HGB. Erheblich ist aber, daß eine Vermutung aufgestellt ist, die den Verfrachter ausdrücklich exkulpiert. Davon ist in den Haager Regeln auch unter vergleichbaren Beweisbestimmungen keine Rede.

Wenngleich der Wortlaut des Art. III § 6 HR eine derartige Möglichkeit zuläßt[562], sind keine Anhaltspunkte erkennbar, wonach der Gesetzgeber auch in Abs. I des § 611 HGB von den Haager Regeln abweichen wollte[563 563a]. § 611 Abs. I HGB verlangt eine Schadensanzeige spätestens bei der *Auslieferung*. Nach § 611 Abs. III HGB wird vermutet, wenn die Anzeigen nicht ordnungsgemäß abgegeben oder der Schaden nicht amtlich festgestellt worden ist, daß die Güter wie im Konnossement beschrieben *abgeliefert* worden sind. Auch Art. III § 6 Abs. I HR spricht in diesem Zusammenhang von „abliefern". Der Gesetzgeber hat also insoweit den Wortlaut der Haager Regeln übernommen. Bei der Bestimmung der Anzeigefrist aber ist er eigene Wege gegangen. Von „Gewahrsam" ist keine Rede in § 661 Abs. I HGB. Hätte man mit dem Zeitpunkt der Auslieferung in § 611 Abs. I etwas anderes gemeint als das Wort Ablieferung in § 611 Abs. III HGB und Art. III § 6 Abs. I HR ausdrückt, dann hätte es nahegelegen, darauf hinzuweisen, zumal das Wort Ablieferung im Seefrachtrecht von Rechtsprechung und Schrifttum bisher einhellig im Sinne eines zweiseitigen Rechtsaktes ausgelegt worden ist. Dessen bedurfte es jedoch deshalb nicht, weil der Wortlaut des § 611 HGB trotz der amtlichen Begründung nur im Sinne Wüstendörfers verstanden werden kann. Wüstendörfer hat richtig erkannt, daß das Wort „spätestens" in § 611 Abs. I HGB nur dann einen Sinn hat, wenn der Empfangsberechtigte auch vor diesem Zeitpunkt eine rechtlich zulässige und technisch mögliche Reklamationen erheben kann[563 564]. Einmal dahingestellt, dieser Schluß aus dem Wörtchen „spätestens" — wie Schnitter[565] meint — sei nach deutschem Sprachgebrauch nicht

---

[562] Tendenzen, die dem vorbeugen wollen, sind in der letzten Zeit immer deutlicher geworden. Anm. 536, S. 140.

[563] *Wüstendörfer*, Seehandelsrecht, S. 291.

[563a] OLG Hamburg, 10. XII. 1964, Hansa 1965, S. 2 ff.

[564] a. A. *Schnitter*, S. 131.

[565] a. a. O.

zwingend, so gewinnt dieses Wort doch erhöhte Bedeutung, wenn es in § 611 Abs. I HGB heißt, die Auslieferung müsse „an" den Empfangsberechtigten erfolgen. Auslieferung „*an*" einen bestimmten Dritten bedeutet grundsätzlich Ausschluß eines Dritten als Empfangsberechtigten[566]. Für sich betrachtet, würde dieses Wörtchen möglicherweise die Zulässigkeit ausnahmsweise einer Auslieferung an einen Dritten nicht verbieten. Zusammen aber mit dem Wort „spätestens" und der Folge eines Rechtsnachteils für den Empfänger, nämlich der Umkehr der Beweislast, noch dazu, ohne daß es auf ein Verschulden des Empfängers ankäme, heißt aber „spätestens mit Auslieferung an", daß hier einer Mitwirkung des Empfangsberechtigten das Wort geredet wird.

Wie nicht von der Hand zu weisen ist, nimmt die Auslieferung der einzelnen Güterpartien an eine Kaianstalt bei aller Hast und technischen Vervollkommnung und Beschleunigung des Löschvorganges in modernen Seehäfen immer noch eine gewisse Zeit in Anspruch[567], innerhalb derer sich ein anwesender Empfänger oder Empfangsvertreter die einzelnen Stücke der für ihn bestimmten Ladung ansehen kann. Ohne Frage zwingt auch § 377 HGB einen seine kaufmännischen Pflichten ernstnehmenden Empfänger, seiner Rügepflicht unverzüglich nachzukommen. § 611 Abs. I wie auch § 377 HGB verlangen, daß der Empfänger als Kaufmann die erste Möglichkeit, die ihm zu einer Untersuchung seiner Waren geboten wird, nutzt, wenn er die Aussicht behalten will, seinen Ablader bzw. den Verfrachter für die Mängel haftbar zu machen. Diese Tatsachen führen jedoch bei der Auslegung des § 611 HGB m. E. nicht weiter. Es ist richtig, daß die Untersuchung spätestens am Kai des Bestimmungshafens erfolgen muß[568]. Wird aber Auslieferung mit Ablieferung gleichgesetzt, kann die Untersuchung schon an Bord vor der Löschung, als letzter Teilakt eines einheitlichen Gesamtvorganges unmittelbar nach der Löschung, also am Kai, oder später als die Löschung stattfinden[569]. Entsprechend dem Umfang der Verschiffungspflicht steht der Verfrachter also günstiger oder schlechter gegenüber dem Empfänger, je nachdem, wann dem Empfänger diese erste Möglichkeit der Kontrolle geboten ist. An diesen Vorgängen ist aber der Empfänger unmittelbar oder vertreten beteiligt. Darauf, ob und wann der Empfänger nach der Organisation und Praxis des Seehafens in der Lage ist, die Güter zu untersuchen, kann es indes letztlich nicht ankommen. Maßgebend ist, ob die Vorschrift des § 611 HGB den Empfänger einen Rechtsverlust, ohne die Möglichkeit, diesen zu verhindern, erleiden läßt. Das ist der Fall, wenn

566 Vgl. OLG Hamburg, a. a. O.

567 *Schnitter*, S. 130 ff.

568 *Schnitter*, a. a. O.; *Haage*, Das Abladegeschäft, S. 103 f.

569 *Wüstendörfer*, Seehandelsrecht, S. 262.

sich der Verfrachter der Güter entledigen kann, ohne daß der Empfänger sie in seine Obhut zu nehmen vermag. Dann kann der Empfänger unmöglich rechtzeitig im Sinne des § 611 HGB die Schadensanzeige abgeben.

Es handelt sich bei § 611 HGB um eine generelle Regelung, die nicht damit zu rechtfertigen ist, daß der Empfänger auch bei Auslieferung an eine Kaianstalt sofort eine Kontrollmöglichkeit hat, wenn andererseits die Möglichkeit besteht, daß er ohne sein Mitwirken einen Rechtsverlust erleiden kann[570]. Ob die Kaianstalten im eigenen Interesse scharfe Kontrollen bei der Entlöschung durchführen und bei Schäden im allgemeinen den Schiffsvertreter sofort benachrichtigen, ist infolgedessen ohne Belang. So hat selbst das Landgericht Bremen[571] verlangt, dem Empfänger müsse für den Fristbeginn nach § 611 HGB die Möglichkeit gewährt sein, die Ladung entgegenzunehmen. Die Bestimmung des § 611 HGB ist gedacht als Straffolge für ein Sich-Verschweigen da, wo der Empfänger der verschifften Güter hätte handeln müssen[572]. Dies bestreiten auch die Vertreter der hier angegriffenen Ansicht nicht. Dann aber ist selbstverständlich vorauszusetzen, daß für den Empfänger die tatsächliche und rechtliche Möglichkeit besteht, die von ihm verlangten Handlungen vorzunehmen. Der Versuch, die Gegenmeinung damit zu stützen, daß das Ansehen des Verfrachters oder die Kulanz des Reeders die Entscheidung eines Rechtsstreits um einen Ladungsschaden nach den Regeln der Beweislast meist ausschließen dürfte[573], zielt ins Leere[574]. Die Praxis beweist das Gegenteil[575].

Nach dem Sinn des deutschen Seefrachtrechts sollen die Güter nach der Löschung nicht ohne Aufsicht am Kai liegen bleiben.

Gemäß § 594 HGB hat der Schiffer bei der Verfrachtung des Schiffes im ganzen dem Empfänger anzuzeigen, sobald er zum Löschen fertig und bereit ist. Ist der Empfänger unbekannt, geschieht dies durch öffentliche Bekanntmachung. Die Löschung beginnt mit dem der Anzeige folgenden Tage. Gemäß § 604 HGB hat der Empfänger Stückgüter auf Aufforderung des Schiffers ohne Verzug, mithin ohne schuldhaftes Zögern, abzunehmen. Auch hier kann eine öffentliche Bekanntmachung die Aufforderung zur Abnahme ersetzen. Erscheint der Empfänger nicht rechtzeitig, kann der Schiffer die Güter hinterlegen, wenn sich der Emp-

---

570 OLG Hamburg, a. a. O.

571 LG Bremen 13. VI. 1957, Hansa 58, S. 2329.

572 *Wüstendörfer*, Schutzzweck, S. 59.

573 *Schlegelberger-Liesecke*, § 611 HGB Rdz. 3, 1. Aufl. 1959.

574 In der 2. Auflage *Schlegelberger-Liesecke* hat *Liesecke* diese Argumentation dann auch aufgegeben.

575 OLG Bremen 7. VI. 1960, Hansa 1961, S. 1485, OLG Hamburg a. a. O.

fänger zur Abnahme bereiterklärt hat. Das gleiche gilt — allerdings ist der Schiffer zur Hinterlegung verpflichtet, § 601 HGB —, wenn der Empfänger die Abnahme der Güter verweigert, sich auf die Anzeige nach § 594 HGB nicht erklärt hat oder wenn er nicht zu ermitteln ist. Für den Fall aber, daß der Empfänger nicht rechtzeitig erscheint, hat der Verfrachter nach der allgemeinen Regelung seine Verschiffungspflicht erst erfüllt, wenn er die Güter an den Sollempfänger abgeliefert hat. Auf diese Ablieferung hat der Sollempfänger[576] ein Eigenrecht kraft des in der Konnossementsausstellung liegenden Vertrages zu seinen Gunsten. Um diese Pflicht kommt der Verfrachter nicht herum.

Das Gesetz hat einen grundsätzlichen Gewahrsamsübergang an den Gütern, um mit den Haager Regeln zu sprechen, zu keiner Zeit aus dem Auge verloren.

Darin liegt zugleich eine Interessenabwägung im Verhältnis zwischen Verfrachter und Ladung, die auch für § 611 HGB gilt. Diese Vorschrift soll dem Verfrachter nicht ermöglichen, sich von seiner Leistungspflicht gegenüber der Ladung zu befreien. Das wäre aber der Fall, wenn er die Güter ohne Kontrolle der Ladung einem Dritten, und sei dieser auch noch so zuverlässig, übergeben könnte.

Das Interesse des Verfrachters, sofort nach dem Einlaufen seines Schiffes in den Hafen mit dem Löschen zu beginnen, ohne auf den Empfänger warten zu müssen, ist vom Gesetzgeber in §§ 601—604 HGB berücksichtigt. Außerdem kann der Verfrachter durch seinen Schiffer den Zeitpunkt des Löschens im eigenen Interesse festsetzen, § 594 HGB. Er hat grundsätzlich Einfluß auf die Dauer der Löschzeit, § 595 HGB. Nach § 597 werden auch Tage der Löschzeit einberechnet, an denen der Empfänger durch Zufall verhindert ist, die Ladung abzunehmen. Auch diese Regelung läßt deutlich werden, wie sehr dem Gesetzgeber daran gelegen ist, zu verhindern, daß die Güter ohne Mitwirkung des Empfängers aus dem Schiff gelöscht werden. Vor Schaden wird der Verfrachter geschützt, indem er bei Verlängerung der Liegezeit ein Liegegeld verlangen kann, § 598 HGB, wobei gemäß § 572 HGB insbesondere Heuerbeträge, Unterhaltskosten für die Schiffsbesatzung und der dem Verfrachter entgehende Frachtverdienst einberechnet werden. Wenn der Verfrachter mit der Ablieferung wartet, bis der Empfänger oder sein Vertreter am Kai erscheint, wird von ihm nicht mehr verlangt als von jedem anderen Spediteur, Verkäufer oder Werkunternehmer, der seine Leistungspflicht erfüllen will.

Es wird behauptet[577], der Verfrachter müsse schwerste Nachteile in Kauf nehmen, wenn der Lauf der Reklamationsfrist bis zur Abnahme

---

[576] *Wüstendörfer*, Seehandelsrecht, S. 293.

[577] Vgl. beispielsweise *Schnitter*, S. 132.

hinausgezögert wird. Mit der Auslieferung an eine Kaianstalt oder sonst eine Behörde seien die Güter nicht nur dem Einfluß des Verfrachters entzogen, so daß dieser später schon aus technischen Gründen der ihm obliegenden Beweislast nur noch unter großen Schwierigkeiten nachkommen könne. Der eigentliche Zweck der Einführung der Reklamationsfrist sei in Frage gestellt, da dem Verfrachter ungünstigstenfalls durch reinen Zeitablauf alle Beweismittel aus der Hand geschlagen würden. Dem unredlichen oder auch nur saumseligen Empfänger stehe es frei, den von § 611 HGB beabsichtigten Ansporn zu möglichst sofortiger Benachrichtigung des Verfrachters im Schadensfalle und die als Strafe für die Säumnis verhängte Umkehr der Beweislast praktisch auszuschalten.

Allein so gravierend sind die Folgen der von Wüstendörfer zuerst vertretenen Ansicht nicht.

Es darf nicht übersehen werden, daß der Verfrachter seiner Entlastungspflicht gegenüber einem Anspruch der Ladung aus § 606 HGB dadurch gerecht werden kann, indem er einen Landschaden beweist, für den er sich entsprechend dem Regelfall in der Praxis der Konnossementsklauseln, gemäß der Erlaubnis des § 663 Abs. II Ziffer 2 HGB freigezeichnet hat. Den Beweis dafür kann er sich bei äußerlich erkennbaren Schäden oder von der Ladung behaupteten Teilverlusten gleich bei der Löschung ohne Mitwirkung des Empfängers sichern. Ob dieser Beweis Erfolg verspricht, hängt von der Sorgfalt und Vertrauenswürdigkeit des Ladungsoffiziers ab, der den Löschvorgang überwacht.

Bei verborgenen Mängeln wirkt zugunsten des Verfrachters die Unbekanntklausel, sofern die Güter verpackt sind, §§ 643, 645 HGB. Bei inneren Mängeln nicht verpackter Güter kann sich die Ladung von vornherein nicht auf die Vermutung des Konnossements berufen, es sei denn, das Konnossement enthält darüber positive Feststellungen, auf die sich die Vermutung gemäß § 656 HGB erstreckt. Nur wenn kein Landschaden vorliegt, treten Nachteile für den Verfrachter auf. Dann allerdings[578] ist das Interesse des Verfrachters an rascher Klärung der gegen ihn zu erhebenden Schadensersatzansprüche eine nicht zu übersehende Folge der ihn aus § 606 Satz 2 zweiter Halbsatz HGB treffenden grundsätzlichen Entlastungspflicht. Hier würde tatsächlich eine Auslegung des Wortes „Auslieferung" im Sinne Wüstendörfers die prozessuale Situation des Verfrachters schwächen, ein Argument, welches auch Wüstendörfer kennt[579].

Hierzu ist jedoch zu sagen: Bei äußerlich nicht erkennbaren Schäden darf der Empfänger mit der Absendung der Schadensanzeige gemäß

---

[578] OLG Bremen 7. VI. 1960, Hansa 1961, S. 1485.
[579] Seehandelsrecht, S. 291.

§ 611 HGB drei Tage warten. Der Verfrachter gerät in diesem Falle immer in die Beweisschwierigkeiten hinsichtlich seines Nichtvertretenmüssens, vor denen die Verfechter der vorherrschenden Meinung ihn für den Fall erkennbar beschädigter Güter verschonen wollen[580].

Ist die Ladung aber erkennbar zu Schaden gekommen, hat ein sorgfältiger Verfrachter keine Schwierigkeiten, sich die Beweise zu sichern, die er benötigt. Warum dann aber der Verfrachter durch im Verhältnis zum Empfänger der Güter einseitiges Verhalten, indem er die Güter einer Kaianstalt andient, im Ergebnis die Beweislast zum Nachteil der Ladung umkehren können soll, ist sonach jedenfalls nicht aus Billigkeitsgründen zu rechtfertigen.

III. Ergebnis

Die herrschende Ansicht ist weder auf den Wortlaut des § 611 HGB, den Sinnzusammenhang, in welchem sich diese Vorschrift findet, weder auf seine Entstehungsgeschichte, noch auf den Zweck des Gesetzes und auch nicht unter dem Gesichtspunkt einer billigen, den Verhältnissen der Seeschiffahrt angepaßten Lösung zu gründen.

Die hier vertretene Ansicht hat zur Folge, daß die Regel IVa DEK 1940 im Hinblick auf die Reklamationsfrist aufgestellte Fiktion mit dem Gesetz nicht vereinbar ist, weil dadurch der Beginn dieser Frist unzulässigerweise vorverlegt wird. § 662 BGB. Das gleiche gilt auch für alle anderen Konnossementsklauseln, die auf diesem Wege auf die Verteilung der Beweislast zwischen dem Verfrachter und dem Ladungsinteressenten Einfluß nehmen wollen. Die Reklamationsfrist des § 611 Abs. I HGB beginnt also nach Vollzug des zweiseitigen Aktes der Auslieferung bzw. Ablieferung an den Empfänger oder seinen Empfangsbevollmächtigten[581].

---

580 OLG Hamburg, a. a. O.

581 Vgl. auch OLG Hamburg 30. I. 1964, Hansa 1964, S. 498, 499.

IV. KAPITEL

Besondere Ansprüche der Ladungsbeteiligten gegen den Verfrachter

§ 17. Vorbemerkung

Ansprüche des Inhabers des Konnossements gegen den Verfrachter lassen sich außer auf die bereits erörterten seefrachtrechtlichen Normen des HGB und der Haager Regeln auf die allgemeinen Grundsätze einer Haftung des Verfrachters wegen verschuldeter Unrichtigkeit des Empfangsbekanntnisses im Konnossement[582] gründen.

Im Rechtsstreit zwischen Empfänger und Verfrachter kann sich die Unrichtigkeit der Konnossementsangaben ergeben. Möglicherweise ist es dem Verfrachter zu seiner Entlastung gegenüber einer Inanspruchnahme aus § 606 HGB gelungen, die Vermutung des Konnossements zu entkräften, § 565 Abs. II HGB, oder aber der Empfänger konnte in einem Falle, in dem er darauf angewiesen ist, den Beweis der Richtigkeit des Konnossements nicht führen[583].

Stellt sich heraus, daß die Ladung von den verbindlichen Angaben des Konnossements abweicht, in der Regel im Zusammenhang mit der äußeren Beschaffenheit der Güter, stehen dem Empfänger grundsätzlich zwei Wege, gegen den Verfrachter zu prozessieren, offen. Wie bereits untersucht, kann der Empfänger sich darauf berufen, der Verfrachter habe das Frachtgut in einem im Sinne des Wortlautes der Angaben im Konnossement einwandfreien Zustande übernommen. Diesen Beweis kann er[584] auch mit einem reinen Konnossement führen. Der Empfänger kann aber auch von Anfang an vortragen beziehungsweise während des Rechtsstreites dazu übergehen[585], der Verfrachter habe die Güter in

---

582 *Wüstendörfer*, Seehandelsrecht, S. 319.

583 *Capelle*. Hans RGZ 1943 A, Sp. 25 ff., Sp. 37.

584 a. A. *Haage*, Abladegeschäft, S. 99, vgl. oben S. 125.

585 Dies ist keine Klagänderung. Es handelt sich bei einem Anspruch aus § 606 HGB und einem Ersatzbegehren wegen schuldhafter Unrichtigkeit der Angaben im Konnossement um ein und denselben Streitgegenstand. *Rosenberg*, Zivilprozeßrecht, S. 421; *Baumbach-Lauterbach*, § 268, Anm. 3. Lediglich die rechtliche Begründung des Schadensersatzanspruches wird geändert, jedenfalls, solange der Kläger mit dem Ersatzbegehren nicht das Limit der §§ 658, 660 HGB überschreitet.

einem schlechteren Zustande übernommen als im Konnossement bescheinigt. Steht dies fest, setzt die Haftung des Verfrachters wegen unrichtiger Konnossementserklärung ein.

§ 18. Die Haftung des Verfrachters für verschuldete Konnossementsunrichtigkeit

I. Fälle dieser Haftung

Die Haftung kann bei allen nur denkbaren Fällen der Abweichung von den Erklärungen im Konnossement in Frage kommen.

An sie ist zu denken, wenn Güter im Widerspruch zum Inhalte des Konnossements tatsächlich nicht verladen worden sind.

Wenn das Konnossement im Zusammenhang mit Angaben über Menge, Art, Gewicht, Maß, innere und äußere Beschaffenheit (Regel XV Absatz 1 DEK 1940) fehlerhaft ist, sei es, daß es unzulässigerweise rein gezeichnet ist, sei es, daß die positiven Angaben von der Wirklichkeit abweichen. In diesem Zusammenhang sind Angaben über Merkzeichen, Marken, Nummern (Regel XV Abs. 2 DEK 1940), Qualität, Wert und Inhalt der Ladung (Regel XV Abs. 3 DEK 1940) zu nennen.

Auch andere Fehlangaben, wie eine falsche Datierung des Konnossements[586], die unrichtige Bescheinigung über die Zahl der Ausfertigungen des Konnossements[587], die Ausstellung eines Bordkonnossements, § 642 Abs. I HGB, obwohl die Güter nur übernommen, nicht aber verladen worden sind[588].

II. Die rechtliche Grundlage der Haftung des Verfrachters für verschuldete Unrichtigkeit des Konnossements

Die Haftung des Verfrachters rechtfertigt sich aus dem Gesichtspunkt eines Verschuldens bei Vertragsschluß nicht nur dem Verfrachter bzw. dem Ablader gegenüber im Zusammenhang mit dem Frachtvertrag über die Verschiffung der Güter, sondern auch im Verhältnis zu den Ladungsempfängern, da der zwischen Verfrachter und Befrachter bzw. Ablader geschlossene Vertrag als Vertrag zugunsten eines Dritten im Sinne des

---

586 RG 4. VI. 1904, RGZ Bd. 58, S. 229; *Leo*, Hans RZ 27, S. 241 ff.; *Schaps-Abraham*, § 656 HGB Anm. 12; *Wüstendörfer*, Seehandelsrecht, S. 320; vgl. auch den Schiedsspruch des Internationalen Schiedsgerichts für See- und Binnenschiffahrt in Gdingen vom 20. III. 1963, Hansa 1964, S. 796 f.

587 *Schaps-Abraham*, a. a. O.

588 Vgl. auch *Liesecke*, Hansa 1961, S. 345 ff.

§ 328 BGB auch zugunsten aller künftigen Konnossementsinhaber wirkt[589].

Sieg[590] zieht die Ableitung der Haftung aus positiver Vertragsverletzung vor, weil die Ausstellung des Konnossements auch dem Empfänger gegenüber eine Erfüllungshandlung des Verfrachters darstelle. Haftungsgrundlage der culpa in contrahendo sei im übrigen das enttäuschte Vertrauen des Partners. Bei der Ausstellung des Konnossements habe der Verfrachter es jedoch nur mit dem Ablader oder dem Befrachter zu tun. Dem Vertrauen des Empfängers könne er nicht zuwiderhandeln.

Der Unterschied beider Auffassungen zeigt sich beim Umfange der Ersatzpflicht.

Die Konstruktion der Verfrachterhaftung wegen verschuldet unrichtiger Konnossementsangaben über eine positive Vertragsverletzung hat den Vorteil, daß der Anspruch auf das positive Interesse gehen würde[591], während ein Verschulden bei Vertragsschluß in der Regel nur zum Ersatze des Vertrauensschadens führen würde, der in seiner Höhe durch das Erfüllungsinteresse begrenzt wäre[592]. Die verschiedenen Auswirkungen beider Ansichten auf den Umfang der Behauptungs- bzw. im Streit beim non liquet der Beweislast liegen auf der Hand. Mit Sieg[593] hat der Ladungsempfänger sein volles Erfüllungsinteresse nachzuweisen[594].

Mit der vorherrschenden Meinung wird jedoch der Schaden aus einem Vergleich der Jetztlage mit der Lage, die vorhanden wäre, wenn der Abschluß des Frachtvertrages bzw. die Konnossementsverpflichtung nicht entstanden wäre[595], begründet.

Dem Grunde nach ist die Beweislast bei beiden Konstruktionen gleich. Die Ladungsbeteiligten müssen die objektive Vertragsverletzung bzw. den Verstoß gegen vorvertragliche Treuepflichten behaupten und nach-

---

589 BGH 27. X. 1960, BGHZ Bd. 33, S. 364 = VersR 1961, S. 21 = MDR 1961, S. 116; BGH 2. II. 1961 VersR 1961, S. 269 = NJW 61, S. 823; OLG Hamburg 23. XII. 1958, Hansa 1959, S. 1708; *Wüstendörfer*, Seehandelsrecht, S. 319 f.; *Liesecke*, LM zu § 645 HGB Nr. 3; *Schaps-Abraham*, § 656 HGB Anm. 12; *Schlegelberger-Liesecke*- § 656 HGB Rdz. 14; *Deloukas*, a. a. O., S. 9 ff.

590 MDR 1961, S. 299.

591 Vgl. BGH 13. XI. 1953 BB 1954, S. 8.

592 Analogie zu §§ 122 Abs. I, 307 Abs. I BGB.

953 a. a. O.

594 RG 22. VI. 1917, RGZ Bd. 91, S. 33; RG 16. V. 1923, RGZ Bd. 107, S. 17; BGH 5. X. 1951, LM § 325 BGB Nr. 3.

595 RG 10. XI. 1921, RGZ Bd. 103, S. 158; *Palandt-Danckelmann*, Vormerkung vor § 249 BGB Anm. 3c.

weisen. Dabei geht es um die Feststellung der Unrichtigkeit der Angaben im Konnossement[596].

Ohne zunächst auf die Besonderheiten des Seefrachtrechts eingehen zu wollen, hat sich nach den allgemeinen Regeln über eine Ersatzpflicht aus Verschulden bei Vertragschluß oder positiver Forderungsverletzung der Verfrachter zu entlasten. Er hat zu behaupten und zu beweisen, daß er die Unrichtigkeit der Eintragungen im Konnossement nicht verschuldet oder sein Verhalten *keinen* Schaden verursacht oder *den entstandenen* Schaden nicht verursacht hat.

Hinsichtlich einer positiven Vertragsverletzung ist das die wohl fast einhellige Meinung im Schrifttum[597]. Allerdings wird auch das Gegenteil vertreten[598].

Es würde den Rahmen dieser Arbeit sprengen, die Argumente beider Ansichten erschöpfend gegeneinander abzuwägen. Grundsätzlich sei in diesem Zusammenhang nur bemerkt, daß sich die Begründung der Beweislastentscheidung der herrschenden Meinung[599] auch aus den Folgen der positiven Vertragsverletzung ableiten läßt. Handelt es sich um die Nichterfüllung von Nebenpflichten[600], eine Konstruktion, die die Verpflichtung des Verfrachters, für die Richtigkeit der Konnossementsangaben zu sorgen, zutreffend umschreibt[601], oder um eine dritte Art von Forderungsverletzung neben Verzug und Unmöglichkeit; in jedem Falle kommen die Vorschriften über den Verzug, §§ 286, 326 BGB oder über die Unmöglichkeit, §§ 280, 325 BGB zur analogen Anwendung[602]. Dann aber ist es nur zwingend, wenn auch die Vorschriften gelten, die der Gesetzgeber über den Verschuldensbeweis bei Verzug und Unmöglichkeit geschaffen hat, §§ 282, 285 BGB, mit der Folge, daß der Schuldner seine Schuldlosigkeit zu beweisen hat.

---

[596] Vgl. im übrigen oben S. 152.

[597] *Düringer-Hochenburg*, § 347 HGB Anm. 12; *Enneccerus-Lehmann*, Lehrbuch § 55 A 3; *Planck*, § 282 BGB 2 b betha; *Raape*, ACP 147, S. 217 ff.; *Zitelmann*, Bonner Festgabe für Paul Krüger, S. 280 ff.; *Rosenberg*, Beweislast, S. 367; *Palandt-Danckelmann*, § 282 BGB Anm. 1; RGRKomm. § 282 BGB Anm. 3; *Brauer*, S. 153; Arwed *Blomeyer*, Allgemeines Schuldrecht, § 30 III.

[598] *Förster-Kann* I, S. 726 zu § 275 ff. BGB; *Goldschneider*, Gruch Beitr. 60, S. 380 f.; *Leonhardt*, Schuldrecht, Bd. I, S. 544 f.; *Staub*, (14) § 347 HGB Anm. 16; § 377 HGB Anm. 130.

[599] BGH 27. IX. 1951, BGHZ Bd. 3, S. 162 (174); BGH 14. VII. 1952, NJW 1952, S. 1373 Nr. 7; BGH 11. II. 1957, NJW 1957, S. 746 (Werkvertrag); BGH 23. X. 1958, NJW 1959, S. 34 (Architektenvertrag); BGH 17. II. 1959, MDR 1959, S. 482.

[600] *Enneccerus-Lehmann*, § 55 II, mit weiteren Literaturangaben.

[601] Vgl. auch *Sieg*, a. a. O.

[602] *Enneccerus-Lehmann*, a. a. O.

Eine ähnliche Entwicklung wie im Zusammenhang mit den Beweislastfragen bei einer positiven Vertragsverletzung ist die Rechtsprechung auch bei der Haftungsgrundlage eines Verschuldens bei Vertragsschluß gegangen. Ausgangspunkt für die Rechtsprechung war die Haftung wegen positiver Vertragsverletzung. Die Rechtsprechung, aber auch das Schrifttum haben zunehmend erkannt, daß in gewissen Fällen der Verletzung vertraglicher Schutz- und Fürsorgepflichten eine Umkehrung der Beweislast zugunsten des Verletzten hinsichtlich der Frage des Verschuldens geboten ist. Steht fest, und auch erst dann wirft sich diese Frage bei verschuldet unrichtiger Konnossementsausstellung auf, daß ein objektiver Mangel oder ein Zustand der Verkehrswidrigkeit[603] im Organisations- und im Gefahrenbereich des Unternehmers eine Verletzung ausgelöst hat, so ist insbesondere bei Dienst-, Werk- und Gastaufnahmeverträgen angenommen worden, daß dem Unternehmer der Beweis dafür obliegt, ihn und die für ihn handelnden Personen treffe kein Schuldvorwurf[604].

Hat die Rechtsprechung bislang keine generelle Regelung über die Umkehr der Beweislast bei positiver Vertragsverletzung nach § 282 BGB entwickelt (BGH NJW 1962 S. 31), sondern zunächst immer auf die Art des Vertragsverhältnisses und der Schadensquelle abgestellt, so ist sie den Schritt, die Beweislastregelung des § 282 BGB auch auf die Haftung wegen Verschuldens bei Vertragsschluß auszudehnen, dementsprechend auch nur von Fall zu Fall gegangen[605].

Dieser Schritt ist auch gerechtfertigt, wenn man die Haftung des Verfrachters wegen verschuldeter Unrichtigkeit des Konnossements über die Konstruktion eines Verschuldens bei Vertragsschluß ableitet, denn gerade die Eigentümlichkeiten des Seefrachtgeschäftes vermitteln dem Verfrachter gegenüber der Ladung eine besondere Vertrauensstellung, der er auch im Interesse eines redlichen Verkehrs mit den Konnossementen gerecht werden muß. Daran ändert auch der Umstand nichts, daß dieser Schadensersatzanspruch kein spezifisch seerechtlicher[606] ist.

Demzufolge spielt sich der Streit um die Verteilung der Beweislast im Zusammenhang mit dem Verschulden bei unrichtigen Angaben im Konnossement vorwiegend unter dem Einfluß seefrachtrechtlicher Normen ab.

---

603 BGH 26. IX. 1961, NJW 1962, S. 31.

604 BGH 18. XII. 1952, BGHZ Bd. 8, S. 231 (241); BGH 19. II. 1957, BGHZ Bd. 23, S. 288 (290); BGH 8. V. 1958, BGHZ Bd. 27, S. 236.

605 BGH, a. a. O.

606 *Liesecke,* Hansa 1961, S. 346 ff.

Insbesondere Gramm[607] vertritt die Ansicht, bei einem Schadensersatzanspruch wegen unrichtiger Konnossementsausstellung treffe den Befrachter beziehungsweise den Empfänger die Beweislast dafür, daß der Verfrachter die Unrichtigkeit des Konnossements verschuldet habe[608].

Die Gegenmeinung vertritt vor allem Wüstendörfer[609]. Er geht im wesentlichen davon aus, daß mit Rücksicht auf eine gleiche Interessenlage und für ein gerechtes Ergebnis die Beweisregelung des § 606 Abs. II Satz 2 HGB entsprechend auch für die hier erörterte Haftungsgrundlage gelten müsse, zumal damit einem allgemeinen Prinzip der Beweislastverteilung im bürgerlichen — § 282 BGB — wie im allgemeinen Verkehrsrecht entsprochen werde. Wüstendörfer wird von der vorherrschenden Ansicht im Schrifttum im übrigen unterstützt[610]. Auch die Rechtsprechung hält den Verfrachter für entlastungspflichtig[611].

III. Die Freizeichnung in der Praxis

An diesen Fragenkreis knüpft sich das weitere Problem, ob die am Seefrachtgeschäft Beteiligten über die Verteilung der Beweislast im Zusammenhang mit der Haftung des Verfrachters wegen verschuldeter Unrichtigkeit des Konnossements verfügen können. Dies zu prüfen, ist um so berechtigter, weil das DEK 1940 eine Regelung getroffen hat, welche die Verteilung der Beweislast zwischen Verfrachter und Ladungsbeteiligten beeinflussen könnte[612].

Nach der Auffassung der maßgeblichen Handelskreise[613] bezwecken die Unbekanntklauseln, die zur Ausschöpfung der Rechte des Verfrachters gegenüber dem Ablader und der Ladung überhaupt in Anlehnung an die Vorschriften der §§ 645, 646 HGB in die Konnossementsbedin-

---

[607] HGB, S. 172.

[608] Wie *Gramm* auch *Staub-König*, 13. Aufl. § 446 HGB Anm. 2a für den Ladeschein, in der 14. Auflage hat sich dieser Kommentar zur Gegenmeinung bekannt; *Ehlers*, HansRGZ 1938 A, Sp. 249 ff. (265); *Mittelstein*, HansRGZ 1923 A, S. 763; *von Laun*, Hansa 1952, S. 1078.

[609] Seehandelsrecht, S. 320 ff.

[610] *Gütschow*, HansRZ 1924, S. 893; *Capelle*, HansGZ 1943 A, Sp. 38 ff.; *Sieg*, MDR 61, S. 299; *J. v. Gierke*, Handelsrecht und Schiffahrtsrecht, S. 606; *Deloukas*, a. a. O., S. 40 ff.; *Schlegelberger-Liesecke*, § 656 HGB Anm. 16; *Schaps-Abraham*, § 656 HGB Anm. 13; *Staub-Gadow* (14. Auflage), § 446 HGB Anm. 2b. (Abweichend von den früheren Auflagen); *Liesecke*, LM zu § 645 HGB Nr. 3; *Liesecke*, Hansa 1961, S. 345 ff.

[611] LG Bremen, Hansa 1955, S. 612; OLG Hamburg 23. XII. 1958, Hansa 1959, S. 1708, 1709; BGH 2. II. 1961, BGHZ Bd. 34, S. 216, 222 = VersR 1961, S. 270; BGH 2. II. 1961, NJW 1961, S. 823.

[612] Siehe oben S. 130, 131 f.

[613] *Liesecke*, Hansa 1961, S. 345 (346).

gungen aufgenommen worden sind, den Verfrachter weitestgehend von der Haftung für die Richtigkeit der von ihm als nicht bekannt bezeichneten Angaben zu befreien[614].

Da die Haftung wegen verschuldeter Unrichtigkeit des Konnossements für alle nur denkbaren Falschangaben in Betracht kommt, nimmt es wunder, daß in den Konnossementen keine umfassenden Freizeichnungen gegen diese Haftung versucht werden[615]. Auch das DEK 1940 enthält insoweit keine Regelung. Die Rechtsprechung und das Schrifttum haben, soweit ersichtlich, bisher nur Klauseln erörtert, die im Zusammenhang mit der Freizeichnungsmöglichkeit der §§ 645, 646 HGB und den diesen Vorschriften entsprechenden Bestimmungen der Haager Regeln stehen. Das ist nach der Praxis der Konnossementklauseln um so verwunderlicher, weil die Verfrachter immer wieder versuchen, ihre Rechtsstellung gegenüber den Ladungsbeteiligten auch in den zwingenden Bereich des Seefrachtrechtsänderungsgesetzes und der Haager Regeln hinein zu verbessern. Das DEK 1940 ist für diese Tendenz ein typisches Beispiel. Hinzu kommt, daß der Streit um die Zulässigkeit einer Freizeichnung wegen verschuldeter Unrichtigkeit des Konnossements, der sich erst an den Unbekanntklauseln der §§ 645, 646 HGB entzündet hat, die Verfrachter hätte verlocken müssen, sicherzugehen und auf alle Fälle den Ladungsbeteiligten Klauseln aufzuzwingen, die jedenfalls in ihrer Fassung über die Unrichtigkeiten des Konnossements bei der Beschreibung der Ladung hinausgehen.

Klauseln wie:

„Zahl, Maß, Gewicht unbekannt“[616],

„owners not to be responsible for weight“[617],

„weight, quality, condition, value and contents unknown“[618]

„cargo having received unweighted“[619],

„poids inconnu“[620],

„Unless otherwise stated herein, the description of the goods and the particulars of the packages mentioned herein are those furnished in writing by the shipper and the carrier shall not be concluded as to

---

[614] *Capelle*, HansRGZ 1943 A, S. 43.

[615] Siehe oben S. 153 f.

[616] *Capelle*, HansRGZ 1943, A 25 ff. (Sp. 38); BGH 2. II. 1961, NJW 1961, S. 823; *Liesecke*, LM § 645 HGB Nr. 3.

[617] *Capelle*, a. a. O. Diese Klausel enthalte eine allgemeine Freizeichnung des Verfrachters bezüglich jeden Verschuldens hinsichtlich der Gewichtsangabe.

[618] OLG Hamburg 23. VI. 1959, Hansa 1959, S. 2258; Hansa 1956, S. 2336; OLG Hamburg 23. XII. 1958, Hansa 1959, S. 1708, BGH 21. X. 1960, VersR 1961, S. 21 = MDR 1961, S. 116, BGH 28. IX. 1957, VersR 1957, S. 705.

[619] *Schaps-Abraham*, § 656 HGB Anm. 17.

the correctness of ladingmarks, countermarks-number, quantity, weight, gauge, measurement, contents, nature quality or value"[621],

„not responsible für weight",

„shipper's weight",

„dice essere"[622],

auch Bestimmungen, die wie Regel XV DEK 1940 unter bestimmten Voraussetzungen[623] fingieren — „gelten als unbekannt ..." —, daß die Ladungsangaben des Abladers dem Verfrachter unbekannt sind, haben nur dann einen vernünftigen Sinn, wenn sie geeignet sind, den Verfrachter aus der Haftung für Angaben, die ihm nicht bekannt sind, zu entlassen[624].

Ob solche Klauseln die Enthaftung des Verfrachters per se bewirken können oder ob, wie bei der Ausschaltung der Vermutenswirkung des Konnossements nach § 656 Abs. II HGB, noch besondere Voraussetzungen erfüllt sein müssen, sei vorerst zurückgestellt.

Zwar sind bei der Auslegung derartiger Klauseln, wie bei der Auslegung von Konnossementsbedingungen überhaupt[625], besonders strenge Maßstäbe anzulegen. Unklarheiten müssen zu Lasten des Verfrachters gehen[626]. Die Freizeichnungen brauchen jedoch keine ausdrücklichen Erklärungen zu sein. Wenn aber die Klauseln die Angaben über die Ladung als unbekannt erklären, sie aus der Verantwortung des Verfrachters nehmen, ist damit gleichzeitig einerseits gesagt, daß der Verfrachter insoweit für die Richtigkeit des Konnossements nicht einstehen will. Die eingebürgerten Klauseln bringen nach der Abschaffung der Skripturhaftung entsprechend der Auffassung der am Seefrachtvertrage Beteiligten, § 346 HGB, deutlich zum Ausdruck, daß der Verfrachter wie bisher auf diesem Wege seine noch bestehende Verantwortlichkeit für schuldhafte Unrichtigkeit der Angaben im Konnossement ausschließen will. Andererseits aber haben die Ablader oder Befrachter (im Rahmen des Vertrages zugunsten des Ladungsempfängers) verbindlich eine Befreiung vom Schuldvorwurf im Zusammenhang mit der Ladungsbeschreibung zugestanden[627].

---

[620] Cour de Cassation, Frankreich 7. XI. 1958, Hansa 1960, S. 2505.

[621] OLG Hamburg 19. II. 1957, Hansa 1957, S. 1519 = MDR 1957, S. 486.

[622] *Liesecke,* Hansa 1961, S. 345 ff.

[623] Vgl. oben S. 130, 131 f.

[624] Vorausgesetzt in OLG Hamburg 23. XII. 1958, Hansa 1959, S. 1708.

[625] *Liesecke* LM, § 645 HGB Nr. 3. Die Klauseln verlangen eine deutliche Kundgabe.

[626] BGH 19. III. 1957, BGHZ Bd. 24, S. 39 (43).

[627] Allerdings mit der Grenze des § 276 Abs. II BGB, Haftung für Vorsatz; *Schaps-Abraham,* § 656 HGB Anm. 17, *Capelle,* a. a. O.

So wird beispielsweise zu untersuchen sein, ob die Schiffsführung bei gehöriger Sorgfalt hätte bemerken müssen, daß ein erhebliches Mindergewicht abgeladen wurde und das angegebene Gewicht nicht stimmen konnte[628]. Angesichts des aus der Praxis her bewährten Wortlautes dieser Klauseln dürfte auch im Zusammenhang mit der Haftung des Verfrachters wegen verschuldeter unrichtiger Angaben im Konnossement kein Zweifel an ihrem gewollten und erklärten Inhalt bestehen[629]. Gegenstand heftiger Auseinandersetzung in Schrifttum und Rechtsprechung ist denn auch erst die Frage, unter welchen Voraussetzungen diese Klauseln in dem hier zu erörternden Zusammenhang wirksam sind.

IV. Grundlagen einer Beweislastverteilung bei der Haftung des Verfrachters wegen verschuldeter Konnossementsunrichtigkeit

Nach dem Wegfall der Skripturhaftung hat sich die Verpflichtung aus dem Konnossement parallel der Haftung des Frachtführers aus dem Ladeschein entwickelt[630]. Für den Ladeschein ist allerdings anerkannt, daß der Frachtführer sich bei unrichtigen Angaben exkulpieren muß[631]. Mit Rücksicht allerdings auf die besonderen Traditionen und die eigenständige Entwicklung, die das Recht des Seefrachtgeschäfts aus dem internationalen Geschäftsverkehr heraus genommen hat, erscheint eine Parallele zwischen Ladeschein und Konnossement mit dem Ziel, eine Entlastungspflicht des Verfrachters für verschuldet unrichtige Angaben im Konnossement zu beweisen, von vornherein nicht zwingend[632]. Ein Vergleich beider handelsrechtlicher Traditionspapiere mag allenfalls dazu dienen, das einmal gewonnene Ergebnis noch zu untermauern.

Die Anhänger der Entlastungspflicht des Verfrachters rechtfertigen ihre Meinung in erster Linie aus einer analogen Anwendung des § 606 HGB[633].

Nach § 606 Abs. II HGB hat sich der Verfrachter mit dem Nachweis mangelnden Verschuldens bei der Ladungsbehandlung zu exkulpieren.

Deloukas meint[634], die Interessenlage hinsichtlich des Schuldbeweises in beiden Fällen gleiche sich. Er kommt infolgedessen, allerdings ohne

---

628 z. B. OLG Hamburg 23. XII. 1958, Hansa 1959, S. 1708.

629 So auch *Liesecke*, Hansa 1961, S. 345 ff.

630 *Deloukas*, a. a. O.,S. 42; RG 16. IV. 1881, RGZ Bd. 4, S. 87; RG 1. X. 1881, RGZ Bd. 5, S. 81; *Düringer-Hachenburg*, § 446 HGB Anm. 7; *Baumbach-Duden*, Einführung zu §§ 444-450 HGB Anm. 2, § 446 Anm. 2 A HGB.

631 *Baumbach-Duden*, a.a.O., *Staub-Gadow*, 14. Aufl. § 446 HGB Anm. 2 a, RG 5, S. 81, ständig, Urteil vom 1. X. 1881.

632 offenbar a. A. *Deloukas*, a. a. O., S. 43.

633 *Capelle*, Hans RGZ 1943 A, Sp. 25 ff. (38).

634 a. a. O., S. 42.

weiter auf den Wortlaut des § 606 HGB einzugehen, zur Anwendung dieser Bestimmung. Dies erscheint im Ergebnis zutreffend. Wie das Landgericht Bremen[635] richtig erkannt hat, kann eine Beweislastentscheidung zum Nachteil des Verfrachters aber nicht auf den Wortlaut des § 606 HGB gegründet werden[636]. Anderer Ansicht ist Haage[637], der offenbar für eine direkte Anwendung des § 606 HGB plädiert.

§ 606 HGB spricht nur vom Verlust und der Beschädigung der verladenen Güter. Wollte man bei dieser Beschränkung des Anwendungsbereichs dieser Vorschrift bleiben, würde man praktisch den Verfrachter von einer Haftung für verschuldete Unrichtigkeit der Angaben im Konnossement befreien[638], weil der überseeische Empfänger in der Regel dem Betriebe des Verfrachters im Abladehafen fernsteht und infolgedessen nicht in der Lage sein dürfte, die erforderlichen Beweise zu erbringen. Die Verschiebung der Beweislast auf die Seite der Ladung würde damit im Ergebnis zu einer Enthaftung des Verfrachters führen, eine Überlegung, die schon an anderer Stelle zu einem Verbot einer Einflußnahme auf die Beweislast zum Nachteil der Ladung gezwungen hat.

Der weitere Schluß des Landgerichts Bremen[639], da § 606 HGB nicht ausdrücklich von der Haftung des Verfrachters wegen verschuldeter Konnossementsunrichtigkeit spreche, könne sein Wortlaut letzten Endes entscheidend kaum zur Begründung der einen oder der anderen Auffassung herangezogen werden, erscheint jedoch in dieser allgemeinen Form nicht stichhaltig. Denn immerhin könnte aus dem Schweigen des Gesetzes folgen, der Nachweis der Voraussetzungen der hier erörterten Anspruchsgrundlage könne nicht nach der Regel des § 606 geführt werden. Nur wenn festzustellen ist, daß der Gesetzgeber des Änderungsgesetzes 1937 die Haftung des Verfrachters in § 606 HGB ungeregelt lassen wollte, bzw. diesen Fall übersehen hat, darf § 606 HGB insoweit für neutral gehalten werden.

Schon vor dem Änderungsgesetz 1937 wurde die Haftung für schuldhaft unrichtige Konnossementsausstellung stets[640] von der Haftung des Verfrachters für Verlust und Beschädigung der Güter unterschieden. Dieser Umstand war dem Gesetzgeber seinerzeit ohne Zweifel bekannt. Wenn aber das Gesetz von 1937 die aus allgemeinen Grundsätzen

---

[635] Urteil vom 1. II. 1955, Hansa 1955, S. 604 ff.

[636] *Wüstendörfer*, Seehandelsrecht, S. 320, wohl auch BGH 2. II. 1961, NJW 1961, S. 823.

[637] Abladegeschäft, S. 99.

[638] *Wüstendörfer*, a. a. O.

[639] a. a. O.

[640] BGH 27. X. 1960, Hansa 1961, S. 342 = NJW 1961, S. 665 = MDR 1961, S. 116 = Wertpapierrechtl. Mitteilungen 1960, S. 1405.

des Bürgerlichen Rechts abzuleitende Haftung des Verfrachters für unrichtige Konnossementangaben entgegen der bisherigen Rechtslage hätte ausdrücklich regeln wollen, hätte es nahegelegen[641], eine entsprechende Regelung mehr in den Vordergrund zu schieben. Jedenfalls aber erscheint die Vorschrift des § 606 HGB dafür denkbar ungeeignet.

Die bisher getrennt gehaltenen Anspruchsgrundlagen wären in *einer* Norm mit einem Wortlaut geregelt worden, der eher gegen die Einbeziehung der Haftung für verschuldete Unrichtigkeit des Konnossements spricht. Selbst Wüstendörfer, der diese Anspruchsgrundlage in die Haftung des Verfrachters für besondere Ladungsbehandlung mit einbeziehen will, unter anderem mit der Absicht, dem Verfrachter die Freizeichnungsmöglichkeit hierfür zu nehmen[642], hat nicht bestritten, daß dieser Anspruch kein spezifisch seerechtlicher ist[643]. Das Änderungsgesetz 1937 wollte im übrigen, wie seine Begründung und die Erwähnung der §§ 606—608 HGB in § 662 HGB beweist, die Ausführung der Beförderung, nicht aber die Ausstellung des Konnossements, unabdingbaren Vorschriften unterstellen[644].

Dies läßt die amtliche Begründung des Gesetzes[645] deutlich erkennen. Das deutsche Seefrachtrecht hat die Haftung des Verfrachters wegen verschuldeter Unrichtigkeit des Konnossements jedenfalls nicht in § 606 HGB geregelt. Darum kommt man nicht herum.

Ob die Interessenlage bei beiden Haftungsgrundlagen die gleiche ist, muß mithin unbeachtlich bleiben. Es kann auch nicht weiterführen, wenn man die schlechtere beweistechnische Stellung des Empfängers bei der Haftung des Verfrachters wegen verschuldeter Unrichtigkeit des Konnossements gegenüber der Haftung aus § 606 HGB berücksichtigt[646]. Denn der Empfänger müßte, wäre er beweispflichtig, Vorgänge im Abladehafen beweisen, die zeitlich meist noch weiter zurückliegen als Fehler des Verfrachters oder dessen Leute bei der Ladungsfürsorge, während der Seereise oder im Empfängerhafen. So sehr die Ladungsbeteiligten ein Interesse haben, zur Schlüssigkeit eines Anspruches wegen unrichtiger Angaben im Konnossement auf ein Verschulden des Verfrachters nicht eingehen zu müssen, so eindeutig ist die Tatsache, daß der Gesetzgeber den Ladungsbeteiligten nicht in § 606 HGB entgegengekommen ist[647].

Möglicherweise schlägt jedoch § 607 Abs. II HGB für die Haftung des Verfrachters wegen verschuldeter Unrichtigkeit des Konnossements zu

---

641 BGH, a. a. O.
642 *Wüstendörfer*, Seehandelsrecht, S. 321.
643 *Liesecke*, Hansa 1961, S. 345 f.
644 *Liesecke*, LM zu § 645 HGB Nr. 3.
645 R. Anz. 1937, Nr. 186 II, 30 III.
646 a. A. *v. Laun*, Hansa 1952, S. 1078.
647 Vgl. auch BGH 27. X. 1960, Hansa 1961, S. 342 ff.

der Beweislastregelung des § 606 Satz 2 HGB eine Brücke. Wüstendörfer[648] bedient sich dieser Vorschrift, um diese Haftung des Verfrachters der Parteidisposition zu entziehen und dem Verfrachter zu verwehren, sich davon freizuzeichnen. Er sieht in der Ausstellung des Konnossements[649] einen kaufmännischen Erfüllungsakt des Frachtvertrages, der „überwiegend im Interesse der Ladung getroffen" sei, § 607 Abs. II Satz 2 HGB. Die Konnossementserteilung falle demgemäß nicht unter die gesetzliche Haftungsfreiheit des technischen Schiffsbetriebes nach § 607 Abs. II Satz 1 HGB, sondern unter die Haftung des Verfrachters für „ein Verschulden seiner Leute" im Sinne des § 607 Abs. I HGB. Die schuldhaft unrichtige Ausstellung des Konnossements erscheine folglich als ein Verschulden bei der „Beförderung" der Ladung, § 606 Satz 1 HGB. § 607 Abs. I HGB sei sehr weit gefaßt und decke auch ein Verschulden nur bei Gelegenheit der Ausführung der Beförderung[650]. Unzweifelhaft aber geschehe die Erteilung des Empfangsbekenntnisses und des Auslieferungsversprechens im Konnossement in diesem engen Zusammenhang zur Beförderung der Güter[651].

Diese Ansicht Wüstendörfers hat in der Rechtsprechung[652] und im Schrifttum[653] heftigen Widerspruch gefunden. Sie wird meines Erachtens zu recht abgelehnt.

Niemand wird leugnen können, daß eine Ansicht, die für die Haftung des Verfrachters wegen verschuldeter Unrichtigkeit des Konnossements die Anspruchsgrundlage und die damit verbundene Regelung der Beweislast außerhalb des zwingenden Bereiches des deutschen Seefrachtrechts, ja außerhalb des Handelsrechts unter den Rechtssätzen des bürgerlichen Rechts sucht, einer Freizeichnung zu Lasten der Ladung Tür und Tor öffnet[654]. In der Tat ein Ergebnis, das wenig wünschenswert ist[655]. Dies kann jedoch nur Anlaß zu einer Änderung der maßgeblichen Vorschriften sein, nicht aber die Auslegung des geltenden Rechts beeinflussen.

Wüstendörfer hat früher[656] ausgeführt, bei fahrlässiger falscher Konnossementsbezeichnung liege meist auch ein überwiegendes mitwirkendes

---

648 Seehandelsrecht, S. 321.

649 *Brandis*, HansRGZ 1909, Beilage 1, S. 2.

650 *Gramm*, S. 144.

651 So auch *Kuhl*, HansRGZ 1926, S. 571.

652 Vgl. BGH 27. X. 1960, Hansa 1961, S. 342 ff.

653 Deloukas, a.a.O., S. 21; Gramm, S. 172; Capelle, HansRGZ 1943 A, Sp. 38 f.; *Schlegelberger-Liesecke* zu § 662 HGB Anm. 14; *Liesecke* LM zu § 645 HGB Nr. 3, derselbe LM zu § 656 HGB, Nr. 6, derselbe Hansa 1961, S. 345 ff.; *Schaps-Abraham*, § 656 HGB Anm. 17; *Sieg* MDR 1961, S. 299.

654 *Wüstendörfer*, a. a. O.; *Kuhl*, a. a. O.

655 *Schaps-Abraham*, a. a. O., Anm. 17.

656 *Wüstendörfer* in Reichsgerichtspraxis Band IV, 1929, S. 202.

Verschulden des Abladers vor. Die Freizeichnung des Reeders von seiner Haftung für mitwirkende Nachlässigkeit seiner Leute bei der Konnossementsausstellung erscheine deshalb in einem anderen, milderen Licht als die Freizeichnung von der Haftung für nachlässige Ladungsbehandlung.

Dieser Gesichtspunkt gilt auch heute noch.

Zwar war Sinn und Zweck des deutschen Änderungsgesetzes 1937, die Interessen der Ladung vor einer übermäßigen Freizeichnung seitens der Verfrachter zu schützen. Mitgespielt hat aber auch die Absicht — dieses Motiv liegt den Vorschriften der §§ 606, 607, 611 ff., 656, 662, 663 HGB zugrunde —, angesichts der umfassenden und oft unübersichtlichen Freizeichnungspraxis der Verfrachter möglichst viel Klarheit in die Rechtsbeziehungen zwischen Verfrachter und Ladungsbeteiligte zu bringen. Wird die Haftung des Verfrachters wegen verschuldeter Unrichtigkeit des Konnossements nicht den Vorschriften des Seefrachtrechts, insbesondere dessen zwingenden Regelungen, unterworfen, erspart eine Freizeichnung des Verfrachters den Parteien die oft schwierige und meist unbefriedigende Abwägung des mitwirkenden Verschuldens, § 254 BGB, zwischen Verfrachter und Ablader. Allerdings wird diese Überlegung die hier vertretene Ansicht für sich nicht überzeugend begründen. Denn es ist zumindest zweifelhaft, ob der Einwand mitwirkenden Verschuldens des Abladers auch dem dritten gutgläubigen Konnossementsinhaber gegenüber wirkt, trotz § 656 Abs. I, III HGB.

Zwar sind die zwingenden Vorschriften des Änderungsgesetzes 1937, hier die §§ 606, 607 HGB, zu Lasten einer Freizeichnungsmöglichkeit einengend auszulegen. Diesen Weg ist Wüstendörfer fraglos gegangen, wenn er zu dem Ergebnis kommt, eine fehlerhafte Konnossementserteilung könne ein Verschulden bei der Beförderung der Güter sein. Der Schritt, den Wüstendörfer vom Wortlaut des § 607 HGB aus gegangen ist, erscheint jedoch als zu groß, um noch von dieser Vorschrift getragen zu werden.

§ 606 HGB normiert den Haftungstatbestand des kommerziellen Verschuldens des Verfrachters. Satz 1 der Vorschrift nennt in diesem Zusammenhang einzelne Tatbestände, die zur Behandlung der Ladung zu rechnen sind. Ihnen allen gemeinsam werden Umstände genannt, die bei der Ausführung der Beförderung der Güter[657] in Betracht zu ziehen sind. Damit ist der Einflußbereich dieser Norm eindeutig umrissen.

Für den Haftungsspielraum bestimmt § 607 HGB, daß der Verfrachter das Verschulden seiner Leute und der Schiffsbesatzung ebenso wie sein eigenes Verschulden zu vertreten hat. Die Ausnahmebestimmung

---

[657] So auch BGH 27. X. 1960, NJW 1961, S. 665.

des § 607 Abs. II HGB entlastet den Verfrachter bei Schadensereignissen anläßlich der Beförderung der Ladung, die gleichzeitig im nautisch-technischen Bereich der Schiffsführung bzw. in Brandunfällen ihre Ursache haben. Die Relation, das schadenstiftende kommerzielle Verschulden müsse bei der Ausführung der Beförderung eingetreten sein, wird dadurch nicht unterbrochen. § 607 Abs. II Satz 2 HGB schafft nun Klarheit bei Grenzfällen. Für die Frage, ob schadensersatzverpflichtendes kommerzielles Verschulden vorliegt, soll entscheidend sein, ob die fragliche Maßnahme überwiegend im Interesse der Ladung getroffen worden ist. Auf dieser Grundlage ist Wüstendörfers Feststellung richtig, auch ein Verschulden bei Gelegenheit der Beförderung mache ersatzpflichtig[658].

Darauf kommt es aber auch an. Verhaltensweisen, die im Interesse der Ladung geschehen, aber die Beförderung nur vorbereiten, fallen nicht unter die Vorschrift der §§ 606, 607 HGB. Zumindest die Erteilung des Konnossements als eines Empfangsbekenntnisses dient der Vorbereitung der Beförderung.

Nicht anders aber ist es, soweit darin die Abgabe des Auslieferungsversprechens zugunsten des Empfängers zu erblicken ist.

Ob man die Haftung des Verfrachters wegen verschuldeter Unrichtigkeit des Konnossements aus der Rechtsfigur der positiven Vertragsverletzung[659] oder einer culpa in contrahendo herleitet, beide Theorien entwickeln die Ansprüche des Empfängers gegen den Verfrachter aus einem Vertrage zugunsten Dritter.

Angesichts der Doppelrolle des Konnossements beim Stückgutvertrag in der Rechtswirklichkeit der Linienfahrt[660], der Aufnahme der allgemeinen Vertragsbedingungen in den Vordruck der Konnossementsklauseln, gelten insbesondere die Freizeichnungsklauseln auch gegenüber dem Empfänger[661]. Sie werden im übrigen in der Regel mit der Ausfüllung des Konnossements in die Urkunde aufgenommen[662].

Auch daraus erhellt, daß die Ausfüllung des Konnossementsformulars nicht der Durchführung der Beförderung, sondern nur deren Vorbereitung dient[663].

---

658 *Wüstendörfer*, a. a. O.; so auch *Gramm*, S. 114.

659 *Sieg*, MDR 1961, S. 299.

660 Siehe oben S. 4.

661 BGH 20. V. 1952, BGHZ Bd. 6, S. 127 (130); RG 13. II. 1904, RGZ Bd. 57, S. 62; RG 3. I. 1917, RGZ Bd. 89, S. 288; *Liesecke*, VersR 1960, S. 865.

662 *Wüstendörfer*. Seehandelsrecht, S. 234; RGZ 28. V. 1936, in HansRGZ 1936 B, Sp. 476 ff.

663 Im Ergebnis auch *Deloukas*, a. a. O., S. 21.

Unterfällt aber die Haftung des Verfrachters wegen verschuldeter Unrichtigkeit des Konnossements nicht den Vorschriften der § 606 ff., bleibt dem Verfrachter freigestellt, sich freizuzeichnen[664].

Die Gegenmeinung[665] ist abzulehnen.

Infolgedessen sind Freizeichnungsklauseln, die den Verfrachter von dieser Haftung entlasten sollen, wirksam. Auch gegen die Regel XV des Deutschen Einheitskonnossements von 1940 erheben sich von dieser Seite her keine Bedenken.

Eine andere Frage ist es, ob der Verfrachter sich im Einzelfall auf die Freizeichnung wird berufen dürfen. Selbstverständlich muß auch ein Verfrachter, der aus den Freizeichnungsklauseln seiner Konnossementsbedingungen Vorteile zieht, die Grundsätze von Treu und Glauben im Rechtsverkehr beachten. Er setzt sich beispielsweise in einer Treu und Glauben zuwiderlaufenden Weise in Widerspruch zu seinen Erklärungen im Konnossement, das Gewicht sei nicht kontrolliert, er wolle deshalb dafür nicht haften, wenn er in einer anderen mitübergebenen Urkunde das Gewicht bescheinigt und es dem Ablader ermöglicht hat, die Auszahlung eines Akkreditives in entsprechender Höhe zu erzielen[666].

Dieses Zwischenergebnis entspricht auch der Billigkeit. Die Ladungsinteressenten werden praktisch nicht übermäßig und nicht unbillig durch eine entsprechende Freizeichnungsklausel beeinträchtigt. Sie können sich im vergleichsweise häufigsten Fall der Unstimmigkeiten bei den im Konnossement vermerkten Abladetatsachen durch zweckmäßige[667] und auch weitgehend übliche Akkreditivbedingungen und die Vorlage von Gewichtszertifikaten neben dem Konnossement sichern[668].

Es ist auch nicht anzunehmen, daß der Handelswert des Konnossements mit der Zulassung einer diesbezüglichen Freizeichnung beeinträchtigt wird[669]. Maßgebend hierfür ist das geschäftliche Ansehen des Abladers und der Reederei.

Auch aus anderen Vorschriften des Handelsgesetzbuches läßt sich eine Beweislastentscheidung im Zusammenhang mit der Haftung des Ver-

---

664 So auch BGH 27. X. 1960, NJW 1961, S. 665; *Liesecke*, LM zu § 645 HGB Nr. 3, zu § 656 HGB Nr. 6 und Hansa 1961, S. 345; *Sieg*, MDR 61, S. 299; *Deloukas* a.a.O., S. 21; *Capelle*, HansRGZ 1943 A, Sp. 38; *Gramm*, S. 172; *Schaps-Abraham*, § 656 HGB Anm. 17; *Schlegelberger-Liesecke*, § 656 HGB Anm. 18.

665 *Wüstendörfer*, Seehandelsrecht, S. 321 ff.; *Kuhl*, HansRZ 1926, Sp. 571.

666 BGH 2. II. 1961, NJW 1961, S. 823.

667 BGH 27. X. 1960, NJW 1961, S. 665.

668 Vgl. Art. 34 der „einheitlichen Richtlinien und Gebräuche über Dokumentenakkreditive".

669 *Liesecke*, LM zu § 645 HGB Nr. 3.

frachters wegen verschuldeter Unrichtigkeit des Konnossements nicht herleiten.

Die Interessenlage im Seefrachtgeschäft verlangt dessen ungeachtet einen Schutz der Ladungsbeteiligten. Sollte die Ladung verpflichtet sein, ein Verschulden des Verfrachters darzutun und im Streitfalle zu beweisen, wäre die Haftung des Verfrachters wegen verschuldeter Unrichtigkeit des Konnossements von vornherein in den meisten Fällen wegen der bereits erörterten Beweisschwierigkeiten[670] praktisch nicht realisierbar.

Dieser Schutz findet sich in den allgemeinen Regeln des bürgerlichen Rechts. Nach Art. 2 EGHGB gehen die Normen des Handelsgesetzbuches und des Einführungsgesetzes zum Handelsgesetzbuch den Vorschriften des Bürgerlichen Gesetzbuches vor. Das Bürgerliche Gesetzbuch ist nur ergänzend heranzuziehen. Dieser Ergänzung bedarf es bei der Haftung des Verfrachters wegen verschuldeter Unrichtigkeit des Konnossements, die im Handelsgesetzbuch nicht ihren Niederschlag gefunden hat. In Betracht kommt § 282 BGB.

Der Bundesgerichtshof hat in seiner Entscheidung vom 27. 10. 1960[671] zum ersten Male Gelegenheit gehabt, sich mit der Haftung des Verfrachters für Verschulden bei der Ausstellung von Konnossementen zu befassen, ohne allerdings zur Frage der Verteilung der Beweislast Stellung zu nehmen. Er hat jedoch mit seiner Feststellung, daß diese Anspruchsgrundlage in den Vorschriften der §§ 606 ff. HGB nicht ihre Regelung gefunden hat, den Weg geöffnet für seine Entscheidung vom 2. 2. 1961[672], die einen Fall der Vercharterung betraf. Dort wird allerdings neben § 606 HGB die Vorschrift des § 282 BGB als maßgebend für die Verteilung der Beweislast bezeichnet. Ausschließlich auf § 282 BGB hat sich indes schon vorher das Landgericht Bremen[673] bezogen. Auch das Hanseatische Oberlandesgericht Hamburg, Urteil vom 23. Dezember 1958[674], hat auf § 282 BGB hingewiesen, ohne aber den weiteren Schritt zu unternehmen, sich zur Begründung seiner Beweislastentscheidung von § 606 Abs. II HGB zu lösen. Im Gegenteil hat es sich die Ansicht Wüstendörfers zu eigen gemacht, der seine im Ergebnis zutreffende Ansicht in erster Linie auf § 606 HGB aufbaut, sich alsdann erst fast beiläufig[675] in § 282 BGB von der Richtigkeit seines Ergebnisses vergewissert.

[670] Vgl. oben, S. 162.

[671] BGHZ 33, S. 364 = NJW 1961, S. 665.

[672] BGH NJW 1961, S. 823.

[673] Hansa 1955, S. 604 ff.

[674] Hansa 1959, S. 1708.

[675] *Wüstendörfer*, Seehandelsrecht, S. 320.

Nach § 282 BGB trifft die Beweislast den Schuldner, wenn streitig wird, ob die Unmöglichkeit der Leistung die Folge eines vom Schuldner zu vertretenden Umstandes ist. Wenn der Verfrachter im Konnossement bescheinigt, er habe etwas anderes übernommen, ein anderes Gewicht, eine andere Qualität, eine andere Stückzahl oder ein anderes Maß, als er tatsächlich übernommen hat, so steht schon bei der Ausstellung des Konnossements fest, daß er den Frachtvertrag nicht richtig wird erfüllen können[676]. Es handelt sich insoweit nicht allein um einen Fall anfänglichen Unvermögens. Die Unrichtigkeit der Konnossementsangaben über die Verladungstatsachen bedeutet stets zugleich die Unmöglichkeit der Leistung gemäß dem Konnossement[677]. Denn die Verpflichtung des Verfrachters aus dem Konnossement geht auf Herausgabe der in Empfang genommenen Sachen. Wo aber eine Leistung in der Herausgabe besteht, gilt das Unvermögen als Unmöglichkeit[678].

Nun braucht aber die vom Verfrachter verschuldete Unrichtigkeit der Angaben im Konnossement, wie wir bereits gesehen haben[679], nicht nur die Abladetatsachen zu betreffen. Bei falscher Datierung des Konnossements, unrichtiger Bescheinigung über die Zahl der Ausfertigungen, bei Ausstellung eines Bordkonnossements, obwohl die Güter noch am Kai lagern, kann schlecht mit den Regeln über die Unmöglichkeit der Leistung gearbeitet werden. Hier hilft nur der Grundsatz, daß die Beweislast den Unternehmer trifft, wenn die Schadensursache aus einem Gefahrenbereich hervorgegangen ist, für den er im Zweifel die Verantwortung trägt[680]. Daß dieser Grundsatz aus den Vorschriften der §§ 282 BGB und 606 Abs. II HGB entwickelt werden kann, bescheinigt nur seine Anwendbarkeit auch im Bereiche des Seefrachtrechts.

Wir kommen also zu dem Ergebnis: Bei einer Unrichtigkeit des Konnossements wird das Verschulden des Verfrachters vermutet. Der Verfrachter ist gezwungen, für sich den Entlastungsbeweis zu führen[681].

Die Einschränkung des Hanseatischen Oberlandesgerichts[682] stimmt bedenklich. Bezieht sich die Unrichtigkeit des Konnossements auf Abladetatsachen, kann es nicht darauf ankommen, ob der Mangel der Güter

---

676 *Deloukas*, a.a.O., S. 42.

677 *Deloukas*, a.a.O.; *Schlegelberger-Liesecke*, § 656 HGB Rdz. 16; *Schaps-Abraham*, § 656 HGB Anm. 13; *Wüstendörfer*, Seehandelsrecht, S. 320.

678 *Palandt-Danckelmann*, § 275 BGB Anm. 1 a mit Nachweisen.

679 Vgl. oben, S. 153.

680 RG 6. VI. und 18. VI. 1935, RGZ Bd. 148, S. 140, 150; BGH 18. XII. 1952, BGHZ Bd. 8, S. 239 (241); BGH 11. II. 1957, BGHZ Bd. 23, S. 290; BGH 8. V. 1958, BGHZ Bd. 27, S. 236; BGH 23. X. 1958, BGHZ Bd. 28, S. 251.

681 So auch *Liesecke*, LM zu § 656 HGB Nr. 6.

682 OLG Hamburg 24. X. 1963, Hansa 1964, S. 934.

äußerlich erkennbar war, wenn die Verschuldensvermutung ausgelöst werden soll. Das hätte zur Folge, daß sich die Beweislast je nach Art der Unrichtigkeit des Konnossements ändert. Fälle wären denkbar, wo die Beweislastregel erst nach der Tatsachenfeststellung bestimmt werden kann, ein Ergebnis, das prozessual unzulässig wäre.

V. Wirksamkeitsvoraussetzungen der Freizeichungsklauseln

Wie wir bereits gesehen haben, genügten nach altem Recht die üblichen Unbekanntklauseln, um die Skripturhaftung zu beseitigen und den Verfrachter auch für den Fall einer verschuldeten Unrichtigkeit des Konnossements zu entlasten. Heute, seit dem Änderungsgesetz 1937, reichen sie zur Beseitigung der Beweisvermutung nicht mehr aus.

Es liegt die Frage nahe, ob diese Entwicklung an der ehemals an sich voraussetzungslosen Freizeichnung von der Haftung wegen verschuldeter Unrichtigkeit des Konnossements vorbeigangen ist.

Wenn die Freizeichnung von den Voraussetzungen abhängt, die gemäß §§ 645 II, 646 HGB zur Ausschaltung der Vermutung des Konnossements, § 656 Abs. II HGB, erfüllt sein müssen, ergibt sich folgende Wirkung:

Der Verfrachter hätte, bestand kein Verdacht der Ungenauigkeit und waren ausreichende Kontrollmöglichkeiten im Abladehafen vorhanden, ohne Freizeichnungsmöglichkeit für Schäden einzustehen, die infolge schuldhaft unrichtiger Angaben entstanden sind.

Dieses Ergebnis erscheint angesichts des beschränkten Geltungsbereiches der zwingenden Vorschriften des deutschen Seefrachtrechts widersinnig. Das Änderungsgesetz 1937 wollte die Beweisvermutung des Konnossements aufrechterhalten und der Parteidisposition entziehen. Zweck war, wie bereits in anderen Zusammenhängen erörtert, die zwingende seerechtliche Haftung des Verfrachters für Verlust und Beschädigung der Güter zu gewährleisten[683]. Die bürgerlich-rechtliche Haftung war aber in den Regelungsbereich des neuen Seefrachtrechts, wie schon zu Zeiten der Skripturhaftung, nicht mit einbezogen worden. Stellt man bei der Wirksamkeit der Freizeichnungsklausel für die Haftung des Verfrachters wegen verschuldeter Unrichtigkeit der Angaben im Konnossement auf die Voraussetzungen der Unbekanntklauseln der §§ 645, 646 HGB ab, würde dies eine Einengung der zunächst anerkannten Vertragsfreiheit bedeuten.

In der Tat gebietet die einmal anerkannte generelle Freizeichnungsmöglichkeit[684] im Zusammenhang mit der Haftung des Verfrachters

[683] *Liesecke*, Hansa 1961, S. 346.
[684] BGH 27. X. 1960, NJW 1961, S. 665.

wegen verschuldeter Unrichtigkeit des Konnossements auch den Verzicht auf die Voraussetzungen, unter denen die Vermutung des Konnossements nach § 656 Abs. II HGB nur ausgeschaltet werden kann.

Stellt man die Freizeichnung von der hier in Rede stehenden Haftung hinsichtlich der Abladetaschen unter die Voraussetzung der §§ 645, 646 HGB, dann würde ihr Anwendungsbereich von den übrigen Fällen der verschuldeten Unrichtigkeit des Konnossements abgespalten. Denn dort[685] läßt sich die Wirksamkeit einer entsprechenden Freizeichnungsklausel mangels diesbezüglicher, möglicherweise auch nur entsprechend anwendbarer Vorschriften nicht von anderen außerhalb der vertraglichen Vereinbarung der Klauseln liegenden Umständen abhängig machen. Wenn eine derartige Differenzierung gewollt wäre, dann hätte sie nur durch eine besondere gesetzliche Regelung vollzogen werden können. Die Freizeichnung würde, wenn sie nur beschränkt entsprechend § 656 Abs. II HGB gestattet wird, in den Fällen, in welchen sich die Ladungsbeteiligten infolge der wirksamen Unbekanntklauseln nicht zum Nachweise ihres Schadens auf die Vermutung des Konnossements stützen können, praktisch zur Befreiung des Verfrachters von der Haftung überhaupt führen. Die Ladung würde noch eine weitere Anspruchsgrundlage gegen den Verfrachter verlieren. Andererseits aber würde ihr der Schadensersatzanspruch wegen verschuldeter Unrichtigkeit des Konnossements in den Fällen erhalten bleiben, in denen die Vermutung des § 656 HGB Abs. II schon für sie streitet, weil die Voraussetzungen der Unbekanntklauseln nicht erfüllt sind. Der Fragwürdigkeit dieses Ergebnisses kann man sich schlecht verschließen.

Des weiteren würde eine Freizeichnung von der Haftung des Verfrachters wegen verschuldeter Unrichtigkeit des Konnossements nur unter den Voraussetzungen dieser Haftung in unmittelbare Nachbarschaft, wenn nicht gar in die Abhängigkeit zur Vermutung des § 656 HGB führen. Die Beweisvermutung des § 656 Abs. II HGB und ihre ausnahmsweise Beseitigung unter den Voraussetzungen der §§ 645, 646 HGB gehört zur Receptumshaftung des Verfrachters, während die Freizeichnung der Eliminierung der bürgerlich-rechtlichen Haftung des Verfrachters im übrigen gilt. Beide Haftungsgründe sind grundsätzlich verschieden. Sie stehen in ihren Vorassetzungen zueinander in keinem Abhängigkeitsverhältnis. Wenn einem Empfänger nicht die im Konnossement bescheinigte Menge an Frachtgütern ausgeliefert worden ist, kann er sich einmal auf die Receptumshaftung des Konnossements beziehen und sich zum Nachweis seines Schadens, unter der Beschränkung des § 660 HGB, auf die vermuteten Abladetatsachen, § 656 HGB, berufen. Er kann

[685] Vgl. oben, S. 153.

sich aber auch von vornherein auf den Standpunkt stellen, das Konnossement sei unrichtig, er mache deshalb den bürgerlich-rechtlichen Schadensersatzanspruch geltend, dieses Mal nicht beschränkt auf den Handelswert der Ladung[686]. Zwar hält Deloukas nur den Zusatz, wie er für die Beseitigung der Beweisvermutung des Konnossements gefordert wird[687], für geeignet, den Verfrachter freizuzeichnen. Er verkennt jedoch den grundsätzlichen Unterschied zwischen der Receptumshaftung des Verfrachters aus § 656 HGB, eingeschränkt durch die limitierten Freizeichnungsmöglichkeiten der §§ 645, 646 HGB und der Haftung aus verschuldeter Konnossementsunrichtigkeit, der es nicht erlaubt, die Gründe, die eine Beseitigung der Beweisvermutung des Konnossements (§ 656 Abs. II HGB) nur unter bestimmten Voraussetzungen gestatten, auch gegen die Freizeichnung gegenüber der hier erörterten Haftung ins Feld zu führen.

Kaum jemals wird der Verfrachter bei solchem Prozedieren der Ladung die Unrichtigkeit des Konnossements bestreiten, liefert er sich sonst doch der Vermutung des § 656 Abs. II HGB aus. Sieg[688] hat richtig erkannt, daß die Vermutung des § 656 Abs. II HGB auch für Fälle gilt, in denen eine Haftung des Verfrachters wegen verschuldeter Unrichtigkeit des Konnossements kaum in Betracht zu ziehen ist. Bleibt die Empfangsbestätigung im Konnossement hinter der Menge der wirklich beförderten Ladung zurück, muß der Empfänger die Vermutung entkräften, wenn er seinen vollen Auslieferungsanspruch geltend machen will, der Verfrachter, wenn er über die Angaben im Konnossement hinaus ein Entgelt verlangt[689].

VI. Ergebnis

Wir finden also das Ergebnis:

Die bisher gebräuchlichen Unbekanntklauseln sind geeignet, die Haftung des Verfrachters wegen verschuldeter Unrichtigkeit des Konnossements auszuschließen.

---

686 *Wüstendörfer*, Seehandelsrecht, S. 321; *Deloukas*, a.a.O., S. 27 f.; *J. von Gierke*, Handelsrecht, S. 526; *Gramm*, S. 172; *Schaps-Abraham*, § 656 HGB Anm. 15; *Schlegelberger-Liesecke*, § 656 HGB Rdz. 17.

687 *Deloukas*, a.a.O., S. 49 ff., 55.

688 Sieg, MDR 1961, S. 299.

689 Der Bundesgerichtshof läßt es dahingestellt, ob die Wirksamkeit der Freizeichnung von den Voraussetzungen der §§ 645 II, 646 HGB abhängt (BGH 27. X. 1960, NJW 61, S. 665), da die Freizeichnungsklauseln in dem vor ihm anhängigen Rechtsstreit den Voraussetzungen dieser Vorschriften entsprochen haben.

Auf die Voraussetzungen der Vorschriften der §§ 645, 646 HGB kommt es nicht an. Es ist mithin möglich, daß eine Unbekanntklausel, die nicht geeignet ist, die Vermutung des Konnossements gemäß § 656 Abs. II HGB auszuschalten, dessenungeachtet dem Verfrachter einen Schadensersatzanspruch wegen verschuldeter Unrichtigkeit des Konnossements ersparen kann. Die Regel XV des DEK 1940 ist also insoweit wirksam.

Die Frage, die Sieg[690] noch dahingestellt läßt, wer nämlich die Voraussetzungen dieser Freizeichnungsklauseln im Zusammenhang mit der Haftung wegen verschuldeter Konnossementsausstellung zu beweisen hat, braucht gar nicht erst aufgeworfen zu werden[691].

---

[690] a.a.O.

[691] Zur Frage, ob der Verfrachter sich auf eine Freizeichnung nach Treu und Glauben, § 242 BGB, berufen kann, wenn neben dem Konnossement ein Gewichtszertifikat ausgestellt ist, vgl. BGH 2. II. 1962, Hansa 1961, S. 1618, OLG Hamburg 25. X. 1962, Hansa 1963, S. 530.

V. KAPITEL

Zusammenfassung und Schlußbemerkung

Die vorangehenden Ausführungen geben einen Überblick über die wesentlichen Fragen der Verteilung der Beweislast bei der Verschiffung mit Linienkonnossementen.

Die Geschichte der Konnossementsklauseln, die auf die Verteilung der Beweislast zwischen den am Seefrachtgeschäft Beteiligten Einfluß nehmen wollen, ist nicht zu trennen von der Entwicklung der Konnossementsklauseln überhaupt.

Der begrüßenswerte und vielversprechende Trend im Geschäftsbereich einzelner Verfrachter ist erlahmt. Der konservative Grundzug im Seefrachtrecht[692] hat sich auch bei der Ausgestaltung von Konnossementsklauseln, der Formulierung der Bedingungen des Stückgutfrachtvertrages im Linienverkehr hemmend ausgewirkt, die zwar weitgehend objektiviert sind, sich jedoch nicht so zu allgemeinen Geschäftsbedingungen entwickelt haben, wie dies im Interesse aller am Seefrachtgeschäft Beteiligten wünschenswert und allein wirtschaftlich vertretbar erscheint.

Es hat wenig Sinn, wenn jeder Verfrachter seine eigenen Konnossementsbedingungen aufstellt, die ihrem Sinn und Zwecke nach mit denen aller anderen Verfrachter weitgehend übereinstimmen, wegen der besonderen Eigenheiten in den Formulierungen aber Prozeßparteien und Gerichte immer wieder vor Auslegungsfragen stellen. Entscheidungen werden gefällt, die Verfrachter wie Ladungsbeteiligte überraschen. Unsicherheit über den tatsächlichen Inhalt der Vereinbarungen stellt sich ein, bleibt erhalten. Gerade in der heutigen Zeit des gesteigerten Wettbewerbes im Seefrachtgeschäft, des Größerwerdens der Märkte und der Risiken, sollte eine weitgehende Rationalisierung der Geschäftsbeziehungen im Seefrachtgeschäft, wie in anderen Bereichen schon der Fall, das selbstverständliche Ziel der Bemühungen aller sein. Es ist nur im Interesse der Verfrachter, wenn es gelingt, einheitliche Geschäftsbedingungen zu schaffen. Dann auch bietet sich Gelegenheit, bei der Verteilung der Beweislast Regelungen zu finden, die dem Deutschen Seefrachtrecht entsprechen, den Interessen der Ladungsbeteiligten wie der Verfrachter gerecht werden und einer Beurteilung durch den Bundesgerichtshof[693] standhalten.

---

[692] *Wüstendörfer*, Seehandelsrecht, S. 19.

[693] BGH 17. II. 1964, JZ 1965, S. 26.

Daß sich die Bedingungen des DEK 1940 nur sehr begrenzt durchgesetzt haben, nimmt angesichts der vielen Zweifel an der Verbindlichkeit einzelner seiner Regeln nicht wunder. Immerhin sollte dieser Versuch Anlaß zu weiteren Bemühungen geben.

Entsprechende Bestrebungen im kleinen Kreise sind unverkennbar. So haben sich die Hamburg-Amerika-Linie und der Norddeutsche Lloyd Bremen zu weitgehend im Wortlaut übereinstimmenden Konnossementsbedingungen zusammengefunden. Ob allerdings damit ein Schritt zur Vereinheitlichung der Konnossementsbedingungen bereits getan worden ist, läßt sich jetzt noch nicht absehen.

Konnossementsbedingungen sollten dort auf Bestimmungen über die Verteilung der Beweislast verzichten, wo das Gesetz bereits zwingende Regelungen getroffen hat:

Das gilt zunächst im Zusammenhang mit der Haftung des Verfrachters für die See- und Ladungstüchtigkeit seines Schiffes[694]. Den Ladungsbeteiligten kann auch nicht, streiten sich die Parteien um einen Schadensersatzanspruch aus § 606 HGB, die Beweislast für das Vorliegen eines Bordschadens zugeschoben werden[695]. Andererseits besteht die Möglichkeit, über § 606 HGB hinaus die Verzugshaftung des Verfrachters nach den allgemeinen Vorschriften des Bürgerlichen Gesetzbuches unter besondere vertraglich vereinbarte Beweislastregeln zu stellen.

Wie allgemein im Bürgerlichen Recht muß der Verfrachter auch im Seefrachtgeschäft, allerdings zwingend, die Voraussetzungen der höheren Gewalt, eines ihm günstigen Entlastungstatbestandes nachweisen[696]. Das gleiche gilt für den Fall der Freizeichnung des Verfrachters für Feuerschäden[697], wie überhaupt für jede vertragliche Einflußnahme auf die mit den §§ 606 bis 608, 662 HGB zwingend vorgeschriebene Verteilung der Beweislast im Verhältnis zwischen Verfrachter und Ladungsbeteiligten[698]. Hat sich der Verfrachter bei der Verschiffung lebender Tiere und Decksladungen wirksam freigezeichnet, tragen die Ladungsbeteiligten allgemein dafür die Beweislast, daß der Verfrachter trotzdem haftet[699]. Anders ist es bei der Verschiffung lebender Pflanzen. Hier richtet sich die Verteilung der Beweislast nach den zwingenden Regeln des Seefrachtrechts, ebenso wie bei Freizeichnungen, die dem Ver-

---

694 Vgl. o., S. 33.
695 Vgl. o., S. 80.
696 Vgl. o., S. 96, 97.
697 Vgl. o., S. 102, 105.
698 Vgl. DEK 1940, Regel IV, o. S. 106.
699 Vgl. o., S. 116, 120.

frachter besondere Dispositionsrechte über Schiff und Ladung einräumen[700].

Auch im Zusammenhang mit der Feststellung und Geltendmachung des Ladungsschadens sind Beweislastverträgen Grenzen gesetzt. So hat der Verfrachter zwingend die Voraussetzungen der Unbekanntklauseln seines Konnossements zu beweisen, § 645, 646 HGB. Die Reklamationsfrist zur Geltendmachung von Ladungsschäden beginnt nach Vollzug des zweiseitigen Aktes der Auslieferung bzw. Ablieferung an den Empfänger oder dessen Bevollmächtigten. Konnossementsklauseln, nach denen es zum Fristbeginn keiner Mitwirkung des Empfängers bedarf, die den Ladungsbeteiligten also früher der Vermutung des § 611 Abs. III HGB ausliefern, sind unwirksam. Die Haftung des Verfrachters wegen verschuldeter Unrichtigkeit des Konnossements unterliegt keiner zwingenden gesetzlichen Regelung. Die Vertragspartner können sich also in dieser Beziehung vertraglich auch mit Fragen der Verteilung der Beweislast befassen.

Es bleibt folgendes hinzuzufügen. Angesichts der schnellen Zunahme der Frachtertonnage, des immer schärfer werdenden Wettbewerbes im Seefrachtgeschäft, des zunehmenden Dirigismusses der Entwicklungsländer zugunsten ihrer Handelsflotten[701], sollte bestimmender Faktor für die Formulierung und Vereinbarung von Konnossementsbedingungen nicht länger hauptsächlich der Interessenwiderstreit zwischen Schiff und Ladung bleiben.

---

[700] Vgl. o., S. 121, 122.

[701] Wobei handelspolitische Maßnahmen der Vereinigten Staaten von Amerika nicht übersehen werden, vgl. Hansa 1962, S. 1924 und Hansa 1964, S. 843, 930.

FSC
www.fsc.org
MIX
Papier | Fördert gute Waldnutzung
FSC® C083411

Kolibri 360 GmbH
Ferdinand-Jühlke-Straße 7
99095 Erfurt, Deutschland
produktsicherheit@kolibri360.de